스토리텔링 삼국유사 2

삼국유사 글쓰기 감각

스토리텔링 삼국유사 2
삼국유사 글쓰기 감각

초판 1쇄 발행 | 2010년 10월 20일
초판 2쇄 발행 | 2011년 6월 10일

지은이 | 고운기
펴낸이 | 조미현

편집주간 | 김수한
책임편집 | 서현미
디자인 | JUN

출력 | 문형사
인쇄 | 영프린팅
제책 | 쌍용제책사

펴낸곳 | (주)현암사
등록 | 1951년 12월 24일 · 제10-126호
주소 | 121-839 서울시 마포구 서교동 481-12
전화 | 365-5051 · **팩스** | 313-2729
전자우편 | editor@hyeonamsa.com
홈페이지 | www.hyeonamsa.com

ⓒ 고운기 2010
ISBN 978-89-323-1563-8 03900

* 이 도서의 국립중앙도서관 출판시도서목록(CIP)은
  e-CIP 홈페이지(http://www.nl.go.kr/ecip)에서 이용하실 수 있습니다.
  (CIP제어번호: CIP2010003598)

* 이 책은 저작권법에 따라 보호받는 저작물이므로
  저작권자와 출판사의 허락 없이 이 책의 내용을 복제하거나 다른 용도로 쓸 수 없습니다.
* 지은이와 협의하여 인지를 생략합니다.
* 책값은 뒤표지에 있습니다. 잘못된 책은 바꾸어 드립니다.

스토리텔링 삼국유사 2

삼국유사 글쓰기 감각

고운기 지음

현암사

　일연의 시절, 아니 더 올라간 원효의 시절에 핀 복사꽃이 오늘 내가 경산의 삼성산에서 보는 복사꽃이라고 말할 수 없다. 산 입구의 마을 앞에 선 느티나무도 그들의 시절까지 올라가지 못한다. 그렇게 많은 세월이 흘렀다. 그래도 상상이 허락된다면, 저 느티나무의 몇 대조 할아버지쯤 되는 더 튼실한 밤나무 가지에 지아비의 옷을 걸어 놓고 아이를 낳은 원효의 어머니나, 저 복사꽃의 몇 대조 할머니쯤 되는 더 어여쁜 복사꽃을 보며 도화녀의 이야기를 들려주는 일연이 눈에 환하게 들어오는 것이다.

그래서 생각는 것이었다.
　세월이 흘러 먼 훗날 사람들이 물을 막아 저수지를 만든 저 깊은 설악산의 산골이 정신의 허파꽈리이다. 저기서 물을 떠서 마시며 육신을 지탱하고 선정에 들었던 이들의 슬픈 역사를 일연은 그 자신이 그런 체험을 하며 글로 옮길 생각을 했다. 그 글이 오늘날 우리에게 정신의 숨을 쉬게 한다.

　일연은 몸으로 그것을 깨달았다. 그렇지 않고서야 나올 수 없는 책이 『삼국유사』이다.
　80세의 노구로도 그는 걸었다. 밀양에 갔고, 거기서 만어산을 올랐다. 신비한 돌 종소리가 정말 나는지 직접 두드리며 체험했다. 인도의 만어산이 밀양의 만어산으로 자연스레 포개져 들어왔.
　일연은 자신의 노트에 그런 생생한 체험을 하나하나 써 넣었다.

그는 승려였으나, 격랑의 세월 속에서 시대가 주는 특이한 가르침을 온 몸으로 받아냈고, 그것이 군위의 인각사에서 완성한 『삼국유사』에 오롯이 남아 오늘날 우리에게 생생히 전해진다. 특히 그는 국사(國師)를 지냈는데, 국사가 지닌 역할의 중대한 의미가 그에게서처럼 극적으로 구현된 예를 찾아보기 어렵다. 『삼국유사』는 기실 국사로서 그가 살았던 13세기의 공포가 내포된 기술물이다.

　균형은 사상에서 갖추어지고 표현으로 이룩되어야 의미가 있다. 앞선 시대의 『삼국사기』가 심각한 불균형의 상태에서 삼국 시기 역사를 불충분하게 만들어 버린 결과를 일연은 누구보다 잘 알고 있었다. 김부식은 혁신적인 시대의 유자(儒者)였는데도 그랬다.
　전철을 밟지 않으려는 일연의 생각은 자신이 불자(佛者)이면서도 불교와 불교 아닌 것의 구분 없는 기술에 가장 유의했다. 그래서 혁거세와 탈해가 출발한 바다도 알 수 있게 되었다.

일연의 '『삼국유사』 저술'은 그가 평생에 걸쳐 닦은 감각의 소산이었다. 감각이라면 타고나기도 하지만 살아가면서 닦이기도 한다.

삼가 이 책을
평생 이 땅의 출판문화 창달에 애쓰다 가신
조근태(趙根台) 선생에게 바칩니다.

| 책머리에 |

감사의 말씀
약속의 말씀

벌써 20여 년 저편의 일이다. 동문수학하던 선배 한 분과 『삼국유사』의 문체가 어떻게 정리될 수 있을지 토론한 적이 있었다. 그 토론은 혼자 할 수 없는 일의 동지를 구하는 것이나 다름없었다.

그것이 봄이었을까. 교정에는 진달래가 한참 피고 벚꽃이 바람에 날리고 있었다.

하지만 선배는 즐거운 합의를 끌어낸 봄이 가고, 해가 기울어가는 초겨울, 아무에게도 알리지 않은 채 돌연 세상을 버렸다.

영정 앞에 소주 한 잔 올리지도 못했다. 살아가는 가운데 더러 이런 일이 생긴다는 막연한 슬픔에 이어, '『삼국유사』 문체 연구'는 기약조차 하릴없는 약속으로 세월은 흘러갔다. 비단 그와의 약속 때문만은 아니었다. 모름지기 내가 하는 공부의 끝자리에 일연의 문체를 말하는 기회가 오리라는 가여운 바람만 남아 있었다.

무디고 둔한 머리로 첫 삽을 떠 본 것이 「일연의 균형으로서 글쓰기」(2009년)라는 논문이었고, 이어서 「일연의 글쓰기에서 정치적 감각」(2010년)이 나왔다. 미욱하지만 두 편의 논문은 이번 책의 근간이 되었다.

생각해 보니, 이들은 20여 년의 시간을 두고 고민해 온 천착의 결과이고, 그것은 곧 오래전 약속의 자그마한 실천이었다. 이를 통해 나에게는 자연스럽게 '감각'이라는 지렛대로 『삼국유사』의 문체가 들어 올려졌다. 균형 감각과 정치적 감각이다. 거기에다 오래전부터 생각해 온 현장 감각이 합쳐져, 나는 이것을 일연의 글쓰기에서 3대 감각이라 부르기로 하였다.

   글쓰기의 3대 감각―.

   일연은 이를 무기로 『삼국유사』를 썼다.

   틀을 잡을 수 있는 여러 가지 힌트가 다스노 가즈오의 『문장 닦는 법』에서 나왔다. 문장으로 당대를 울린 노논객(老論客)의 이 책에는 80 평생 글쓰기의 진수가 쉽고 편안하게 기술되어 있다. 3년 전, 도쿄의 한 서점 신간 진열대에서 이 책을 발견한 것은 나에게 큰 행운이었다.

   한양대대학원 문화콘텐츠학과의 박사과정 수업에서 『고려사절요』와 『화랑세기』를 꼼꼼히 읽은 것 또한 행운의 하나이다. 일연 당대의 사회 분위기를 아는 데에, 『삼국유사』의 현장이 좀 더 박진감 있게 걸쳐져 비교해 보는 데에 두 책은 결정적 역할을 해 주었다.

   또 한 권의 책을 들라면 박윤진의 『고려 시대 왕사·국사 연구』이다. 복잡한 제도와 인물의 하나하나를 정리한 이 책이 없었다면 나는 한참 더 발품을 팔아야 했을 것이다. 위의 모든 분에게 깊은 감사와 경의를 표한다.

   더불어 허락도 없이 인용한 참고서적과 논문의 다른 저자들에게도 감사드린다.

   '스토리텔링 삼국유사'라는 제목으로 시작한 이 시리즈의 두 번째 책이다. 이제 시작이고 갈 길은 멀다. 매년 한 권씩 적어도 15권 이상으로 시리즈의 목록을 채우겠다는 처음의 약속을 잊지 않고 있다. 이것으로 모든 이들이 『삼국유사』의 세계와 재미에 빠져 보시기를 소망할 뿐이다.

2010년 10월
안산 바다를 뒤에 두고
고운기

화보 _ 004
책머리에 _ 016

프롤로그 글쓰기의 3대 감각 _ 021

제1장 일연과 김부식 _ 041
    1. 이야기꾼 일연 _ 043
    2. 시대의 충실한 일꾼 김부식 _ 060
    3. 또 한 사람 김대문 _ 076

제2장 현장 감각 _ 089
    1. 현장 감각이란 무엇인가 _ 091
    2. 한반도의 정신적 허파 강원도 _ 105
    3. 비슬산에서 쓴 젊은 날의 시 _ 122
    4. 동네 전설이 세계의 이야기로 _ 145
    5. 발로 걸어 보고 쓴 것 _ 159

제3장 | 정치적 감각 _169

1. '정치적'이라는 말의 의미 _171
2. 국사라는 자리 _183
3. 지혜로운 여왕과 늙은 할미 : 선덕여왕의 경우 _202
4. 역사의 주인공 아닌 주인공 : 김춘추의 경우 _216
5. 더 큰 활력의 구축 : 문무왕의 경우 _248
6. 정치적 발언으로서의 적개심 : 김제상의 경우 _257
7. 일연이 꿈꾸었던 나라 _268

제4장 | 균형 감각 _279

1. 균형 감각에 대하여 _281
2. 일연의 기반 _292
3. 민간신앙을 보는 눈 _310
4. 균형의 글쓰기 _326

에필로그 시작의 끝, 끝의 시작 _335

참고문헌 _344
찾아보기 _347

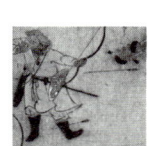

프롤로그

글쓰기의 3대 감각

공포의 시대
위안의 읽을거리

시리즈 '스토리텔링 삼국유사'의 두 번째 책은 일연의 『삼국유사』에 구현된 글쓰기를 다루기로 한다.

글쓰기에도 감각이 있고 원칙이 있다.

여기서는 먼저 그 감각에 대해 설명하겠다. 일연이 평생 터득한, 그리하여 『삼국유사』에 고스란히 반영된 글쓰기의 감각을 나는 크게 세 가지로 정리하였다. 그것은 현장 감각·균형 감각·정치적 감각이다. 이른바 글쓰기의 3대 감각이다.

감각이란 선천적인 것처럼만 보이나, 터득한 감각은 후천적인 것이기도 하다. 아마도 위의 세 가지는 후천에 가까울 터이다.

그러므로 이 세 가지를 설명하자면 일연이 산 생애와 그 시대에 하나씩 면밀하게 맞추어 보아야겠다. 일연이 살았던 13세기를 한 마디로 말하자면 그것은 공포의 시대였다. 무인정권과 몽골전쟁 그리고 타의에 의한 일본 파병.

이제 다시 자세히 설명하겠지만, 이는 마치 우리가 살았던 20세기의 선험과 같은 역사였다.

군사정권의 야만적인 비민주의 시대가 있었고, 동족간의 상잔인 한국전쟁은 역사상 어떤 전쟁보다 큰 피해를 남겼으며, 미국이 주도하는 전쟁에 떠밀려 베트남에 파병했다. 20세기 우리 역사를 대표하는 사건들이다.

이 사건이 우리에게 각인한 것도 공포였다.

국사였던 일연이 말년에 써서 남긴 것이 『삼국유사』이다. 그는 공포의 시대 속에서 글쓰기의 감각을 익혔고, 이 감각을 따라간 그에게 '『삼국유사』 저술'은 늘그막의 한가로운 일이 아니었다. 분명한 목적이 있었다. 곧 공포의 시대를 사는 동시대인에게 주는 위안의 읽을거리였다.

감각의 세 가지는 『삼국유사』 이야기의 한 편 한 편에서 독립적으로 작용하지 않는다. 셋은 하나가 되어 함께 구현되어 있다. 13세기가 우리 시대의 선험이며, 『삼국유사』가 그 시대의 소산이라면, 이제 우리는 이 책을 읽으며 무엇을 암시받을 수 있는가. '『삼국유사』 읽기'의 새로운 관점은 여기서 잡힌다.

20세기의 선험으로서 13세기

	13세기	20세기
정권	무신의 난 이후 최씨무인정권까지 13세기 내내 공포의 정권이 이어졌다. 정권을 지키기 위한 폭압이었다.	5·16 군사쿠데타 이후 군사정권이 30여 년간 이어졌다. 민주를 표방했지만 끝내 독재로 나갔다.
전쟁과 식민지	몽골의 침공으로 전대미문의 참화를 겪고, 이후 계속된 간섭기는 식민지 상태나 마찬가지였다.	40여 년간의 식민지 통치를 받고, 동족간의 상잔인 한국전쟁. 이는 냉전세계의 대리전이기도 하였다.
파병	몽골의 강제로 인해 충렬왕 1년과 7년에 일본 원정을 수행하였다. 이로 인해 고려의 국력은 바닥이 났다.	한국군은 베트남전에 참전하였다. 미국의 요구를 받아들이지 않을 수 없는 참전이었다.

일연의 글쓰기를
말하란다면

일연에게는 『중편조동오위』나 지금 전해지지 않는 『선문염송』 같은 100여 권의 저서가 있다. 그것들이야말로 고승에다 학승의 면모를 유감없이 발휘한 저작이다.

이에 대해서는 일연의 비문이 전하는 사실이고, 『삼국유사』는 거기에 이름도 올라 있지 않다는 사실에다, 당대의 국사를 지낸 고승이라는 점을 들어, 비판적인 관점에서 일연의 『삼국유사』 저술을 바라보는 논의가 많았다. 일연에게 『삼국유사』는 왠지 어울리지 않고, 점잖은 체면에 지을 만한 책이 아니라는 것이다.

그러나 『삼국유사』는 모든 저술 위에 있다. 그의 평생 연찬의 최종 결과물이며, 여기에는 그의 글쓰기의 총량이 집합되어 있다.

인식의 부족에서 비롯되었든, 총량의 크기에 압도된 까닭이든, 일연의 글쓰기에 대한 직접적인 거론이 없었던 것은 안타까운 일이다. 나는 이 문제에 대한 논의의 실마리를 뜻밖에도 한 소설가의 입을 통해 얻게 되었다. 그는 김훈이다.

김훈은 그의 소설 속에서 등장인물의 입을 통해 자신의 문장론을 밝힌다. 주인공의 애인인 노목희가 중국의 문물학자 타이웨이 교수의 문장을 평하는 대목이다.

그의 글은 증명할 수 없는 것을 증명하려고 떼를 쓰지 않았으며, 논리와 사실이 부딪힐 때 논리를 양보하는 자의 너그러움이 있었고, 미리 설정된 사유의 틀 안에 세상을 강제로 편입시키지 않았고, 그 틀 안으로 들어오지 않는 세상의 무질서를 잘라서 내버리지 않았으며, 가깝고 작은 것들 속에서 멀고 큰 것을 읽어내는 자의 투시력이 있었다.

김훈, 『공무도하』에서

떼를 쓰지 않는다, 너그럽다, 강제하지 않는다, 무질서를 내버리지 않으며, 투시력을 가지고 쓴 글이란 참으로 이상적인 글쓰기의 소산이다. 이것은 가능하지 않다. 이런 글을 쓴 사람은 세상에 실제 존재하지 않는다.

노목희가 말하는 타이웨이도, 노목희가 번역하는 타이웨이의 『시간 너머로』도 상상의 인물이요 책이다.

그런데 김훈은 자신의 머릿속에 분명 어떤 한 사람을 실재하는 모델로 확보하고 있는 듯하다. 그가 바로 일연이다. 김훈은 다른 자리에서 말했다. '인간이 겪은 시간 전체를 살아가는 생활인'이 일연이었으며, '일연은 부서질 수 없고 불에 탈 수 없는 것들에 관해 썼'으며, 이것이 '당대의 야만에 맞서는 그의 싸움'이었다고.

소설가의 어법에 어울리게 김훈의 말은 상상의 구체화처럼 들린다. 그러나 '인간이 겪은 시간 전체'란 무엇을 말하는 것인가. '부서질 수 없고 불에 탈 수 없는 것'이란 영원불멸의 우주론일까. '당대의 야만'이란 역사 속의 어떤 특정한 사건이나 인물의 행동일까. 전후가 생략된 짧은 인터뷰 속에서 이 모두의 답변을 끌어내기가 쉽지 않다.

　어떤 느낌만으로 이 말에 접근하자면, 김훈이 말하는 일연은 소설 속 타이웨이의 문장과 무척 비슷하다. 실재할 수 없을 듯한 전지적(全知的) 세계 이해의 소유자와, 그런 사람의 글쓰기로 구현된 책. 나 못지않게 김훈 또한 그 하나의 예로 일연의 『삼국유사』 말고 다른 책을 쉽게 대지 못하는 것 같다.

일연의 글쓰기 노트

일연에게는 한 권의 노트가 있었다. 그러나 스스로 한 번도 내보인 적이 없었다. 그러므로 이 노트를 보았다는 사람은 없다.

　거기에는 평생의 보고 들은 바가 메모되어 있었던 듯하다. 물론 본 사람이 없으므로 메모 이상의 무엇인지 또한 모른다. 그가 써서 남긴 『삼국유사』로 미루어 무척 치밀한 메모가 가득 채워져 있었으리라 추측할 뿐이다.

　노트의 존재 여부? 모른다.

　있었으리라는 믿음? 꽤 강하다.

　문제는 존재 여부가 아니라 믿음이다. 이것은 나만의 믿음일 수 있다. 상상 속에 그려 보는 노트이다.

　일연은 이야기하는 재주를 다양하게 지닌 이였다. 그는 정치적이고 역사적인 사건을 이야기 속에 풀어 넣는 비상한 기술을 가지

비슬산 일연이 20대에서 30대를 보낸 산이다. 이 산의 신인 정성천왕이, "가섭불의 시대에 부처님의 부탁을 받고, 산중에서 1,000명의 현인이 나기를 기다려, 남은 과보를 받겠노라 다짐하였다"는 예언의 산이기도 하다.

고 있었다. 이 같은 기술은 몇 가지 양상으로 나타나지만, 그것은 타고난 재주이기도 했고, 역사와 삶이 만들어 주기도 했다.

그렇다. 일연은 타고난 이야기꾼이었다.

나는 그 구체적인 모습을 그려 보기 위해 일연의 노트를 상상해 보는 것이다.

일연의 글쓰기 노트가 어떤 모습이었는지 희미하게 그 존재를 밝혀 주는 예는 바로 『삼국유사』 안에 하나 있다.

그가 일찍이 20대에서 30대를 보낸 비슬산에서의 일이다. 이 산의 신인 정성천왕(靜聖天王)이, "가섭불의 시대에 부처님의 부탁을 받고, 산중에서 1,000명의 현인이 나기를 기다려, 남은 과보(果報)를 받겠노라 다짐하였다"는 예언의 산이다. 비슬산은 본디 포산(包山)이라 불렀다.

1,000명의 현인 가운데 두 사람이 반사(機師)와 첩사(楪師)이다. 그들은 누구인가.

반(機)의 음은 반인데 신라 말로 비나무이고, 첩(楪)의 음은 첩인데 신라 말로 갈나무이다. 두 스님은 바위 덩굴 속에서 오래 숨어 살며, 사람 사는 세상과 교유하지 않았다. 모두 나뭇잎을 엮어 옷을 지어 입고, 추위와 더위를 넘기며 습기를 막고 부끄러운 곳만 가렸다. 그래서 이 말들을 가지고 호를 지은 것이다.

「피은」편, '포산이성'조에서

반사와 첩사는 은거의 표본을 보여 주는 사람들이다. 그야말로 자연과 하나 되어 세상의 무엇에도 얽매이지 않고 살아간 모범이다. 일연 자신이 '따라 하기는 어려운 일'이라고 한탄할 정도였다. 그래서 '포산이성'조는 다만 "내가 일찍이 포산에 머물며 그분들의 남기신 아름다움을 적어 놓았었다"는 일연의 고백으로 이어질 뿐이다. 바로 이 고백이 노트의 흔적이다.

일연이 『삼국유사』를 완성한 연대를 우리는 그의 나이 80세 전후로 상정하고 있다.

「탑상」편의 '가섭불연좌석'조에는 "석존에서부터 지금 지원(至

元) 18년 신사(辛巳)에 이르기까지⋯⋯"라는 구절이 나온다. '지원 18년 신사'는 1281년이다. 이때 일연의 나이 76세였다. 그러니까 76세 되던 해에 '가섭불연좌석'조를 쓴 것이다. 이 조를 끝으로 탈고되었다면 모를까, 아직 집필 중일 가능성이 크므로『삼국유사』의 완성은 그의 나이 76세 이후로 보아야 한다.

76세의 일연은 청도의 운문사에 있었다. 그러다 여몽연합군(麗蒙聯合軍)의 일본원정을 독려하러 내려온 충렬왕의 부름으로 경주에 차려진 행재소로 갔다. 이듬해에는 개성으로 돌아가는 왕을 따라야 했고, 거기서 국사에 책봉되는 등, 뜻밖에 바쁜 일과가 이어졌다. 어머니를 모신다는 이유로 하산한 78세까지는 이렇듯 다망(多忙)하다.『삼국유사』를 완성할 겨를이 없었다. 분명 완성은 이보다 뒤였다.

그래서 '80세 전후'에『삼국유사』가 탈고되었다고 말했던 것이다.

일연이 포산에 머물며 적은 노트는 어떻게 되었나?『삼국유사』쓰기'의 완성이 80세 전후라면, 시작은 70세 전후로 보는 것이 일반적이다. 경상도 청도의 운문사에 들었던 때였다. 그렇다면 적어도 이 기록을 40년 이상 보관한 셈이 된다. 운수(雲水) 세월의 승려에게 그것은 보관이라기보다는 가지고 다녔다고 말하는 게 맞으리라. 노트도 놀랍거니와 보관은 더 놀랍다.

그러나 이것은 노트의 존재를 알려 주는 한 가지 흔적에 지나지 않는다. 비슷한 정황을 다른 몇 군데에서 감지할 수 있다.『삼국유사』의 면면을 누비고 있는, 기억으로 채울 수 없는 세밀한 정경 묘사야말로, 그때그때 노트 필기 없이는 가능하지 않았으리라 보인다. 이것이 상상 속에 그려 보는 일연의 노트이다.

노트의 절정, 향가

일연의 노트라면 향가가 떠오른다. 『삼국유사』에서, 노트가 없었다면 결코 이루어지지 못했을 일이 향가의 수록이다.

향가는 향찰로 쓰인 신라의 노래이다. 그러나 「서동요」가 선화공주를 꼬이려 백제 총각 서동이 만들어 부른 노래였으므로, 엄밀히 따지면 신라인만이 즐겼다고 할 수 없다. 향찰이라는 우리만의 독특한 표기 방법으로 적은 고대인의 노래이다. 적어도 균여가 향가를 쓴 10세기 전후까지 그렇다.

일연은 13세기 사람이다. 그런 그가 향가를 지었거나 향찰을 독해할 줄 알았다는 증거는 없다. 14수 가운데 한문으로 번역된 시는 단 한 편, 그나마도 일연이 번역했다는 증거 또한 없다. 그는 향찰의 시대로부터 멀리 벗어나 있었기 때문이다. 향찰도 모르는데 기억으로 이 노래들을 『삼국유사』에 옮겨 적지는 못했을 것이다. 노트가 필요했다.

또 한 가지 생각할 점이 14수라는 수록 숫자이다. 이것은 일연이 향가 노래집을 가지고 있지 않았다는 증거이다. 무슨 말인가. 신라 하대에 만들었다는 『삼대목』 같은 책이 아닐지라도, 만약 일연이 향가집을 가지고 있었다면 더 많은 수의 향가를 실었을 것이기 때문이다. 14수에 그칠 일이 아니었다. 어떤 방법으로든 알게 된 향가를 손수 한 편씩 노트해 두었다고밖에 생각할 수 없다. 그 상한선이 14수였다.

향가는 노트의 절정이다. 이 노트로 인해 『삼국유사』는 그 가치를 몇 배나 높였고, 우리 문학사는 천 년의 공백을 메울 수 있다.

그러나 여기서 나는 노트 자체를 말하자는 것이 아니다. 감각의 문제이다. 스스로 쓴 시를 노트해 평생을 품고 다닌다거나, 향가를 수록해야 한다는 생각을 어떻게 할 수 있었을까.

감각적으로 알았다. 답은 그렇게 간단하다.

물론 노래가 따르는 이야기를 수록하다 보니 자연스럽게 따라온 결과라고 반박할 수 있다.

그렇다면 『삼국사기』의 경우를 보자. 이 책에는 '잡지(雜志)'를 설정하여, 그 가운데 '악(樂)'을 두었다. 삼국 시대의 음악에 관해 총정리한 부분이다. 여기서 향가와 비슷한 말로 시뇌(詩惱)가 보이는데, 사뇌(詞腦)의 다른 말인 이에 대해서 구체적인 설명은 없고, 더군다나 가사는 한 곡도 적지 않았다. 김부식은 향가 따위 그렇게 중요하게 보지 않았다. 일부러 싣고자 하는 의지는 더더욱 없었다.

반면, 향가 가운데 최고의 명편으로 꼽히는 충담사의 「찬기파랑가」와 월명사의 「제망매가」는 일연이 『삼국유사』에 일부러 실었다는 느낌을 받게 한다. 이 노래들은 두 노래가 실려 있는 조의 이야기에서 핵심이 아니다. 충담사의 「안민가」와 월명사의 「도솔가」가 주요 레퍼토리이다. 이 노래를 소개해 놓고 뒤에 가서 각각 「찬기파랑가」와 「제망매가」를 끼워 넣었다. 마치 초청한 가수에게서 그날의 주제에 따른 노래 한 곡 얼른 들은 다음 한 곡 더 신청하는 모양새이다. 대표곡으로 말이다. 「안민가」와 「도솔가」는 주제곡이요, 「찬기파랑가」와 「제망매가」는 대표곡이었다.

자연스러운 경로로 일연은 향가의 명편을 기어이 수록하고야 말았다. 이것이 감각의 문제이다.

가치를 알아보는 감각

근대적인 시각을 가지고 『삼국유사』가 지닌 가치를 먼저 발견하고 평가하기로는 일본의 연구자가 먼저였다. 나는 이 점을 지난번 『도쿠가와가 사랑한 책』에서 자세히 밝혔다. 그것은 향가도 마찬가지이다.

일본의 연구자는 예외 없이 역사학 전공이었다. 그런데 그들이 쓴 『삼국유사』의 해제나 서문을 통해 한 가지 뜻밖의 사실을 발견하게 된다. 역사학자인 그들에게 번외의 일이나 마찬가지였을 향가에 대한 언급이다.

1904년에 나온 도쿄대학 사지총서 『삼국유사』의 공동편찬자였던 두 사람의 경우를 들어 보기로 한다. 먼저 해제를 쓴 쓰보이 구메조(坪井九馬三).

승 융천(僧融天), 득오곡(得烏谷), 견우옹(牽牛翁), 신충(信忠), 승 충담(僧忠談), 승 월명(僧月明), 승 영재(僧永才), 처용랑(處容郎).

이상 든 사람은 모두 가인(歌人)으로서 본서에 그 이름을 싣고 있다. 이들의 고신라어(古新羅語) 장편(長篇)은 모두 이두를 가지고 엮었다. 이두의 읽는 방법은 사라졌다. (중략) 본서에는 신라어를 많이 싣고, 또 가편(歌篇)도 십수 수(十數首)를 들어 신라 고가(古歌)를 전해 주는 것은 본서만이 그러하므로, 일연의 공은 오래도록 사라지지 않을 것이다. 본서는 실로 신라문학사의 골자가 되는 것이다.

쓰보이 구메조, 「삼국유사」, 『사학잡지』 11편 9호(일본사학회, 1900년)에서

여기서 그가 열거하는 세 가지 점에 하나하나 주목하지 않을 수 없다.

첫째는 향가를 문학만이 아니라 어학에까지 크게 공헌할 자료로 한눈에 알아본 것이다. '장편'이라 함은 향가에 비견하는 일본의 노래 와카(和歌)의 5·7·5·7·7조에 비해 두 배나 긴 사뇌가 10구체를 그렇게 이른 것이다. 이두를 읽는 방법이 사라진 상황에서, 『삼국유사』의 향가를 통해 재구(再構)가 가능하리라 짐작하고 있다.

둘째, '일연의 공' 운운은 마치 오늘날 '삼국유사 현상'이라 불러도 좋을 성대한 연구 상황을 예견이나 하는 것 같다. 그는 『삼국유사』가 신라어, 신라 고가를 실은 유일한 책으로서, 그것은 편찬자인 일연이 지닌 어떤 안목에 따라 가능했으리라, 이 점이 이제부터 한국의 연구자에게도 붐을 일으키리라 보고 있다. 그의 예견은 적

중했다.

마지막으로 '신라 문학사의 골자'라는 평은 더욱 인상적이다. 이는 위의 두 가지 사실을 결합했을 때 내릴 수 있는 최종 결론이다. 앞서 나는 '우리 문학사 천 년의 공백을 메운 향가'라고 했다. 바로 이 말과 통한다.

지금으로 110여 년 전, 아직 해독도 이루어지지 않은 향가를 두고 이렇게까지 평가한 그의 안목에 새삼 놀랄 뿐이다.

이 점은 구사카 히로시(日下寬)에게서도 확인된다. 그가 쓰보이의 해제보다 4년 뒤에 쓴 도쿄대학 사지총서 『삼국유사』에 실린 서문은 앞선 견해가 수용되면서 다시 변주된다.

> 책 가운데 삽입된 향가라는 것은 신라어로 되어 있다. 향가는 국풍(國風)과 같다. 신라의 옛말은 이미 사라졌고, 겨우 향가 십여 수가 남았을 뿐인데, 실로 창해유주(滄海遺珠)라 할 만하다. 그러므로 신라의 옛일을 조사하여 또한 우리의 고언(古言)에 참고하지 않겠는가. 옛것을 찾는 학자는 어찌 그 근원을 찾아 그 끝을 알아내지 않으랴.
> 구사카 히로시, 「교정(校訂) 삼국유사 서(序)」, 『녹우장(鹿友莊)문집』(1923년)에서

다소 격정적인 느낌마저 드는 이 글에서 구사카는 『삼국유사』에

창해유주 구사카 히로시의 서문(왼쪽)과 양주동의 서문(오른쪽). 우연의 일치인지 '창해유주'라는 말이 함께 나타난다. 향가를 말하는 이보다 적확한 표현은 없어 보인다.

실린 향가를 '창해유주'라 평하고 있다. 앞서 쓰보이가 말한 골자(骨子)가 드디어 유주(遺珠)로 바뀌는 장면이다.

구사카가 향가의 무엇을 보고 '창해유주'라 했는지는 확실하지 않다. 그는 한학자였고 우리 문학사를 알지 못했다. 향가에 대해서는 앞서 쓰보이가 해제에서 소개한 정도가 정보의 전부였을 것이다. 그런데 '창해유주'라는 말을 붙였다.

우리 향가 연구의 자존심 양주동(梁柱東) 선생의 『고가연구(古歌硏究)』 서문에는 이런 대목이 있다.

구구한 미의(微意)만은 이 천유여년래(千有餘年來) 창해(蒼海)의 유주(遺珠)와 같이 근근히 길어서 남은……

우연의 일치인지 여기에도 '창해유주'라는 말이 보인다. 선생의 이 서문은, 본인이 회고한 바, '온갖 부심(腐心)과 흉중(胸中)에 깊이 축적된 비분·감개(感慨)한 생각'을 써낸 '감회 깊은, 고심의「명문」'이었다. 살짝 유머로 치장했지만 진심이었다.

그러므로 여기 나오는 '창해유주'는 단순한 꾸밈말이 아니었다.

향가 연구 100년을 앞둔 오늘날에 와서 보면 향가를 말하는 이보다 적확한 표현은 없어 보인다. 그러기에 일찍이 향가의 귀중한 가치를 알아본 이들이 한결같이 이 말을 쓴 데 놀라게 된다.

향가는 큰 바다에 잠긴 구슬과 같은 존재이다. 너른 바다에 점점이 묻혀 밝은 눈으로 보지 않으면 찾기 어렵다. 어두운 세월 동안 향가는 잊혀 있었다. 향가집도 사라졌다. 어쩌다 일연의 눈에 들어 노트에 적힌 다음 『삼국유사』에 실려 그 명맥을 유지했다.

천유여 년의 세월이 흐르는 동안, 그렇게 구슬을 주워 놓은 사람도, 그 구슬을 알아본 사람도 대단하다. 그것은 감각이다. 그들에게 충분한 정보나 차분한 공부가 있어서 했던 말은 아니다. 모두가 감각적으로 그 가치를 알아보았을 것이다.

현장 감각, 정치적 감각 그리고 균형 감각

사전에서는 감각을 '눈, 코, 귀, 혀, 살갗을 통하여 바깥의 어떤 자극을 알아차림'이라 풀어 놓고 있다. 이른바 오감(五感)이다. 또 하나의 뜻은 '실제적인 자료나 사물에 대한 느낌과 이해를 토대로 하는 판단'이다.

사전의 풀이는 이렇듯 간단하나, 실로 감각은 모든 인식의 계기에 해당하는 거대한 기능이다.

선천적이고 후천적인 여러 조건이 결합하여 감각을 만들고 키운다. 사실 기술 이전에 중요한 것이 감각이다. 이야기하기나 글쓰기는 이런 감각에 크게 의지한다. 일연의 『삼국유사』는 그런 예 가운데 하나이다.

앞서 제시한 바, 이제 나는 『삼국유사』의 글쓰기를 일연의 세 가지 감각의 측면에서 차례로 설명하려 한다. 그것은 현장 감각·정치적 감각·균형 감각이다. 이것을 일연의 글쓰기에서 3대 감각이라 부르기로 한다.

첫째, 현장 감각이다.

나는 일연의 『삼국유사』를 한마디로 길 위의 책이라 하였었다. 스스로의 눈으로 보고, 스스로의 귀로 듣고, 스스로의 몸으로 닿아서, 스스로 냄새를 느끼고, 스스로 맛본 다음에 기록한 것들의 총화이다. 거기서 거둔 인문학적 성과는 화려하지 않을지언정 참으

글쓰기의 3대 감각

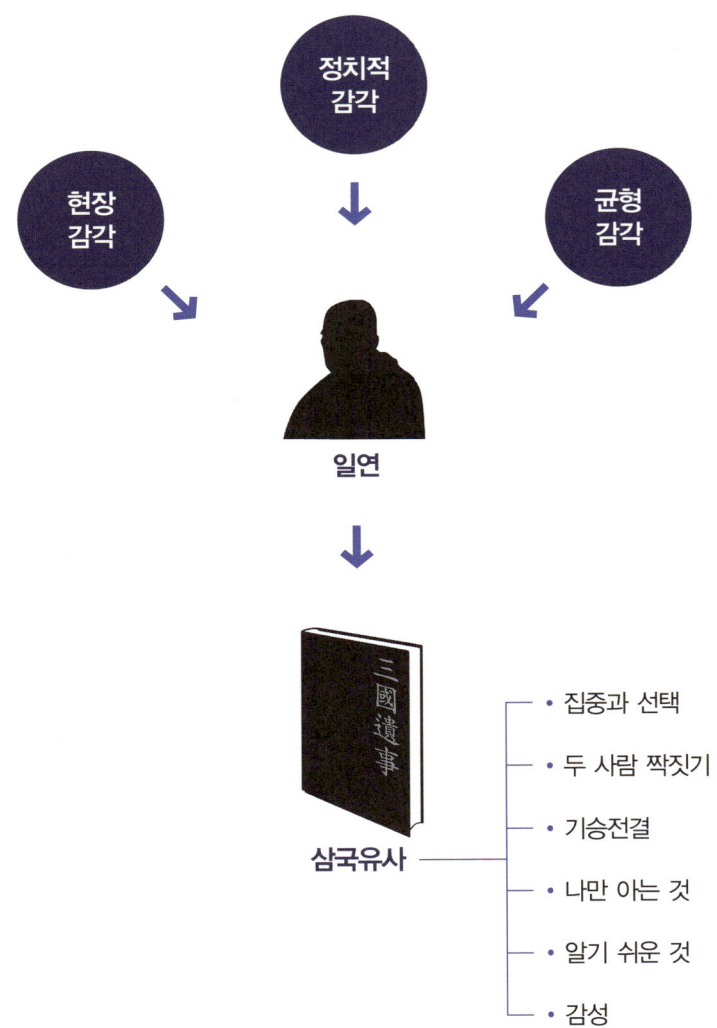

로 웅숭깊다.

그의 생애 어떤 계기로 현장에 가깝게 있었던가. 그리고 그런 현장을 몸속에 붓 속에 어떻게 흘러내리게 했던가. 이것을 먼저 따질 일이다.

둘째, 정치적 감각이다.

국사(國師)였다는 점 하나만으로도 일연은 정치적 인물이었다고 해야 옳다. 충렬왕 9년(1283년) 곧 77세 되던 해 봄, 일연은 국사에 책봉되었다. 고려 시대에는 국사라는 자리 자체가 정치적인 성격을 띠었다. 국가 종교로서 불교를 택한 고려는 매우 치밀한 승려 조직을 갖추었고, 국사는 그들을 통괄할 뿐만 아니라, 나아가 나라 사람 모두에게 정신적인 지도자가 되었다.

그런 그가 '세상의 모든 권력에 맞서서 창조적인 삶을 지속시키는 노력'으로서 『삼국유사』 저술'에 임했을 때, 결과는 좀 더 폭넓은 정치적 감각의 바탕에서 이루어졌다.

셋째, 균형 감각이다.

대상과 사건에 대한 균형의 유지를 일연은 전면적으로 고민하였다. 이는 불교와 민간신앙이 극심히 교차한 신라 사회를 바라보는 일연의 시각이다. 일연은 불승(佛僧)이었다. 불교가 국가 종교인 고려에서 국사를 지낸 고승이었다. 그래서 『삼국유사』 전편에 불교가 차지하는 비중은 다시 말할 필요조차 없지만, 다른 한편 신라를 온전히 그리자면 불교만으로 가능하지 않다는 사실도 잘 알고 있었다. 경우에 따라 불교를 비판하는 일도 서슴지 않았다. 균형 감각에 의식적으로 대응하지 않았다면 있을 수 없는 태도이다.

  이 같은 일연의 3대 감각은 그 하나하나가 독립적으로 움직이기도 하지만, 대체로 조화를 이루며 복합적으로 나타난다. 이것이 『삼국유사』를 이룩했고, 이야말로 『삼국유사』를 읽는 재미이다.

  일연은 역사를 왕 중심이 아니라 이야기의 주인공 중심으로 생각했다. 그래서 서민이나 지체가 낮은 스님도 이야기의 중심이라면 주인공으로 등장시켰다. 그의 붓을 통해 정착한 이야기는 누구도 생각하지 못한 입체적 생활사를 우리에게 들려준다.

  더러 '유사'라는 제목을 붙인 다른 책 또한 이와 비슷한 시도를 했지만, 일연만큼, 일연의 『삼국유사』만큼 내용과 형식에서 뛰어난 성과를 거두지 못했다.

  그것은 그가 지닌 첨예한 세 가지 감각의 발현으로 가능한 것이었다.

제1장

일연과 김부식

…… 한마디로 일연은 이야기꾼이었다. 이야기하는 재주를 다양하게 지닌 이였다. 정치적이고 역사적인 사건을 이야기 속에 풀어 넣는 비상한 기술을 지니고 있었다.

I

이야기꾼 일연

오리무중의 생애

일연은 너무 유명해서 아무도 모른다. 이 반어를 어떻게 받아들여야 좋을까. 『삼국유사』의 지은이로 일연을 모르는 이는 거의 없다. 그런데 그의 생애는 오리무중이다.

사실 『삼국유사』가 유명하므로 일연 또한 덩달아 유명해졌다. 오늘날 초등학생에서 일반인까지 『삼국유사』를 모르는 사람은 거의 없다. 교과서와 동화책과 인문 교양서에 이르기까지 『삼국유사』를 변주한 책의 숫자는 헤아리기 어렵다. 그래서 많은 사람은 『삼국유사』라는 책에 낯설지 않다. 낯설지 않은 정도가 아니라 지나치게 친숙하다.

나는 일찌감치 『삼국유사』에 대해 이렇게 썼다.

정녕 우리 역사를 지식인의 역사에서 민중의 역사로, 사대의 역사에서 자주의 역사로 바꿔 놓은 책―. 우리 문학을 지식인의 문학에서 민중의 문학으로, 사대의 문학에서 자주의 문학으로 바꿔 놓은 책―.

이런 『삼국유사』를 지은 이가 일연이다.

그런데도 일연을 모른다니, 오리무중의 대상이라니 무슨 말인가.

일연은 20세기에 들어 유명해졌다. 이 또한 『삼국유사』가 유명해지면서 일어난 현상이다. 20세기가 시작되기 이전까지 일연을 아는 사람은 극소수에 불과했다. 그것은 『삼국유사』를 아는 사람이 극소수였다는 말과 같다. 한마디로 일연은 『삼국유사』와 함께 운명을 같이한다.

하지만 일연은 당대에 꽤 잘나간 사람이었다. 그가 살았던 고려 왕조의 국사가 된 이였다. 국사는 한 나라의 스승이다. 특히 불교가 국교였던 고려 사회에서 국사의 위치는 지금의 상상을 초월한다. 김수환 추기경이 선종하고 법정 스님이 입적하였을 때, 얼마나 많은 사람이 그분들 없는 세상을 안타까워했고, 아직도 그분들의 생애를 그리워하는가. 단순하게 따지자면 고려 시대의 국사는 오늘날의 추기경과 큰스님을 합쳐 놓은 분이나 다름없다. 적어도 그만한 이가 국사에 올랐고, 단일 종교에 국가 종교였던 불교의 당시 영향력으로 치자면 국사는 두 분을 합쳐 놓은 것 이상이었다. 일연

일연 비문 탁본 일연이 입적한 경상도 군위의 인각사에 세워진 비석. 세월의 풍파 속에 제 모습을 거의 잃었지만, 다행히 탁본들이 남아 그의 생애를 우리에게 전해 주고 있다. ⓒ양진

도 그만한 반열에 오른 이였다.

 그런데도 일연을 모른다니, 오리무중의 대상이라니 무슨 말인가.

 하물며 일연에게는 번듯한 비문이 남아서 전해 온다. 한문으로 쓴 1,200자 정도의 꽤 긴 분량이다. 가계와 생몰연대 그리고 주요 활동이 자세히 적혀 있다. 그것만으로도 웬만한 이에 비하면 꽤 풍부한 자료를 남겨 놓은 셈이다. 하지만 그것은 평면적이고 단선적이다. 게다가 비석을 세우기 위해 쓴 이 비문 하나가 정보의 거의 전부나 마찬가지이다.

한 나라의 국사까지 오른 고승에 대해 이토록 감감 무소식인지 의아할 만큼, 다른 기록에는 거의 나오지 않아, 어딘가 걸쳐서 견주고 입증할 자료가 없다.

그러므로 구체적이고 입체적이지 않다. 이 때문에 오리무중이라는 것이다.

하지만 일연은 그런 대우를 받아야 할 사람이 아니었다. 비문에 나타난 그의 생애와 『삼국유사』에서 간접적으로 확인하는 그의 세계관은 결코 만만하지 않기 때문이다.

이름 안다고 다 안 것처럼 여기는 우리네 불찰이 여기서 한몫 거든다. 일연이라는 이름 두 글자를 알아서 다 알았다고 말하면 너무 싱겁다. 우리의 역사 시간은 거기서 한 발자국도 나가지 못했다. 『삼국유사』에 대해서도 그 이름과 단편적인 몇 가지 내용만 알 뿐, 깊이 있게 이 책의 가치와 뜻을 생각하지 않는다. 너무 유명해서 알았다 여기고 넘어가는 무심함이다.

타고난 이야기꾼 일연

과연 일연은 누구인가. 정치적이고 역사적인 측면에서 이에 대한 해답은 매우 치밀하고 장황하게 늘어질 수 있다. 단지 한마디로 말하란다면 그는 이야기꾼이었다.

일연은 이야기하는 재주를 다양하게 지닌 이였다. 정치적이고 역사적인 사건을 이야기 속에 풀어 넣는 비상한 기술을 지니고 있었다. 이 같은 기술은 몇 가지 양상으로 나타나는데, 원효와 의상처럼 대조적인 두 사람을 짝지어 등장시킴으로써 흥미를 배가시키는 경우, 김춘추처럼 주인공의 자리에 조연으로 등장시켜 객관적인 태도로 한 사람을 조명하는 경우 등이 먼저 눈에 띈다. 이는 이야기에 사람의 이목을 집중시키는 매우 효과적인 방법이다.

여기서 한 가지 더 우리의 주목을 끄는 경우는 한 왕대에 대해 대표적인 한 사건을 서술하여 그 성격을 부각시키는 방법이다. 이는 선택과 집중의 기술이라 할 수 있다. 미추왕과 죽엽군, 내물왕과 김제상……, 이런 식이다. 그것은 『삼국유사』가 정식 역사서의 의무감에서 벗어나 있었기에 가능했지만, 한 왕대에 여러 복잡한 사건이 얽혀 있다고는 하여도, 그것을 특징적인 사건 어느 하나로 집약하여 정리해 주는 이 방식에서 일목요연한 흐름을 짚어 보게 되고, 저자의 분명한 역사관도 찾아볼 수 있으니 매우 흥미롭다.

다른 예를 들어 보자.

진평왕의 경우, 왕은 무려 53년이나 왕위에 있던 인물이었음에

인각사의 일연 영정 고려 시대의 국사는 불교의 정점이었다. 단일 종교에 국가 종교였던 불교이기에 국사는 정치적인 힘까지 두루 갖추었다. 일연도 그만한 반열에 오른 이였다.

도 불구하고, 일연은 다만 한 가지 천사옥대(天賜玉帶) 곧 하늘이 내려 준 옥대를 받은 일로 갈음한다. 그의 권위와 업적에 대해서는 이 한 가지로 설명이 충분하다는 입장이다. 하늘에서 옥대가 내려온다는 일이 발생 가능한 것인가는 논외이다. 만약 거기에 걸려서 쓰기를 주저했다면 아예 단군신화는 설 자리조차 잃었을 것이다.

법흥왕은 「기이」 편에서 등장하지 않는다. 법흥이 신라 역사에서 차지하는 비중을 감안할 때 이는 도저히 있을 수 없는 일이다. 그러다가 「흥법」 편에서 이차돈 순교 사건의 조연으로 나온다. 물론 이는 『삼국유사』를 사건의 나열 방식이 아니라 주제별 분류에 따라 썼기 때문에 생긴 현상이다.

그러나 법흥이 법흥인 것은 신라의 불교공인을 떠나 생각할 수 없다.

그러기에 일연은 왕의 재위 순서에 따라 「기이」 편을 기술하다가도 법흥 같은 중요한 왕을 과감하게 「흥법」 편으로 돌렸다. 거기서 더 흥미롭게 법흥을 이야기할 수 있다고 생각한 것이다.

일연은 역사를 왕 중심이 아니라 이야기의 주인공 중심으로 생각했다.

앞서 말한 대로 이야기의 중심이라면 서민이나 지체가 낮은 스님도 주인공으로 등장시켰다. 그의 붓을 통해 정착한 이야기는 누구도 생각하지 못한 입체적 생활사를 우리에게 들려준다. 그래서 '유사'라는 제목을 붙이는 다른 책 또한 이와 비슷한 시도가 있었지만, 일연만큼 일연의 『삼국유사』만큼 내용과 형식에서 뛰어난 성과를 거두지 못했다고 말했다. 그래서 『삼국유사』이다.

천·천·히·읽·기 ■

일연의 생애

일연은 고려 희종 2년 경상도 경산에서 태어났다. 속명은 김견명(金見明), 어머니가 자신에게 환히 해가 비치는 꿈을 꾸고 잉태하였다고 해서 붙인 이름이다. 13세에 설악산 아래 강원도 양양의 진전사(陳田寺)로 가서 출가했고, 이때 이름은 회연(晦然)이었다. 진전사는 우리나라 선종의 첫 승려인 도의(道義)가 은거하며 수행하던 곳이다. 21세에 과거시험의 승과에 나가 합격한 일연은 이후 몽골 전란기의 혼란한 상황 속에서 경상도 달성의 비슬산을 중심으로 수행하였다.

그가 처음 세상에 이름을 드러낸 것은 43세 때였다. 경상도 남해의 정림사(定林社) 주지로 부임하면서이다. 첫 직장치고는 꽤 늦었다. 54세에는 남해에서 『중편조동오위(重篇曹洞五位)』를 저술하였다. 일연의 많은 저작 가운데 『삼국유사』와 함께 지금까지 전하는 이 책은 그의 수행과 학문이 벌써 상당한 경지에 이르렀음을 보여 준다. 자연히 불교계에서는 일연에 대해 주목하기 시작했고, 그의 활동 범위는 이제 전국으로 뻗어가기 시작하였다. 중앙 정계의 인물들과 교유하는가 하면, 각지의 사찰에 머물며 후학을 길러냈다. 몽골에 항복한 고려가 함께 일본 정벌을 하던 때는 일연의 나이 어언 75세가 되어 있었는데, 당시 충렬왕은 일연을 곁에 불러 자문을 구하기도 하였다.

그러던 일연은 1283년 그의 나이 77세에 국사가 되었다. 종신직의 이 자리에 오른 이는 개성에서 머물러야 하지만, 일연은 이듬해 경상도 군위의 인각사(麟角寺)로 은퇴하여, 주석한 지 5년 만인 1289년에 83세를 일기로 입적하였다. 이 시기에 『삼국유사』를 완성한 것으로 보인다. ■

다시 경산에 와서
복사꽃

일연이 고향인 경산으로 돌아온 것은 그의 나이 77세가 되던 1283년 가을이었다. 그해 봄, 충렬왕은 일연을 국사로 임명하였다. 종신직이라 할지라도 국사에 취임하면 개성의 광명사에서 머물다 하산하는 것이 관례였다. 그러나 굳이 그가 서둘러 낙향한 까닭은 95세의 노모가 고향에 살아계시고, 이제 마지막으로 어머니를 봉양하고 싶다는 소망 하나밖에 없었다.

여덟 살 어린 나이에 어머니 품을 떠났던 일연이었다. 그리고 70여 성상, 수행자로서 보낸 한 세월을 마감할 나이에 이르러 그가 택한 마지막 길은 어머니를 향한 염원, 오로지 그 한가지였다.

일연의 고향은 지금의 경상북도 경산시이다. 비문에서는 장산군이라 하였는데, 이곳은 본디 압량(押梁)이라는 작은 나라였고, 신라 경덕왕 때부터 장산이라 불렸었다. 장산은 고려조에 들어 경주에 소속되었다가, 충선왕 때 비로소 경산이라는 이름을 가졌다.

경산이 경산현으로 승격된 것은 충숙왕 때였다. 국사인 일연의 고향이었기 때문에 올려 준 것이다. 실로 고려 때 국사라는 지위가 얼마나 대단했던가를 웅변하는 일이다.

그러나 경산이라는 것만 알 뿐, 좀 더 정확한 일연의 탄생지가 어느 면 어느 동리인지는 묘연하였다.

내가 처음 이곳을 찾아가 조금이나마 일연의 남은 자취를 보고자 했던 것이 1992년 여름, 마침 가뭄이 온 국토를 말라 태우고, 불볕더위가 농사를 망칠까 농부들의 마음을 애태우게 하던 때였다. 저수지에 나가 물푸기 하는 마을 사람들을 붙들고 일연을 입에 올리기 계면쩍었다. 그러나 거기서 일연의 '일'자라도 듣고 싶어 했던 내 마음도 타들어가기는 마찬가지였다. 그때 얻은 힌트가 삼성산이었다.

삼성산은 경산시 남산면과 자인면 그리고 남천면을 가르는 그다지 높지 않은 산이다. 삼성산의 삼성이 세 분의 성인을 가리킨다는 것이며, 그들이 곧 원효와 설총 그리고 일연이라는 것이, 당시 현지 학자들의 설명이었다.

옳거니, 여기서 꼬리가 잡히는구나 싶었다.

그러나 진도는 좀체 나가지 않았다. 이 산을 중심으로 원효에 대한 행적은 여기저기 더러 남아 있는데, 일연은 끝내 자취를 비추지 않았다.

그로부터 몇 차례나 삼성산을 다시 찾았는지 모른다. 거의 20년

이 다 될 무렵인 2009년 봄, 경산시립박물관의 황종현 학예사가 길동무해 줄 때였다.

그의 차를 타고 남산면 하대리로 들어서는데, 사방으로 복숭아밭이 즐비했다. 경산에 복숭아밭이 이렇게 많은 줄 몰랐다. 복사꽃만큼 어여쁜 꽃이 다시 있을까만, 지천으로 핀 복사꽃을 보기도 참 오랜만이었다.

하대리에는 도동서원(道東書院)이 있다.

원효의 아들 설총을 모셔 본디 도동재(道東齋)로 불리던 것을, 최근 마을 유림의 후예들이 규모를 키우고 서원 간판을 달았다. 도동재에는 자그만 봉분과 그 봉분 앞의 신도비가 전부였었다. 봉분은 설총의 묘로 알려져 있다.

설총의 탄생에 대해서는 왈가왈부 말이 많다. 원효가 계를 범하며 요석공주를 가까이 하자고 들어간 집이 경주의 요석궁이었다. 설총을 낳자면 거기지, 야합이나 마찬가지인 짓을 저질러 놓고 굳이 궁벽한 시댁을 찾아왔겠느냐 말하지만, 어찌 됐건 원효의 아이를 가진 공주가 시댁 동네를 물어물어 찾아와 유곡(油谷)에서 낳고, 아이는 유천(柳川)에서 자랐다는 기록이 『홍유후실기목록(弘儒侯實紀目錄)』에 적혀 있다. 두 지명은 삼성산 근처, 지금도 쓰고 있는 남산면의 동리 이름이다.

이런 까닭으로 신도비는 처음 유곡리에 세워졌거니와, 조선이 망한 3년 뒤인 1913년의 일이었다.

비문에서 이때를 '월융희후삼년(越隆熙後三年)'이라 적은 대목이

052

복사꽃 핀 삼성산 산 아래 사방으로 복숭아밭이 즐비했다. 경산에 복숭아밭이 이렇게 많은 줄 몰랐다. 복사꽃만큼 어여쁜 꽃이 다시 있을까만, 지천으로 핀 복사꽃을 보기도 참 오랜만이었다.

가긍하다. 융희 황제 곧 순종은 나라와 백성을 잃고 자리에서 내려왔으되, 이 시골의 유림들은 햇수를 헤아리면서 새로 선 왜나라 총독의 연도를 받아들이지 않았다. '융희 후 3년'이란 1913년을 가리킨다.

그런데 어쩐 일인지 12년 뒤인 1925년, 하대리로 내려와 도동재라 이름한 지금의 터가 잡혔다. 거기에는 무슨 사연이 있는 것일까.

"여기가 본디 절터예요. 원효 스님이 자기가 살던 집을 내놓고 초개사(初開寺)라 하지 않았소. 바로 초개사 터란 말이오."

신림사와 도동재의 비석 도동재의 비석(왼쪽)과 신림사의 비석(오른쪽)은 어느 쪽이건 하나는 짝퉁이다. 신림사 신도비는 최근 법당을 새로 지으려 땅을 파다 발굴했다.

유곡리에는 신림사라는 자그마한 절이 있었다. 절에서 만난 스님은 아주 자신만만하다.

"무슨 증거로……."

말끝을 흐리는 내게 스님은 새로 지으려는 법당 앞에 모신 비석을 가리킨다. 놀랍게도 그 비석은 도동서원에서 본 신도비와 똑같다.

"설총에게 홍유후라는 시호가 내린 건 그가 이 나라 첫 유림이라는 뜻 아니오? 도동재의 도동도 그렇고. 그런 시조 유림을 절에 모셔 놓기가 싫었겠지. 그래서 옮겨 가려 했는데 그때 스님들이 반대를 했어. 여기는 절이기에 앞서 설총이 태어난 집이니까."

"그래서요?"

"그래서는 뭐가 그래서야. 밤에 몰래 와서 탁본해 갖고 가 세운

거지. 옥개석도 똑같잖아."

한마디로 도동서원의 비석이 짝퉁이라는 것이다. 원본은 신림사의 이것이고, 세운 연대도 훨씬 올라간다는 것이며, 조금이라도 옛날 사정에 더 밝았던 시절의 사람들은, 여기가 원효의 초개사요 설총이 태어난 집임을 알았다는 것이다.

왠지 뭔가 홀리는 기분이었다.

스님의 말이 얼마만큼 신뢰 가능한가는 뒤로 미루기로 하자. 우리는 이런 그림을 상상하며 그려 보면 그뿐이다.

삼성산 한 줄기가 마을로 내려오다 마지막 용틀임을 하는 곳이 유곡리이고, 드디어 꼬리를 심는 곳이 하대리이다. 유곡리는 초개사요, 하대리는 도동재이다. 불교의 처음을 연 곳과, 동쪽 나라 유교가 도를 세운 곳이 그렇게 이어져 있다. 그것도 한 아버지와 아들에 의해서 말이다.

백척간두에서
한발 더 나가

이런 마을에 태어난 또 한 사람이 일연이다. 1206년 음력 6월이었다.

하지만 원효와 설총에 견줄 만한 그의 행적을 찾아내기가 쉽지 않다. 여덟 살 때 고향을 뜨기 전까지 일연이 살았던 산하의 공기를 들이쉬며 아쉽게 추억할 뿐이다.

그런데 처음 이곳에 왔던 그때의 여름을 떠올리며 늦봄에 다시 찾은 삼성산 자락에서 예의 복사꽃을 만났다.

나는 문득 『삼국유사』에 실린 도화녀(桃花女) 이야기가 떠올랐다. 복사꽃처럼 예쁜 여자, 호색의 왕 앞에서 기 죽지 않고 수청을 거부하던 여자, 그 왕이 죽고 자신의 남편도 이 세상을 뜬 다음, 혼령으로 다시 찾아온 왕을 맞아 들여 비형랑이라는 아들을 낳은 여자가 도화녀이다. 사람 반 귀신 반의 아들이 사람과 귀신의 세계를 넘나들며 살아간 일은 경이를 넘어 신비롭기만 하다.

천·천·히·읽·기 ■

도화녀 비형랑 이야기

제25대 사륜왕(舍輪王)은 시호가 진지대왕(眞智大王)이다. 성은 김씨이고, 왕비는 기오공(起烏公)의 딸 지도부인(知刀夫人)이다. 대건(大建) 8년 병신년(576년)에 즉위하여 4년간 나라를 다스렸는데, 정치가 어지럽고 음탕함에 빠져 나라사람들이 폐위시켰다.

이보다 앞서 사량부에 사는 백성의 딸이 자태가 요염하고 얼굴이 예뻐, 도화랑(桃花娘)이라 불리고 있었다. 왕이 듣고 궁중으로 불러들여 관계를 가지려 했다. 여자가 말했다.

"여자가 지켜야 할 바는 두 지아비를 섬기지 않는 것입니다. 지아비가 있으면서 다른 마음을 갖게 하는 것은 비록 황제의 위력으로도 끝내 빼앗지 못합니다."

"죽인다면 어쩔 테냐?"

"차라리 저자거리에서 참수를 당할지언정 달리 바라지 않습니다."

왕이 희롱조로 말했다.

"지아비가 없으면 되겠느냐?"

"그렇습니다."

왕은 놓아 보냈다. 왕이 폐위되고 죽은 것이 그해였다. 2년 뒤 여자의 남편도 죽었는데, 열흘쯤 지나 홀연히 밤중에 왕이 옛날 모습을 하고 여자의 방에 찾아와 말했다.

"네가 옛날 응낙한 바 있지? 네 남편이 없으니 이제 되겠느냐?"

여자는 가벼이 응낙하지 않고 부모에게 아뢰었다.

"군왕의 뜻이니 어찌 이를 피하겠느냐."

여자의 부모는 딸을 방으로 들어가게 했다. 왕은 7일간 머물렀다. 늘 다섯 빛깔의 구름이 집을 덮고, 향기가 방에 가득했다. 7일이 지난 다음 홀연 자취를 감추고, 여자는 그로 인해 태기가 있었다. 달이 차서 출산을 하려할 때 천지가 진동하였다. 남자 아이 하나를 낳아 이름을 비형(鼻荊)이라 하였다.

「기이」편, '도화녀 비형랑'조에서 ■

복사꽃을 바라보다 도화녀 이야기의 플롯에 원효와 요석공주 그리고 설총이 겹쳐지는 것은 무엇 때문일까.

원효가 만난 요석공주는 과부의 몸이었고, 두 사람 사이에서 태어난 설총은 이 나라의 문명을 연 이였다. 자루 없는 도끼를 빌려

느티나무 삼성산 입구의 상대리 마을 앞에 선 느티나무. 봄빛에 물이 오르는데, 논갈이하는 농부의 손길이 한가한 듯 바쁘다. 뒤로 보이는 산이 삼성산이다.

달라고, 그러면 이 나라를 괼 나무를 찍겠노라고, 희롱하듯 노래 부른 원효는 정녕 미치광이가 아니었다. 백척간두(百尺竿頭)의 수행 끝에 한발 더 나간, 이 세상에 와 수행의 경지가 어떤 것인지를 보여 주고 간 사람이었다.

도화녀와 비형랑 이야기도, 원효와 설총의 이야기도 『삼국유사』에만 나온다. 나는 이것이 왠지 우연으로 보이지 않는다.

일연의 시절, 아니 더 올라간 원효의 시절에 핀 복사꽃이 오늘 내가 보는 복사꽃이라고 말할 수 없다. 산 입구의 상대리 마을 앞에 선 느티나무도 그들의 시절까지 올라가지 못한다. 그렇게 많은 세월이 흘렀다. 그래도 상상이 허락된다면, 저 느티나무의 몇 대조 할아버지쯤 되는 더 튼실한 밤나무 가지에 지아비의 옷을 걸어 놓고 아이를 낳은 원효의 어머니나, 저 복사꽃의 몇 대조 할머니쯤 되는 더 어여쁜 복사꽃을 보며 도화녀의 이야기를 들려주는 일연이 눈에 환하게 들어오는 것이다.

서울에서 내려온 일흔일곱 살 아들의 이런 이야기를 재미나게 듣는 이는 고향에 사는 아흔다섯 살의 어머니였다.

천·천·히·읽·기 ■

원효의 탄생

스님의 집안은 본래 이 골의 서남쪽에 살고 있었다. 어머니가 임신하여 달이 찼는데, 마침 이 골 밤나무 아래를 지나다 갑자기 해산기가 보여 집으로 돌아올 겨를이 없었다. 그러자 남편의 옷을 가지고 나무에 걸고 그 가운데 누울 곳을 마련하였다. 이 때문에 나무를 사라수라고 불렀다.

「의해」편, '원효불기'조에서 ■

2

시대의 충실한 일꾼 김부식

당대의 문화를 상징하는 아이콘

한문은 당대의 세계어였다. 이를 얼마나 자유자재로 높은 수준에서 구사하는가. 이 시대 사람들에게 이것은 지상의 과제였다.

12세기 중반에 나온 『삼국사기』는 한문을 공용어로 받아들인 고려 사회가 드디어 이 언어체계를 완벽하게 소화했음을 증명하는 하나의 예이다. 역사서를 쓰는 방법론이 자리 잡혔고, 문장 또한 완벽하게 구사되었다.

바야흐로 지금은 영어의 시대이다. 영어를 잘해야 취직도 하고 성공할 수 있는 기반을 마련한다. 이제는 공용어로 삼자는 주장이 나오고, 어느 대학은 구내에서 아예 영어를 그렇게 쓰기 시작하였다. 하지만 아직 어떤 분야이든 고급스러운 영어로 만족한 성과를 거두고 있는 것 같지 않다. 예를 들어, 근대적인 학문 방식으로 새롭게 쓴 한국사가 벌써 여러 권이지만, 자신이 직접 영어로 쓴 한국사를 낸 역사학자는 없다. 방법론에서 문장까지 완벽한 영어 한국사가 나오기까지에는 아마도 상당한 시간과 역량의 축적을 기다려야 할 것이다. 고대(苦待)하고 안 하고 와는 상관 없이.

김부식 영정 김부식의 『삼국사기』 편찬은 개인의 능력이기도 했고, 시대가 만들어 준 온축의 결과이기도 했다.

김부식은 이 일을 해낸 사람이었다. 그것은 김부식 개인의 능력이기도 했고, 시대가 만들어 준 온축의 결과이기도 했다.

흔히 『삼국사기』의 지은이로 김부식을 말한다. 그러나 엄밀히 따지자면 김부식을 중심으로 한 관리들이 만든 책이다. 그가 책임자로 있으면서 중심적인 역할을 했으므로 편의상 지은이라 하는 것이다. 그렇다면 김부식 한 사람의 능력만으로 『삼국사기』는 이뤄지지 않았다. 이 시대가 지닌 역량이 그런 수준에 올라 있었다.

김부식은 1075년(문종 29년)에 태어나 1151년(의종 5년)에 세상을 마친 고려 중기의 유학자요 역사가이자 정치가였다. 신라가 망할 무렵 그의 증조부인 위영(魏英)은 고려 태조에게 귀의해 경주 지방의 행정을 담당하는 주장(州長)에 임명되었다. 그 뒤 김부식 4형제가 중앙관료로 진출할 때까지의 생활 기반은 경주에 있었다.

그의 가문이 중앙정계에 진출하기 시작한 것은 아버지 근(覲) 때부터였으나 안타깝게도 그는 젊은 나이에 세상을 떴다. 그래서 김부식은 어려서부터 편모의 슬하에서 자랐다.

그럼에도 김부식을 포함한 4형제는 모두 문장에 뛰어나고 박학하여, 과거에 합격하고 중앙정계에서 벼슬을 하였다. 아버지는 아들들에게 분명한 소망이 있었다. 김부식의 동생이 김부철(金富轍), 이렇게 놓고 보면 송(宋)나라의 문장가 집안 소순(蘇洵)의 아들들을 떠올리게 한다. 순이 그의 자식에게 붙인 이름 소식(蘇軾)과 소철(蘇轍) 때문이다. 소식은 바로 송나라 최고 문장가인 소동파(蘇東坡)이다. 김부식의 아버지는 자기 자식들이 소순의 아들들처럼 최고의 문장가로 입신양명하기를 바란 것이었다.

김부식이 관계에 진출한 것은 그의 나이 스물두 살 때, 곧 1096년(숙종 1년)이었는데, 그로부터 20여 년 동안 주로 학문적인 자리에 있으면서 세상을 보는 눈의 폭과 깊이를 더해 나갔다.

이 같은 김부식의 학문이 빛을 낸 것은 1116년(예종 11년) 7월에 송나라에 사신으로 가서였다.

김부식은 여섯 달 동안 송나라 휘종의 융숭한 대접을 받으며 머물렀다. 휘종은 이제 막 불혹의 나이에 들어선 패기에 찬 학자에게 사마광(司馬光)의 『자치통감(資治通鑑)』 한 질을 선물로 주었다. 김부식은 황홀했다. 황제로부터 선물을 받아서만이 아니라, 이 책에

버금갈 우리의 역사서를 써 보리라는 결심이 섰기 때문이었다. 이는 그가 나중에 『삼국사기』를 편찬하는 중요한 계기였다.

묘청의 난을 물리치고

김부식의 생애에서 가장 큰 정치적인 난관은 묘청(妙淸)의 난이었다고 하겠다. 묘청의 난이란 무엇인가.

1126년(인종 4년), 이자겸의 난으로 개경(개성)의 궁궐이 불에 타자, 묘청은 무리를 모아 '서경천도론'을 주장하고, 서경(평양)에 궁궐을 새로 지어 왕이 자주 행차하게 하였다. 그러자 개경 유신들의 반대는 극에 달했다. 급기야 묘청은 1135년(인종 13년) 1월, 서경에서 난을 일으켰다.

이때 개경 유신을 대표하는 김부식은 원수(元帥)로 임명되어 직접 중군을 거느리고 삼군(三軍)을 지휘 통솔해 진압에 나섰다.

반란군의 진압은 그렇게 쉽지 않았다. 김부식은 먼저 개경에 있던 묘청의 동조 세력인 정지상(鄭知常)·김안(金安)·백수한(白壽翰) 등의 목을 베었다. 특히 정지상을 죽인 것을 두고 세상에서는 말이 많았다. 그가 자신보다 시를 더 잘 지었으므로 이를 시기하여 일부러 죽였다는 것이다. 하지만 서경파의 예봉을 꺾기 위해서는 피할 수 없는 선택이었다.

반란은 묘청의 내부에서 분란이 일어나 어렵사리 진압되는가 했는데, 반란군의 처분을 놓고 다시 개경의 유신들 사이에도 분란이 생겼다. 난은 1년 2개월 만에 겨우 진압되었다.

이 같은 공적을 바탕으로 김부식은 승승장구하게 된다. 수충정난정국공신(輸忠定難靖國功臣)에 책봉되고, 검교태보 수태위 문하시중 판이부사(檢校太保守太尉門下侍中判吏部事)에 승진하였다. 그뿐만 아니라 감수국사 상주국 태자태보(監修國事上柱國太子太保)의 자리도 겸하였다. 모두 왕 아래에서 나라의 일을 결정하는 핵심적인 위치였다.

그러나 그의 일생이 끝내 순탄하지만은 않았다. 정치적으로 높은 자리에 오를수록 정적은 생겨났고, 그들과의 끊임없는 투쟁이 이어졌다.

관직에서 물러난 것도 반대파들의 거센 압력에 밀린 듯한 느낌마저 들게 한다.

유교주의적 대의명분으로 끊임없이 자신의 정치적 이상을 실현해 보려 했다는 점에서, 그는 전형적인 중세의 유교적 합리주의자였다. 김부식의 이런 세계관을 잘 나타내 주는 시가 「결기궁(結綺宮)」이다.

堯階三尺卑	요임금의 섬돌은 석 자밖에 안 되었지만
千載餘其德	오랜 세월 그 덕이 남아 전한다네.
秦城萬里長	진나라의 성은 만 리나 되었지만
二世失其國	겨우 아들 때에 그 나라를 잃었다네.

결기는 진 후주(陳後主)가 584년에 지은 누각 셋 가운데 하나이다. 모두 침단향목(沈檀香木)으로 틀을 세우고 금은 보옥으로 장식하였으며, 기화요초(奇花瑤草)를 심어 사치를 다하였다. 그래서 이는 호사스러운 궁이나 누각의 대명사처럼 쓰인다. 그러나 왕의 권위는 이런 데서 나오지 않는다. 요임금과 진시황의 경우를 들어, 무엇이 진정한 권위요 백성을 위한 길인지, 김부식은 요령 있게 설파하고 있다.

김부식에게 내려진 시호는 문열(文烈)이었다. 문집은 20여 권이 되었으나 이제는 전하지 않으며, 많은 글이 『동문수(東文粹)』와 『동문선(東文選)』에 실려 있는데, 오늘날 학자들은 그것만으로도 그를 문장의 대가라 하는 데 주저하지 않는다. 송나라 사람 서긍(徐兢)은 『고려도경(高麗圖經)』에서 김부식을 이렇게 평하였다.

"박학강식(博學强識)해 글을 잘 짓고, 고금을 잘 알아 학사의 신복을 받으니, 그보다 위에 설 수 있는 사람이 없다."

김부식의 『삼국사기』 편찬

김부식이 『삼국사기』를 편찬하기로 한 것은 관직에서 물러난 다음이었다. 왕은 그를 도와줄 젊은 관료를 보내 주었다. 김부식은 인간의 운명적 생애에다 자신을 대입시켜 가며 역사의 흐름을 보았다. 그것이 『삼국사기』의 큰 줄거리였다.

나아가 『삼국사기』를 통해 유교적 이상 국가를 실현하는 데 거울로 삼으려 하였다.

오늘날 우리가 보는 『삼국사기』를 간략하게 정의하자면, '1145년(인종 23년)경에, 김부식 등이 고려 인종의 명을 받아 편찬한 삼국 시대의 정사'라고 할 수 있다. 여기에는 「본기(本紀)」 28권, 「지(志)」 9권, 「표(表)」 3권, 「열전(列傳)」 10권이 들어가 있다. 이 같은 체재는 사마천(司馬遷)의 『사기(史記)』를 그대로 본뜬 것이었다.

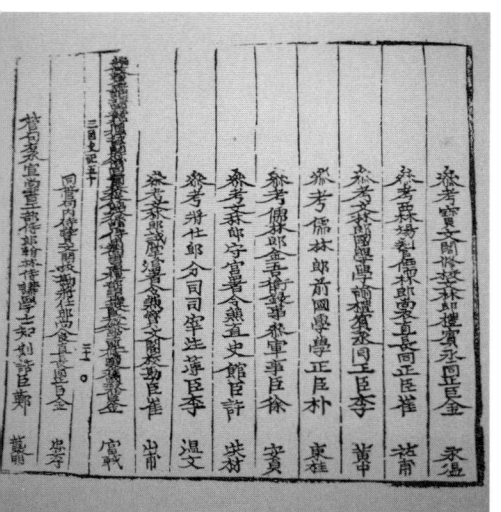

『삼국사기』 마지막 면 『삼국사기』의 편찬은 김부식이 주도하였다. 곧, 최산보·이온문·허홍재 등 8인의 참고와, 2인의 관구(管句) 등 11인의 편수관을 이끌었다.

앞서 말한 대로, 이 책은 왕의 명령에 따라 김부식이 주도하였다. 곧, 최산보(崔山甫)·이온문(李溫文)·허홍재(許洪材)·서안정(徐安貞)·박동계(朴東桂)·이황중(李黃中)·최우보(崔祐甫)·김영온(金永溫) 등 8인의 참고(參考)와, 김충효(金忠孝)·정습명(鄭襲明) 2인의 관구(管句) 등 11인의 편수관을 이끌었다. 그래서 『삼국사기』를 관찬사서(官撰史書)라고도 한다. 이때 책임 편찬자인 김부식은 각 부분의 머리말, 논찬(論贊), 사료의 취사선택, 편목의 작성, 인물의 평가 등을 직접 담당했던 것으로 보인다.

『삼국사기』 편찬의 보다 직접적인 목적은 김부식이 쓴 글에서 잘 나타난다. 왕에게 올리는 표문이 그것이다. 김부식은 이 글에서, 우리나라의 식자층들조차도 우리 역사를 모른다는 사실을 개탄하면서, 첫째 중국 문헌들은 우리나라 역사를 지나치게 간략하게 기록하고 있으니 우리것을 자세히 써야 한다는 것, 둘째 현존의 여러 역사서의 내용이 빈약하기 때문에 다시 서술해야 한다는 것, 셋째 왕·신하·백성의 잘잘못을 가려 행동 규범을 드러냄으로써 후세에 교훈을 삼아야 한다는 것이었다.

우리는 이것이 12세기적 상황 아래에서 그때의 지식인이 갖출 수 있는 최상의 민족주의였다고 본다. 그럼에도 불구하고 『삼국사기』를 얻은 것보다 잃은 것이 더 많은 책이라 평하는 시각도 있다. 김부식이 취한 철저한 사대주의적인 태도 때문이다. 모처럼 우리 역사에 대한 애정과 필요성을 자각하였지만, 지나친 중국 의존이 사람들의 입방아에서 자유롭지 못하게 만들었다.

김부식과 『삼국사기』의 사대주의를 말할 수 있는 예를 찾기는 어렵지 않다. 이제 그 가운데 하나를 들어 보겠다. 『삼국사기』가 고구려 장수왕에 대해 쓴 대목이다.

고구려 제20대 장수왕(長壽王, 394~491년)은 아버지인 광개토왕을 이어 등극, 한 해 빠진 80년간이나 왕위에 있었다. 말 그대로 장수한 왕이다. 이름은 거련(巨連 또는 巨璉)이었다. 장수한 오랜 시간 그는 아버지를 이어 고구려를 한반도에서 태어난 나라 가운데 가장 큰 나라로 만들었다. 그의 이름 가운데 연(璉)은 호련(瑚璉)을 말한다. 호련에 곡식을 담아 천지의 신에게 제사를 지낸다. 성스러운 제기(祭器)인 것이다. 장수왕은 성스러운 그릇 가운데서도 큰 그릇이었다.

광개토대왕비에서 보는 바, 장수왕의 시대는 문화적으로도 벌써 절정의 시기에 와 있었다. 이만한 문장과 이만한 규모의 비석을 고구려는, 아니 장수왕은 자신의 문화 상징으로 만들었다. 장수왕은 장수를 넘어 문화의 왕이었다.

장수왕은 427년 수도를 평양으로 옮겼다. 최근 평양의 위치에 대해 다른 학설이 제기되었지만, 고구려가 한반도 안의 주권국가로서 확실히 자리매김되는 중요한 사건이다. 이는 곧 장수왕의 남진정책으로 이어지는데, 475년 백제를 공격하여 백제의 수도 위례성을 함락시키고 개로왕을 죽이기도 하였다. 장수왕의 남진정책으로 고구려는 남쪽으로 지금의 아산만부터 경상북도 일부까지 차지하였다.

장수왕의 남진정책은 한반도를 한 번 요동시켰다. 그것이 불안의 요소라고 할 수 있다면, 하나의 동인(動因)이 되어 서로가 자극을 받고 발전을 이룬 계기였다고도 할 수 있다. 자주 접촉하고 교류하며, 궁극적으로 한반도 안의 사람들이 하나의 동질성을 갖추어 간 것이다. 그렇다면 장수왕은 한반도의 사람들이 하나의 민족으로 궁굴어지는 데 역할한 사람이기도 하다.

장수왕을 '조공꾼'으로 만든 김부식

그런 장수왕인데 『삼국사기』의 「고구려본기」 '장수왕'조를 보다 보면 우리의 눈을 의심하게 하는 기사에 잠시 머뭇거리게 된다. 거기 가장 빈번히 나오는 기록이 '사신 보내기'이기 때문이다. 그래서 아마 다음과 같은 의문이 들었던 모양이다.

> 장수왕의 「고구려본기」를 보면 40여 차례 넘게 북위(北魏)에다가 조공을 바친 기록이 있습니다. 당시 강대국이었던 고구려가 한 해를 안 거르고 이렇게 자주 그것도 즉위년부터 시작하여 말년에 이르기까지 78년 동안 장수왕은 북위에다가 조공을 바친 조공왕이 되었습니다. 어딘가 이상합니다. 고구려는 북위도 경계할 정도로 성장한 광개토대왕 이래 강대국이었는데, 장수왕 때부터는 이상하게 주변국에 조공을 자주 바치고 북위에는 거의 충성(?) 이상으로 조공을 바친 기사가 보입니다. 허구한 날 바쳤을까요, 혹시 비하하기 위한 과장 기사는 아닐까요?
>
> 인터넷 카페의 어느 기사에서

사실 『삼국사기』의 「고구려본기」 '장수왕'조를 보면, 80여 년이나 왕 노릇한 사람의 기록치고는 지나치게 소략할 뿐만 아니라, 거의 조공 바친 기사밖에 없다. 기가 찰 노릇이다.

정말 그럴까? 열심히 조공을 바친 덕분에 장수왕은 오래 살며 나라의 영토를 늘렸던 것일까? 위 글의 끝에 나온 '비하하기 위한 과장'이라는 말이 김부식을 향한 비판인지 분명치 않으나, 그렇게 민망한 기사와 달리 고대사 전공 학자의 다음과 같은 지적에서, 우리는 장수왕을 이해하는 또 다른 시각과 만나게 된다.

> 고구려는 서로 국경을 접하고 있던 북중국의 세력이나 몽골고원의 유목민 국가와의 사이에 장기간에 걸친 평화를 유지하였다. 북중국 방면의 국가와는 406년 후연(後燕)과의 전쟁이 있은 이후 598년 여(麗)·수(隋) 전쟁이 발발하기까지 근 200여 년에 걸쳐 한 차례의 전쟁도 없었다.
>
> 노태돈, 『고구려사 연구』에서

근 200여 년에 걸친 긴 평화의 중심에 장수왕이 있다. 이 같은 평화는 장수왕의 이전에도 이후에도 없었다. 그런 평화를 이룬 장수왕의 손안에는 조공정책의 활용(?)이라는 절묘한 정치 역량이 숨어 있었다. 『삼국사기』에는 40여 차례, 당시 중국의 실력자인 북위에 사신을 보낸 것으로 되어 있다 했으나, 중국 쪽의 역사서를 뒤지면 이보다 훨씬 많다.

그러나 이런 겉모습만 보고 장수왕을 '조공왕'이라 비아냥대서는 안 된다. 그랬다간 틀림없이 '사대의 지존' 김부식이 설치한 그물에 걸려든다. 자존심을 죽이며 장수왕이 펼친 조공정책에는 본질적이고 실리적인 무엇이 있었다.

장수왕 당시 중국은 위진남북조 시대였다. 남쪽은 진(晉)나라가 동진이라는 이름으로 이어지다가 망하고 그 자리에는 송(宋)이 세워졌다. 420년의 일이었다.

중국의 한족이 북쪽의 오랑캐에게 쫓겨 본토를 내주기로는 역사상 이때가 처음이었다. 북쪽은 바야흐로 북위(北魏)의 시대가 시작되고 있었다. 오랑캐가 세운 여러 나라가 쟁패를 벌이다 마지막에 북연(北燕)과 북위가 패권을 다투었다. 435년, 북위의 공격에 시달리던 북연은 송나라에 신하의 지위에서 섬기겠다고 하며 원병을 청한다. 아울러 고구려에도 구원의 손길을 내밀었다. 장수왕은 고민에 빠졌다.

북위는 한참 기세를 올리며 새로 일어나는 나라, 북연은 그동안의 관계도 관계려니와, 중간에서 북위의 위협을 막아 줄 방패이기도 했다.

사실 북연은 고구려와 연관관계가 깊었다. 북연의 앞은 후연(後燕)인데, 이 나라는 고운(高雲)이 세웠으며, 광개토왕이 사신을 보내 '종족(宗族)의 의(誼)'를 표할 만큼, 고구려와 후연은 한 집안과 같았다. 고운이 피살된 후 그의 부하였던 풍발(馮跋)이 나라를 이어 북연이라 하였다. 고구려는 북연을 후연과 같은 태도로 대하였다.

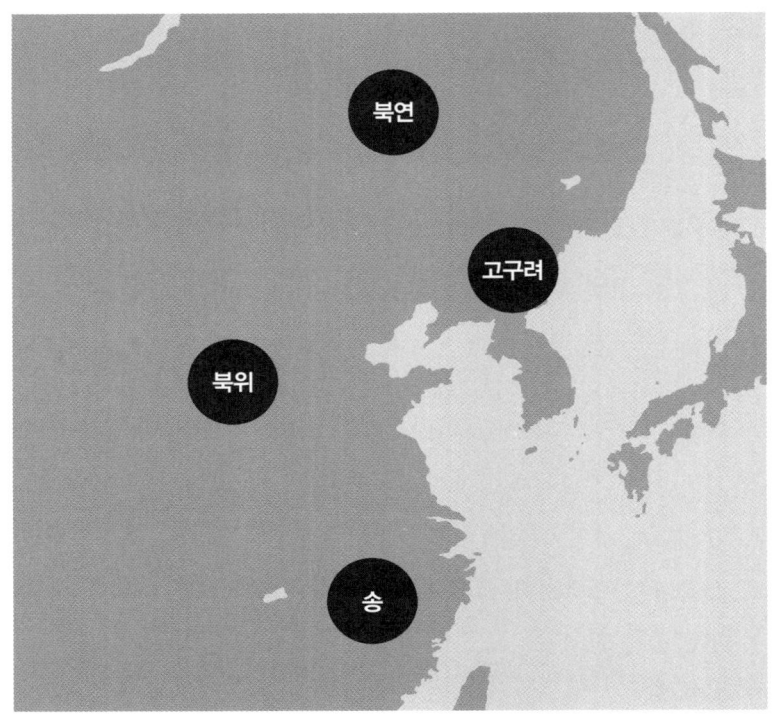

5세기 동북아 세력도 5세기 중국의 북쪽은 북위(北魏)의 시대가 시작되고 있었다. 북위는 북연(北燕)과 패권을 다투었고, 남쪽은 한족 출신의 송(宋)이 자리를 잡았다. 고구려는 이 복잡한 구도 속의 한 구성원이었다.

그러나 북연의 요청이 있던 해 고구려는 도리어 북위에 사신을 파견하였다. 이해가 장수왕 23년이다. 그의 나이 41세, 깊이 경륜을 쌓은 장수왕의 판단에 북위의 존재가 결코 가볍게 보이지 않았을 터이다.

물론 사신을 파견한 장수왕의 입장이 북위에 대한 항복은 아니었다. 이듬해인 436년, 북연의 수도인 화룡성에서 북위와 맞붙어 무력시위를 벌였고, 북연의 왕과 백성 다수를 데리고 회군하기도 하였다. 그리고 북위에 다시 사신을 보내 조공하였다. 현란한 양동책(兩動策)이었다.

이 같은 양동책은 남조의 송을 두고도 마찬가지였다.

북연이 고구려에 배신감을 느끼고 송과 관계를 맺자 장수왕은 이에 단호히 대처하였다. 고구려는 북연을 도와주러 출동한 송의 장군 왕백구(王白駒)를 사로잡아 들였다. 438년의 일이었다. 그러나 거기까지였다. 더 큰 분쟁을 막기 위해 왕백구를 송환하고 송과 관계를 회복하였다. 이는 북위를 견제하는 데도 효과적인 방법이었다. 송은 한족의 본토수복을 위해 북위와 대치하고 있었는데, 그런 두 나라 사이의 관계를 미묘하게 이용한 것이었다.

5세기 중반의 동아시아는 국가 간의 직접적인 당사국의 분쟁에 그치지 않고 열강이 개입하여 국제적인 차원에서 밀고 당기기가 이어졌다. 그 한 축에 고구려가 놓여 있었다. 고구려는 이 복잡한 국제 관계의 톱니바퀴를 현명하게 물고 넘어가지 않으면 안 되었다.

힘이 필요하면 힘으로, 조정이 필요하면 조정으로 장수왕은 자신의 위치를 확고히 지켜나간 현실정치의 달인이었다. 김부식은 그 점을 놓쳤거나, 알았어도 짐짓 모른 채 조공 사실만 모아 놓은 데 급급할 뿐이었다.

김부식의 시대
김부식의 생각

북연을 둘러싼 한바탕 외교전이 펼쳐진 다음, 장수왕은 20여 년 넘게 중국의 역사서에 등장하지 않는다.

이때 북위는 확실히 중국의 패자로 자리 잡고 있었다. 그런 북위와 고구려 사이에 긴장과 대립의 상태가 없었을 리 없다. 다만 북위는 서쪽과 남쪽으로의 전쟁에 더 치중하였다. 직접적인 위협만 가해 오지 않는다면 북위로서도 고구려에 대해 한손을 놓아두자 했을 것이다. 이 또한 장수왕의 현명한 대처의 결과였다. 경계는 하되 자극하지 않았던 것이다.

고구려가 다시 북위와 사신 교환을 한 것은 465년부터였다. 장수왕 50년이었다. 이로부터 60여 년간 고구려는 북위에 60여 회의 사신을 보냈다. 북위에 쏠리는 느낌이 없지 않다. 그만큼 북위의 세력이 강성해졌기 때문이리라.

특히 472년에는 2월과 7월 두 차례나 사신을 보냈다. 바로 다음 달인 8월, 백제가 사신을 북위에 보내 고구려를 압박해 달라는 청을 넣기 직전이었다. 장수왕은 백제의 동태를 알고 있었던 것일까. 그렇다고 볼 수밖에 없다. 3년 뒤인 475년, 고구려는 백제의 수도인 위례성을 쳤다. 수도를 평양으로 옮긴 장수왕의 입장에서 자꾸만 커져가는 백제가 신경 쓰이지 않을 리 없었다. 이 전투에서 백제 개로왕이 전사하였던 것이다.

앞서 쓴 대로 평양 천도와 백제 위례성 공격을 통해 장수왕은 본격적인 남진정책에 나섰다. 이것은 고구려가 북쪽으로 경계를 두고 있는 나라들과의 관계에 안정을 가진 다음에야 가능한 일이었다. 안정은 그냥 오지 않는다. 물론 남북조 시대의 여러 나라가 그 영토 안에서 경쟁·대립하는 사이, 영토 밖의 고구려가 어느 정도 이득을 보긴 했다. 그러나 경계를 늦추지 않고 거중조정 해 가며 제 위치를 올곧게 지킨 장수왕의 공로는 그냥 지나칠 수 없다.

그렇다면 장수왕의 사신 파견을 『삼국사기』에 일일이 기록한 김부식의 생각은 무엇이었을까? 중국의 황제 나라에 사대하는 것을 당연시한 사대주의자의 신나는 붓놀림이었을까?

적어도 김부식에게는 그런 혐의가 없잖아 보인다. 김부식 이후 조선에 들어서서는 많을 때 1년에 네 차례나 사신이 중국 땅을 밟았다. 이는 김부식의 경우에서 더 악화된 사대였다고 아니할 수 없다. 그러나 장수왕의 사신은 본질적으로 달랐다. 사신이 필요할 때 사신을 보내는, 사신 본연의 의의를 저버린 것이 아니었다. 아부가 아니라 이념을 지닌 그들의 정책이었다.

그런데 김부식은 장수왕의 행적을 현란한 외교술로 보지 않았다. 중국의 큰 나라에 대해 성심과 예의를 다하는 작은 나라의 도리로 보았다. 이것이 김부식의 사대이다. 물론 김부식의 시대가 지닌 이데올로기였다.

3
또 한 사람 김대문

김대문은 누구인가

이 책에서 내가 주의 깊게 보고 인용할 사람이 김대문(金大問)이다. 김대문은 『삼국유사』를 읽는 또 다른 각도를 걸치게 해 줄 사람이다. 그런 그에 대해 먼저 소개할 필요가 있겠다. 사실 김대문에 대한 가장 자세한 정보는 지금까지 『삼국사기』에 나오는 다음과 같은 정도가 그 전부였다.

> 김대문은 본디 신라 귀족의 자제로, 성덕왕 3년(704년)에 한산주의 도독이 되었고, 전기(傳記) 약간 권을 지었으며, 그의 고승전(高僧傳)·

화랑세기(花郎世記)·악본(樂本)·한산기(漢山記)는 아직 남아 있다.

『삼국사기』, 「열전」에서

이는 설총(薛聰) 전에 딸려 있는 기록이다. 그러니까 「열전」 속에 정식으로 입전(立傳)된 것이 아니라, 신라 시대 유학자의 계보를 연 설총에 붙여서 그 비슷한 인물로 보고 간단히 언급한 것이다. 김부식 자신이 정통 유학자를 자부했으므로, 신라의 인물 가운데 어떻게 하든 한 명이라도 더 유학자를 찾아내고 싶었는데, 아쉬우나마 김대문은 거기에 가깝다고 생각했던 것 같다.

비록 짤막한 기록이지만, 『삼국사기』를 통해 그려 보는 김대문은 이런 사람이었다. 신라의 귀족이며, 한산주의 도독을 지냈고, 『고승전』을 비롯한 네 권의 책을 지었다…….

한산주는 지금의 서울 일대이다. 신라의 5소경이 확립되었을 때 가장 북쪽에 위치한 소경이었다. 도독은 이찬(伊飡:2급)에서 급찬(級飡:9급)까지의 계급에 해당하는 중앙 관원을 파견하였다. 적어도 이때 김대문은 대아찬(大阿飡:5급) 이상 되었으리라 본다. 네 권의 책 이외에, 『삼국사기』의 「신라본기」 '법흥왕 15년' 조에 보이는 이차돈의 순교 기사가 김대문의 『계림잡전(鷄林雜傳)』에 의거했다는 기록을 감안할 때, 그가 쓴 책은 한 권 더 추가된다.

이에 따라 지금 학계에서는 김대문을 신라 최대의 역사가로 본다.

그는 왕경·진골 귀족 중심의 신라사를 썼으며, 그 내용은 상당히 객관성을 띤 기록과 해석을 남겼다고 평가받는다. 유학자의 한 사람으로 보려 했던 김부식의 의도와는 달리, 기실 김대문은 신라 진골귀족의 전통을 찬양하며 이를 발전시켜 나가야 한다고 생각했으며, 중국화·유교화 되어 가는 당대 신라의 분위기에 대해 반발한 사람이었다.

『삼국사기』와 『삼국유사』의 김대문 인용

그렇다면 좀 더 구체적으로 『삼국사기』에 인용된 김대문의 글부터 검토해 보자.

김부식이 『삼국사기』를 편찬하는 시점에 김대문의 책은 위의 5권이 남아 있었다. 「신라본기」의 남해 차차웅, 유리 이사금, 눌지 마립간 조에서 각각 '김대문은 말하기를'이라고 하면서 차차웅·이사금·마립간의 뜻을 풀이하였다. 이 대목은 일연도 『삼국유사』에서 재인용하였다. 일연은 "『삼국사』에서는 왕의 칭호에 대해 이런저런 이야기를 남겨 놓았다"고 전제하며, 필요한 부분을 위 왕들의 조에서 발췌하여 한 문장으로 만들었다. 중간 중간 말줄임표를 넣어 정리해 보면 다음과 같다.

신라에서 왕을 부를 때 거서간이라 하는데 그곳 말로 왕이다. 간혹 귀인을 부를 때 쓰는 칭호라 하고, 어떤 이는 차차웅을 자충(慈充)이라고도 한다. …… 김대문은, '차차웅은 이 지방 말로 무당을 일컬으며,

세상 사람들이, 무당이 귀신을 섬기고 제사를 받들므로 이를 두려워 공경하다 보니, 높으신 분을 자충이라 하였다'라고 하였다. …… 간혹 부르는 니사금(尼師今)은 닛금(齒理)을 일컫는 말이다. 처음에 남해왕이 죽고 아들 노례왕이 탈해왕에게 임금자리를 물려 주자 탈해가, '내가 듣기에 성인과 지혜로운 이들은 이가 많다' 하고, 시험 삼아 떡을 물어 보였다. 예부터 전하는 말이 이렇다. …… 어떤 이는 마립간(麻立干)이라고도 한다. 김대문은, '마립이라는 것은 이 지방 말로 말뚝을 이른다. 말뚝을 표지로 자리에 세워 두면 왕이니, 말뚝은 주인이 되고 신하는 아래에서 말뚝을 따라 줄을 지었다. 이런 까닭에 붙인 이름이다'라고 하였다.

『삼국유사』, 「기이」 편, '제2대 남해왕' 조에서

차차웅·이사금·마립간에 대한 이러한 뜻풀이는 오늘날 학계에서 매우 중요한 정보로 활용되고 있다. 김대문이 신라 사정에 대해 그 밑바닥부터 훤했으며, 후세에 전해야 할 정보의 무엇이 귀중한지 알았던 사람임을 말해 준다. 간단치 않은 사람이었다.

위의 기록은 김대문의 책 가운데 어느 것을 인용했는지 알 수 없으나, 아마도 내용의 성격상 『계림잡전』이 아닐까 싶다. 이차돈의 순교를 쓴 바로 그 책이다.

또 하나 중요한 기록이 화랑 관련 기사이다.

『삼국사기』「신라본기」'진흥왕 37년' 조에, "김대문은 『화랑세기』에서 말하기를, '어진 재상과 충성스러운 신하가 이로부터 나왔고,

훌륭한 장수와 용맹한 병사가 여기에서 생겨났다'고 하였다"는 대목이다. 화랑을 말하면서 결코 빠트릴 수 없는 구절이다. 화랑하면 따라 나오는 현좌충신(賢佐忠臣)·양장용졸(良將勇卒)이라는 미사여구가 바로 김대문의 이 글에서 시작하였다.

김부식은 이 말이 얼마나 마음에 들었든지, 「열전」의 김흠운 전에 가서 한 번 더 인용할 정도이다.

『화랑세기』는 김대문의 자기 집안 족보 정리?

그러던 김대문을 아연 달리 보아야 할 사건이 터졌다. 그가 썼다는 『화랑세기』가 갑자기 세상에 얼굴을 들이밀었기 때문이다. 1989년, 정말 돌출하듯이 『화랑세기』는 세상에 나왔다. 김부식은 이 책을 본 것 같지만, 일연조차 이 책이 사라진 다음의 사람이었다. 『삼국유사』에는 일연이 『화랑세기』를 보았다는 어떤 흔적도 없다. 그러니 실로 900여 년 만의 일이다.

다시 나타난 『화랑세기』는 손으로 쓴 필사본이다. 이는 박창화라는 이의 제자가 그의 집안에서 가지고 있었던 것이었다. 그로부터 6년 뒤인 1995년, 이번에는 박창화의 후손이 다른 필사본을 공개하였다. 그러나 두 자료 모두 박창화가 필사했다는 보관자들의 설명 외에, 구체적인 정보가 부족하였다. 박창화는 1930년대에 일본으로 가서 궁내청(宮內廳)의 사서로 일했다는 사람이다. 박식하

화랑세기 1989년, 정말 돌출하듯이 『화랑세기』는 세상에 나왔다. 김부식은 이 책을 본 것 같지만, 일연조차 이 책이 사라진 다음의 사람이었다.

고 기이했다고 한다. 본인의 증언을 들을 길 없지만, 그가 궁내청에서 근무하던 시절, 『화랑세기』는 그곳 도서관에 보관된 원본을 보고 필사했을 가능성이 크다. 그러나 현재 공개된 궁내성 도서관의 목록에 『화랑세기』는 없다.

인・물・보・기

박창화

『화랑세기』 필사본을 남긴 재야 사학자이다. 호는 남당(南堂). 1940년대 후반에서 1950년대 초반 사이, 충북 괴산에 머물며 김종진, 김준웅 형제를 가르칠

때『화랑세기』필사본을 언급한 것으로 전해진다. ■

    이렇듯 자료의 기본적인 정보 부족이 이 필사본의 위서(偽書) 가능성을 자꾸만 불러일으켰다. 원본을 보고 베낀 필사가 아니라 박창화의 소설 같은 저술로 본다는 것이다. 그런데 아무리 박식하고 기인 기질의 그였다 해도, 박창화가『화랑세기』를 위서로 꾸며낼 만한 능력을 갖추었는지는 더 의심스럽다. 위서라고 하기에 박창화 필사의『화랑세기』는 내용상 너무나 치밀하고 폭 넓다.
    진위논쟁을 잠시 밀쳐 놓는다면『화랑세기』에서 우리는 엄청나고 놀라운 소식을 접하게 된다.
    이 책은 화랑의 우두머리인 풍월주를 1대부터 마지막 32대까지 차례대로 기록한 전기이다. 그런데 풍월주 대부분이 당대 핵심인물이었으므로, 그들의 생애에 관한 기록은 곧 당대 신라 사회의 핵심을 적은 것이나 마찬가지이다. 이에 대한 소개는 차차 해 나가기로 하자. 여기서는『화랑세기』를 통해 김대문 본인에 대한 자세한 정보만 먼저 얻기로 한다.
    그의 집안은 화랑 그 자체였다. 심지어『화랑세기』는 김대문 집안의 족보 같은 느낌마저 준다.

화랑 그 자체를 소중히 했던 김대문의 집안

이제 『화랑세기』의 기록을 따라 법흥왕 때로 거슬러 올라간다. 김대문의 6대조 할아버지인 위화랑(魏花郎)은 제1대 풍월주이다. 풍월주는 화랑의 우두머리요 상징이다.

위화랑의 부인인 준실은 법흥왕의 후궁이었던 사람이다. 나중에 위화랑과 결혼하였다. 둘 사이에서 낳은 아들이 이화랑(二花郎)이다. 위화랑은 이찬까지 올랐고, 이화랑은 4대 풍월주가 되었다. 그런가 하면 2대 풍월주 미진부공(未珍夫公)과 3대 풍월주 모랑(毛郎)은 위화랑의 사위이다. 그리고 5대 풍월주 사다함(斯多含)은 위화랑의 외손자이다. 결국 위화랑에서 출발한 풍월주의 계보는 그의 아들, 사위, 외손자로 5대까지 이어진 셈이다. 평균 재임 기간이 4~5년 정도인 풍월주 초기 계보는 완벽히 위화랑의 집안 잔치였다.

6대 풍월주부터 중심축은 미실의 손으로 넘어간다. 일단 김대문 집안의 힘이 주춤해지는 모습이다. 그러다 12대 풍월주로 보리(菩利)가 나서는데, 그는 이화랑의 아들이니, 초대 풍월주 위화랑으로 치면 친손자이다. 드디어 위화랑은 아들·사위·외손자에서 마침내 친손자까지 풍월주에 등극시킨 것이다.

여기서 보리의 어머니 숙명공주가 문제의 인물이다. 숙명은 법흥왕의 딸이고 진흥왕과 통하여 태자까지 두었다. 그대로 간다면 왕후에 태후까지 누렸겠으나, 이화랑과 눈이 맞아 두 아들을 두며

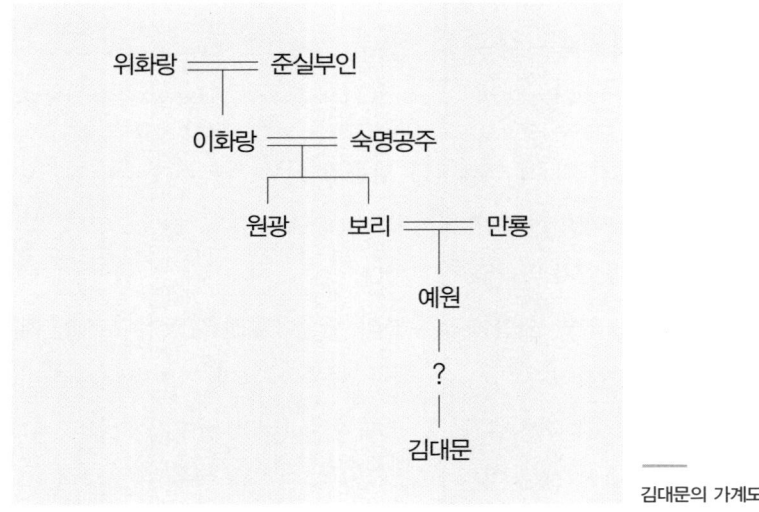

김대문의 가계도

비껴나가고 만다. 두 아들 가운데 한 사람이 보리이고, 다른 한 사람은 원광(圓光) 법사이다. 그러니까 김대문에게 원광은 큰 증조할아버지이다.

　보리는 자신이 화랑의 풍월주인 것을 매우 자랑스럽게 여겼다. 그의 누이 둘이 진평왕의 총애받는 후궁이어서 자꾸만 벼슬자리 제안이 들어왔는데, 그때마다 보리는 거절하며, "우리 가문은 대대로 화랑을 이어온 것으로 만족한데 어찌 벼슬을 하겠는가"라고 말한다. 화랑의 집안인 것을 이토록 자랑스러워하기는 김대문도 마찬가지였다. 그가 『화랑세기』를 편찬한 것은 이 때문이었다.

　그러나 김대문 집안의 화랑 풍월주 계보는 보리에서 끝난다. 보리의 아들 예원(禮元)이 문무왕 11년(671년) 중시(中侍)에 임명되었다는 기록이 『삼국사기』에 보이는데, 화랑을 떠나 제도권으로 들어온 느낌을 받게 된다.

중시는 요즈음의 국무총리에 해당하는 지위이다. 대통령이 때로 까다로운 정치적 문제를 슬쩍 총리에게 방패막이 시키는 경우를 보게 된다. 신라에서 중시도 그런 역할을 했었다.

화랑은 본디 관리도 아니고 어떤 정치적인 권한을 가지지도 않았다. 명예를 소중히 하는 보이스카우트였다. 그러다가 일정한 시점에 관직으로 말을 갈아타는데, 김대문의 집안은 화랑임을 자랑스럽게 여기며 그것으로 만족한, 화랑 그 자체였다.

그런데 이제 그런 그들이 관직으로 들어가고 있다. 김대문도 한산주의 도독을 지냈다.

김대문의 집안은 무당이었다?

그렇다면 화랑은 무엇이었을까. 『화랑세기』를 읽어 나가다 보면 이에 대해 다시 묻지 않을 수 없다.

우리가 일반적으로 알고 있는 충신과 맹장을 배출시킨 신라 호국의 간성으로서 화랑은 『화랑세기』를 통해 보건대 그렇게 단선적이지 않다. 이 책의 서문을 통해 정리해 보기로 하자.

서문에서는 먼저 한마디로 화랑이 선(仙)의 무리임을 내세운다. 선의 무리는 무슨 일을 했던가. 우리나라 곧 신라는 신궁(神宮)을 받들어 하늘에 큰 제사를 지냈다고 하였다. 마치 중국의 연나라에 동산(東山)이, 노나라에 태산(泰山)이 있는 것과 같다 하고, 연부인(燕夫人)이 선의 무리를 좋아하여 미인을 많이 기른 것과 같이 원화(源花)를 두었다고 하였다. 그들처럼 아리따운 여자를 길러 신라의 자기 종교인 신궁에서 봉사하게 한 것이다.

제도를 본뜨기는 중국에서 하되, 신라만의 고유 종교로 자기 나라의 독특한 개성을 만들어 나갔다. 이것이 『화랑세기』가 말하는 원화요 화랑의 뿌리이다.

그러다가 법흥왕의 부인인 지소태후가 원화를 폐지하고 화랑을 두었다. 화랑이라는 말은 법흥왕이 위화랑을 사랑하여 여기서 유래한다고 하였다. 우리가 알고 있는 일반적인 화랑의 그것과 상당한 거리가 있다. 다만 "본디 선의 무리는 단지 신을 받드는 일만 했으나, 국공(國公)들이 반열에 들어 거행한 후로 도의(道義)로서 서로 권면하였다"는 설명에 이르러서야 화랑은 지금 우리가 아는 화랑과 닮아 간다. 그리고 "어진 재상과 충성스러운 신하가 이로부터 나왔고, 훌륭한 장수와 용맹한 병사가 여기에서 생겨났다"는 말로 이어진다. 김부식이 그토록 좋아했던 화랑의 가치 그것이다.

김부식은 『화랑세기』 서문의 이 마지막 문장만을 인용한 것이 된다. 선의 무리이니 신궁에서 제사 받드는 일을 했다는 기록은 소개하지 않았다. 도의로서 서로 권면했다는 일면만 여러 화랑의 사례를 들 때 제한적으로 사용하였다. 이 때문에 오늘날 우리는 화랑의 한쪽만 알고 있었던 것이다.

화랑은 신라 고유의 신관제도에 뿌리를 두고 있었고, 초창기에 그 일을 김대문의 집안이 독점하다시피 했다. 이는 일종의 나라 무당이다. 그러기에 김대문은 차차웅의 뜻을 무당이라 풀 수 있지 않았을까. 자신의 집안에서 내려오는 정보가 있었기 때문이다. 김대문의 집안은 무당이었다.

제정일치 시대에 왕은 정치인이요 무당이었다. 그러다 차츰 정치에 충실해진다. 정치의 역할과 권한이 더 커진 것이다. 신라의 경우, 법제가 만들어지는 법흥왕 때, 정치로서 통치는 왕의 절대적인 권력으로 이어졌다. 그러나 제사 또한 여전히 소홀할 수 없었다. 어여쁜 여자를 길러 원화라 이름 붙인 이들이 신궁에서 제사를 지냈다. 나라의 평안과 백성의 안녕을 비는 일은 오랜 전통 속에 있었다. 이를 좀 더 체계화하자고 화랑이라는 이름의 조직을 만들어 냈다. 이를 주도한 것은 김대문의 집안이었을 것이다. 이는 초대 풍월주로부터 그들 집안 식구가 차례차례 그 자리에 오르는 것만 보아도 알 수 있다.

하지만 갈수록 정치에 비해 비중이 낮아지는 쪽이 제사였다. 김대문의 집안이 화랑을 자랑스레 여기지만 벼슬자리에 나오라 유혹이 이어지는 것은 어느 쪽의 비중이 더 커지는지 웅변하는 사태이다. 결국 도의로 권면하는 화랑으로 성격이 변하고, 그 출신들이 나라의 일을 맡아 하는 관리가 되었다. 김대문은 이런 변화의 한 자리에 서 있던 인물이다.

변하는 것은 어쩔 수 없었다. 특히 전쟁을 수행해야 하는 신라

정부로서는 화랑을 조직적으로 이용해야 했다. 그러자 김대문은 화랑의 변하기 이전의 모습부터 충실히 기록으로 남기고 싶었다. 집안의 전통을 생각하면 다른 누구보다 자신이 나서야 할 일이었다. 『화랑세기』는 그렇게 해서 만들어졌다.

제2장

현장 감각

······ 한마디로 『삼국유사』는 길 위의 책이다. 스스로의 눈으로 보고, 스스로의 귀로 듣고, 스스로의 몸으로 닿아서, 스스로 냄새를 느끼고, 스스로 맛본 다음에 기록한 것들의 총화이다.

I

현장 감각이란 무엇인가

두 가지
실례

향로봉에서 군대 생활을 했다는 내 대학 은사는, 군복무를 마치고 복학한 남학생에게 어김없이 첫 시간에 노래를 시켰다. 물론 군대에서 애창하던 노래 한마디이다.

  나는 강의실에서 선배들의 그런 노래를 들으며 군대라는, 그들의 한없는 시간과 역경의 파노라마 속으로 들어가 잠기곤 하였다. 그 목소리에는 시련을 겪은 자만이 낼 수 있는 깊이가 있었다. 그때 들었던 노래 가운데 하나가 1960년대 위키리가 불렀던 「눈물을 감추고」이다.

눈물을 감추고 눈물을 감추고
이슬비 맞으며 나 홀로 걷는 밤길
비에 젖어 슬픔에 젖어 쓰라린 가슴에
고독이 넘쳐 넘쳐 내 야윈 가슴에 넘쳐흐른다.

이름이 정확히 기억나지 않지만, 허스키였던 선배는 군대 생활 3년의 한을 그 목소리 속에 잘도 담아냈다.

일본의 저명한 언론인인 다쓰노 가즈오(辰濃和男)는 최근 그의 저서 『문장 닦는 법』에서 '현장 감각을 닦는다'라는 장을 마련했다. 거기 나온 다음 대목은 어떻게 좋은 문장이 만들어지는가, 여러모로 곱씹게 한다.

현장은 문장의 무진장한 곡창입니다. 스스로의 눈으로 보고, 스스로의 귀로 듣고, 스스로의 몸으로 닿아서, 스스로 냄새를 느끼고, 스스로 맛보고⋯⋯그런 오감의 꾸림을 이어나가기가 가능한 곳은 모두 현장입니다.

다쓰노 가즈오, 『문장 닦는 법』에서

요컨대 무진장한 곡창으로서 현장은 사람이 가진 오감을 자극하여 현장감 있는 문장을 만들어 낸다는 것이다. 내 선배의 노래도 마찬가지였다.

인·물·보·기

다쓰노 가즈오 辰濃和男

1930년 도쿄에서 태어났다. 히도쓰바시 대학을 졸업하고, 아사히 신문사에 입사하였다. 뉴욕특파원, 논설위원을 지냈다. 1975년부터 1988년까지, 아사히 신문의 유명한 1면 칼럼「천성인어(天聲人語)」를 집필하였다. ■

여느 문장론에선들 강조하지 않은바 아니지만, 새삼 현장 감각에 대한 이런 언급을 다시 들추는 것은, 이것을 중요시 여기면서도 제대로 실천된 문장을 만나기가 쉽지 않기 때문이다. 좋은 글의 원인을 찾자고 다른 잣대만 들이대다 정작 가장 간단하고 기본적인 이 조건을 잊어버리기 때문이다. 오감의 꾸림을 이어나가기가 가능한 곳, 현장으로 다시 눈길을 돌려 보기로 한다.

다쓰노가 말하는 현장 감각이란 다음과 같다.

현장 감각이라는 말에 위화감을 느끼는 사람도 꽤 적지 않겠지요. 현장이라 하면 보통 큰 사건·사고가 난 곳, 건설작업 중인 장소라는 느낌을 가질 터입니다. 나아가 여기서는 현장을 조금 더 넓게 생각해보겠습니다. 산보의 도중에 다다른 공원도 현장이고, 처음으로 찾은 북국(北國)의 거리도 현장입니다. 전차 안도, 백화점의 지하 식품매장도, 들꽃이 다투어 피는 산길도 현장입니다.

현장의 의미를 넓게 보고 있다. 특정하고 기이한 사건이 벌어진 곳만이 아니라, 우리 일상의 주변이 모두 현장이라는 것이다. 그런 현장을 거쳐 와 '현장의 공기가 감도는 문장을 현장감 있는 문장'이라고 다쓰노는 말한다.

그렇다면 어떻게 현장의 공기가 감돌게 만들 수 있을까. 이는 바로 감각의 문제이다. 아무리 같은 현장을 경험했어도 현장감 있는 문장을 만들고 못 만들고는 쓰는 이의 감각이 그것을 좌우한다.

에쿠니 가오리의 문장

다쓰노가 예를 든 문장이 우리에게도 널리 알려진 일본의 소설가 에쿠니 가오리(江國香織)이다. 다쓰노는 에쿠니가 '무척 담담한 필치로 날카롭고 잘게 현장의 개성을 그린다'고 하면서, 뉴욕의 거리를 묘사한 아래와 같은 문장을 예로 들었다.

■인·물·보·기■

에쿠니 가오리 江國香織

1964년 도쿄에서 태어났다. 소설가, 아동문학가, 번역가, 시인으로 활동하고 있다. 우리나라에도 많은 독자를 가지고 있으며, 최근 작품 『도쿄 타워』는 초대형 베스트셀러로 영화로도 만들어졌다. ■

―한여름의 어느 거리, 넘치는 햇빛, 짙은 푸르름. 공기 낱알 하나하나가 놀라울 만큼 생생히 살아 있다. 큰 거리에서는 과일을 믹서에 갈아서 그대로 얼린 듯한 아이스캔디를 팔고 있고, 수박의 거기에는 부서진 씨마저 들어 있다.

―한겨울의 어느 거리, 목마른 공기, 행복한 바쁜 걸음. 잔뜩 걸린 빛, 코트, 선물 꾸러미, 크리스마스 송. 뜨겁게 가득 찬 밤. 사랑이라는 말이 어쩐지 미심쩍지 않게 되는 것이 한겨울의 어느 거리의 저력이라 생각한다.

뉴욕이라는 거대 도시의 한 단면이다.
'과일을 믹서에 갈아서 그대로 얼린 듯한 아이스캔디'라든가, '수박의 거기에는 부서진 씨마저 들어 있다'라는 표현에 다쓰노는 주목하였다. 현장감이 살아 있다는 것이다. '행복한 바쁜 걸음'이라는 표현도 그렇다. 뉴욕은 '피부로 좋아지는 거리'라고까지 에쿠니는 쓰고 있다. 에쿠니는 지나친 친미주의자인가? 이것은 이념을 떠나 있다. 사람이 사는 거리로서 뉴욕의 활기를 묘사한 것에 지나지 않는다.

거리의 소리, 거리의 냄새, 거리의 배치, 거리의 흐름이라 말할 것을 섞어 화면을 만든다. 거기서 어떤 구체적인 사물을 끌어낼까. 다쓰노가 말하는 현장 감각의 승부가 나는 곳이다.

다쓰노는 에쿠니의 작품에서 다른 예를 하나 더 든다. 주인공이 밀라노의 4층짜리 아파트를 찾는 장면이다.

―건물에 한 발자국 들어서자 온도가 3도가량 내려가는 느낌이 든다. 그늘 같은, 땅 속 같은, 파낸 야채 같은 독특한 냄새. 완강한 이중문이 달려 있고, 오르내릴 때마다 무언가가 부서지는 것이 아닌가 걱정될 만큼 큰 소리를 내는 느린 엘리베이터.

―금속의 도어가 열리자 동시에 마른 과일의 냄새가 흘러 나왔다. 벽 가득 달려 있는 것이다. 레몬에다 오렌지의 껍질, 시나몬, 정향(丁香).

이렇게 주인공은 훼데리카라는, 얼마 전부터 만나온 친구를 찾아간다. 드디어 도착. 냄새에 대해서 쓰고, 3도가량 내려갔다는 온

도에 대해서 쓰고, 엘리베이터의 두려운 듯한 소리를 썼다. 이런 순간에 감각은 해방된다고, 다쓰노는 말한다.

현장 감각은 감각의 해방

다쓰노의 짤막한 인용만을 가지고 에쿠니의 문장력을 충분히 느낄 수 없다. 도리어 작가가 의도한 바를 사소한 데서도 정확히 읽어내는 다쓰노의 독해력이 더 놀랍다. 에쿠니에 못지않게, 아니면 더 놀라운 묘사력으로 봄을 그리는 우리 작가도 있다.

> 봄빛은 생떼 난 아이처럼 천지사방 흩날리는 흙먼지를 오냐오냐 다독이고, 생명을 싹 틔우기 위해 마른 흙을 풀썩풀썩 들이받는 새싹의 여린 손을 오냐오냐 잡아당기는 것 같았다.
> 정지아, 『봄빛』에서

흙먼지를 다독이고 새싹의 여린 손을 잡아당기는 봄빛. 거기서 우리말 '오냐오냐'가 이렇게 잘 쓰인 경우가 드물 것 같다. 새싹이 피어오르는 순간이 '마른 흙을 풀썩풀썩 들이받는'다는 묘사에 이르러서야 더 할 말이 없다. 현장의 공기가 감도는 문장이 아닐 수 없다. 정지아의 감각은 날카롭다.

사실 이는 전문가의 수준에서만 이루어질 일이 아니다. 어느 인터넷 카페에서 읽은 다음과 같은 문장도 현장 감각을 느끼게 하는 데 적절한 예가 되고 남는다.

> 독서실 내 자리 옆에 둥근 벽시계가 있다는 것을 자리 잡은 지 두 달이 되어서야 알았다. 기지개를 켜다 보니 먼지 앉은 시계의 초침 소리가 들린다. 스르르 물 흐르듯 가는 초침이 아니라 1초, 1초를 째깍거리며 1초 마다 조금씩 쉬었다 가는 초침이다. 그 쉼과 쉼 사이도 1초라는 사실이 새삼스럽다. 초침은 60번을 쉬며 가며 한 바퀴를 돌아 분침을 들어 올리고는 다시 돈다. 삶이 또한 저리도 무거운 것이다.
>
> 이야기,「시계」에서

약간 설익은 문장이다. 그리고 단편적인 글이다. 하지만 단편 속에 시계의 존재를 인식하는 방법은 순간의 발견, 현장에서 얻은 감각에 의존하고 있다. 매우 성공적이다. '먼지 앉은 시계의 초침 소리'는 글쓴이가 말하려는 모든 것을 대변한다. 새삼스러운 발견 끝에 '초침은 60번을 쉬며 가며 한 바퀴를 돌아 분침을 들어 올리고는 다시 돈다'고 쓰는 순간을, 다쓰노가 말한 '감각의 해방'이라 해도 좋을까.

감각의 해방이란 감각으로부터 놓여나는 것이 아니라 감각을 마음껏 발산하는 것으로 이해해야겠다. 우리 안에는 뭉쳐 있는 감각이 있다. 실타래처럼 엉켜 있을 수도 있다. 실마리를 잡아 풀어헤치는 것이 해방이다.

현장 감각의 극치

앞서 예를 든 문장은 일상의 어쩌면 행복한 순간이 묘사되어 있다. 그러나 현장 감각을 가지고 그 감각을 발산하는 일이 행복한 장면만일 수는 없다. 그래서 다쓰노가 소개한 또 다른 예가 소설가 가이코 다케시(開高健)의 『빛나는 어둠』이다.

인·물·보·기

가이코 다케시 開高健

오사카에서 태어나, 오사카 시립대학을 졸업하고 소설가가 되었다. 1964년, 아사히 신문사의 임시 특파원으로 베트남 전쟁을 취재하였다. 200명 중 17명만 살아남은 전투에 참가하였는데 이 경험이 소설 『빛나는 어둠』의 소재가 되었다. ■

소설의 무대는 전쟁 중의 베트남이다. 공개사형의 정경인데, 처형될 사람은 흙에 더럽혀진 맨발로 선 베트남의 소년이다. 베트콩에 협력했다는 이유로 총살형되는 것이다.

─헌병 열 명의 열 정의 카빈총이 어린이를 쏘았다. 어린이는 무릎을 무너뜨렸다. 배, 가슴, 허벅지에 몇 군데 작은, 검은 구멍이 뚫렸다. 각각 구멍에서 천천히 선혈이 흐르고, 가는 실 같은 냇물이 되어 허벅지를 적시고, 보도블록에 맺혔다. 소년은 고개를 떨꾼 채 소리 없이 머리를 오른쪽으로 왼쪽으로 천천히 흔들었다. 장교가 가까이 가서 회전식 권총을 빼 관자놀이에 한 발을 쐈다. 피가 오른쪽 관자놀이에서 솟구쳤다. 소년은 무너져 내리고, 기둥에서 밧줄로 매달려 움직이지 않았다. 뺨과 머리가 새빨간 피로 적시고, 피는 긴 실을 끌어서 콧등에서 추처럼 보도블록으로 떨어졌다.

한 소년은 이렇듯 처절하게 죽어간다. 그러나 주인공인 '나'의 눈은 냉정하다. 게다가 구경 나온 소녀들은 들떠 있는 듯하고, 군중은 우동을 먹는다든지 주스를 마신다든지, 처절함과는 반대의 감정 저편에서 처형을 기다린다. 사람이 가진 이율배반의 극단을 소설가는 예리하게 잡아낸 것이다.

작품 속에서 '나'는 어떻게 되었는가. 처음에 그는 처형을 보고 무릎이 떨리며 위가 뒤틀리는 구토기를 느낀다. 그런데 다음 날 또 벌어지는 소년의 처형을 보자, "땀도 나지 않고, 떨리지도 않고, 구토기도 일어나지 않았다." 이것이 인간일까.

그러나 여기서 우리의 관심은 글쓰기의 현장 감각이다. 작가는 분명 두 차례 처형 현장에 있어 본 다음에야 비로소 이런 묘사를 할 수 있었을 것이다. 다쓰노는 이런 묘사의 가치를 다음과 같이 찾아낸다.

히라다카 켄은 베트남의 현장에서 석회 산의 냄새를 쓰고, 어쩐지 참모습의 알려지지 않은 것의 썩은 냄새를 쓰고, 처형 종료 나팔의 신음을 쓰고, 자신의 손발이 떨림을 극명히 쓰고 있습니다. 인간의 두려움, 인간의 약함, 인간의 엉성함, 인간의 비참함, 인간의 업, 인간의 어쩔 수 없는 어리석음, 그런 것을 히라다카는 한결같이 응시하고 있습니다. 자신 또한 그 어리석은 인간의 한 사람이라는 초조한 생각을 가지면서 전쟁의 현장을 쓰고 있습니다.

다쓰노 가즈오, 『문장 닦는 법』에서

결국 현장 감각은 주제의 구현과 관련된다. 현장 감각이 예리하면 예리할수록 주제는 선명히 부각된다. 그러기에 현장 감각은 중요한 것이다.

그런데 때때로 작가의 상상력은 현장을 넘어서는 때가 있다. 역사 속의 현장을 마치 그 자리 옆에 있었던 것처럼 재현해 낸다. 이것이 현장 감각의 극치일지 모른다.

소설가 김훈은 내가 존경하는 작가이다. 어느 날 가까운 문인들과 모인 자리에서 그는 하얼빈 거사 직전 안중근 의사의 심리를 실감나게 묘사했다. 아마도 안 의사를 소재로 한 소설을 구상 중인 것 같았다. 작가는 더러 자신이 구상한 장면을 주변에 미리 들려준다. 반응을 보는 것이다. 이날도 반응 체크의 일환이었다.

―안중근은 이토 히로부미를 쏘기 전에 총알 하나하나에 칼로 십자가를 그었다. 그 이유는 두 가지였다. 첫째, 가톨릭 신자였던 그는 이토를 죽이게 해 달라고 하느님께 기도했다. 둘째, 총알이 이토의 몸속에 박혀 십자가 형태로 파열되면서 신체 곳곳에 치명상을 안겨 주길 바랐기 때문이다.

김훈은 그의 문장만큼이나 눈빛도 남달리 빛나는 사람이다. 형형한 눈빛을 내뿜으며, 게다가 비장하게 김훈의 말은 이어졌다. 그의 말을 따라 우리는 어느새 1909년의 하얼빈 역에 와 있었다.

―안중근은 이토의 머리에서부터 몸통, 무릎까지 정확하게 한 발씩 쐈다. 첫발을 맞은 이토는 몸을 앞으로 숙이는 매 순간 한발씩 맞았다. 안중근의 총 솜씨는 뛰어났다.

이만하면 김훈은 100년 전 하얼빈 역에 서 있던 일행의 어느 한 사람 같지 않은가. 인용한 대목은 동석했던 신문기자 박해현의 기사에서 따왔다. 나는 그 말을 적을 생각도 못하고 이야기에 빠져들었었다.
이것은 현장 감각의 극치이다. 상상력은 현장을 무시하지 않는다. 현장 감각을 극대화하는 것이다.

『삼국유사』의 현장

민족의 소중한 고전으로서 『삼국유사』는 현장 감각이 가장 잘 발휘된 책의 예이다. 사실은 이 말을 하자고 앞서 장황한 설명이 이어졌다.

저자인 일연이 스님이었으므로 그 운수행각(雲水行脚)은 운명적이었고, 출입이 극히 제한된 같은 시절의 다른 이들에 비한다면 발로 걸어 몸소 겪어 볼 기회가 많았다. 무척 자연스럽게 현장에 가까이 가게 된 것이다. 비슷한 경우를 살다간 많은 승려가 있었으나, 일연이 그들과 다른 점은, 현장을 보는 감각이 남달랐다는 것이다.

현장 감각은 시각만이 아니라 취각, 청각, 촉각, 미각 등 전 감각을 날카롭게 부려야 한다. 현장에서의 '놀라움'이 무엇인지 알아야 한다. 세밀한 묘사와 함께, 다른 사람에게 보이지 않는 것을 보도록 노력해야 한다.

일연은 그런 감각을 갖춘 이였고, 보고 경험한 바를 문장으로 남겼다. 바로 『삼국유사』가 그 대표적인 결과물이다.

한마디로 『삼국유사』는 길 위의 책이다. 다쓰노가 말한 바대로, 스스로의 눈으로 보고, 스스로의 귀로 듣고, 스스로의 몸으로 닿아서, 스스로 냄새를 느끼고, 스스로 맛본 다음에 기록한 것들의 총화이다. 거기서 거둔 인문학적 성과는 화려하지 않을지언정 참으로 웅숭깊다.

　이제 그 근거를 여기서는 세 가지로 구체적인 예를 들어 설명하려 한다. 사실 이 예들은 그동안 다른 자리에서 든 적이 있다. 이제 그동안 보지 못했던 점, 시대의 분위기를 좀 더 갖추어, 특히 현장 감각이라는 시각으로 찬찬히 풀어 보겠다.

　마치 무성영화 같은 것이 일연의 『삼국유사』이다. 일연이 쓴 기록은 목소리라기보다 그림 같은 장면이다. 이는 그의 현장 감각이 가져다준 결과일 수 있다. 장면은 흑백의 필름처럼 더러 희미하고 더러 선명하다. 희미하건 선명하건 흘러간 이야기의 애잔한 풍경들이다.

　사실은 대단한 이야기꾼이었던 일연의 입을 빌리는 무성영화의 장면들이다.

2

한반도의 정신적 허파 강원도

일연이 태어난 시대

고려 제18대 왕인 의종이 정중부·이의방·이고 등에게 폐위를 당한 것은 그가 다스리던 24년째 되던 해(1170년) 9월의 일이었다. 이른바 무신의 난이다.

어느 날 의종의 신하인 최여해(崔汝諧)가 꿈을 꾸는데, 태조 왕건이 홀(笏)을 의종과 어머니가 같은 동생 익양공에게 주는 것이었다. 익양이 그것을 받아 가지고 용상에 앉았다. 여해가 꿈 이야기를 익양에게 말하자 익양은 손을 휘휘 저으며, "부디 다시는 말하지 말라. 이는 큰일이다. 왕이 들으면 반드시 나를 해칠 것이다"라고 했다. 익양은 바로 의종을 이어 왕위에 오른 제19대 명종이다. 꿈 때문이 아니라 무신의 난 덕이었다.

그러나 명종 또한 형과 같은 길을 갔다. 성질이 어질고 효성스러우며 문학을 좋아했으나, 마음이 부드럽고 약하여 결단성이 없었다. 무신정권이 정중부에서 이의방으로 그리고 다시 최충헌(崔忠獻)에게 가는 동안 그는 갈피를 잡지 못했다. 아니 이렇듯 어수선한 시절에는 누구라도 그랬을 것이다. 1197년 결국 그는 충헌에 의해 폐위되었다.

최충헌은 의종·명종과 어머니가 같은 신종을 제20대 왕으로 세웠다. 신종은 그때 나이 벌써 54세였다. 왕은 충헌이 자기를 세운 공이 있으므로 은문상국(恩門相國)이라 불렀다. 무인정권은 이제 혼란기를 지나 최충헌으로 그 권력의 중심이 잡혀 나갔다.

한유한이란 사람이 있었다. 대대로 개성에서 살았는데, 충헌이 국정을 마음대로 하는 것을 보고 나라가 어지러우리라 생각했다. 드디어 처자를 이끌고 지리산으로 숨었다. 조정에서 그를 불렀으나 마침내 그곳에서 한평생을 마쳤다. 『고려사절요』에 나오는 이야기이다. 무인의 세상에서 문인이 살아남기 어려우리라 판단한 것이었으니, 그것은 문인뿐만 아니라 나라 백성 모두에게 해당하는 바였다.

일연이 살았던 파란만장한 13세기는 이렇게 시작되고 있었다.

그나마 신종은 제 목숨을 다했다. 최충헌에게 대들지 않고 고분고분 말을 들은 까닭이다. 그를 이어 제21대 희종이 등극했다. 희

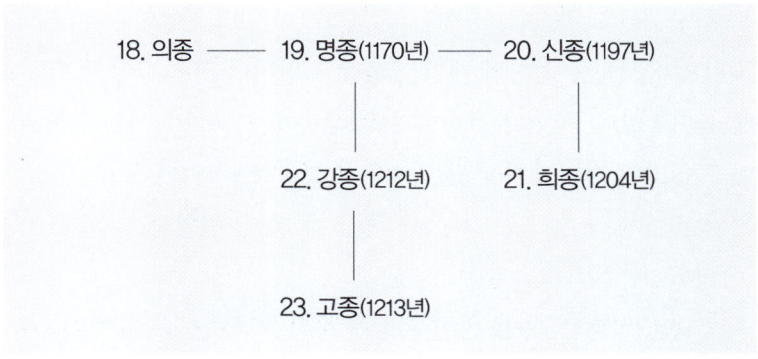

무신의 난 이후 고려의 왕위 계승도

종은 신종의 맏아들이다. 아버지만큼 늦은 50세에 등극하여 7년간 왕위에 있었다.

일연은 바로 이 희종 3년(1206년)에 태어났다. 일연이 태어나던 해 희종은 최충헌을 책봉하여 진강후로 삼고, 부를 세워 흥녕부라 하였다. 3월의 일이니 일연이 태어나기 석 달 전이다. 그런데 같은 해 12월 이번에는 다시 중서령 진강공으로 삼겠다고 하였다. 귀족 5등작의 두 번째인 후(侯)가 첫 번째인 공(公)으로 되고, 중서령은 최고의 관직이었다. 그런데 충헌은 사양했다.

공포에 가득한 세월

꼭 1년 뒤인 1207년 12월, 왕은 또 한 번 최충헌을 중서령 진강공으로 삼겠다고 하였다. 충헌은 다시 사양하였다. "공이란 5등작의 수위요 중서령은 신하의 제일 높은 관직입니다"라고 사양의 변(辨)을 늘어놓았다. 그러나 그것이 어찌 겸손에서 나온 말이었을까. 아마도 최고의 자리가 두려웠을 것이다. 최고의 자리에 오르는 순간 적의 표적이 된다. 그는 그런 사실을 너무도 잘 알았다.

우려는 현실로 다가왔다.

1209년, 역의 관리 세 명이 최충헌 부자를 죽이려고 거짓으로 공첩을 만들어 여러 절의 승려를 불러 모았다. 무신의 난 이후, 승려들은 대체로 이전의 문신 귀족의 편을 들어, 기회가 있을 때마다 무신 정권에 대들었다. 이때 공첩이 귀법사라는 절에도 이르렀다. 그러나 이것은 배달 사고였다. 귀법사의 승려는 충헌의 편이었다. 그는 공첩을 가지고 온 사람을 잡아서 곧장 충헌에게 알렸다. 역리는 급한 김에 한기라는 이가 시켰다고 참소하였다. 한기는 무참히 죽음을 당했다.

그로부터 불과 2년 뒤였다. 더욱 조직적으로 최충헌을 죽이려는 사건이 또 터졌다.

1211년 12월의 어느 날, 최충헌이 수창궁(壽昌宮)에서 왕의 앞에 있었는데 조금 후에 왕이 안으로 들어갔다. 동시에 환관은 충헌을 따라온 경비병들에게, '왕의 명령으로 밥과 술을 준다'면서 복도를 따라 깊이 끌고 들어갔다. 궁 안의 왕 집무실에 충헌 혼자 덜렁 남은 셈이 되었다. 술책의 시작이었다.

아니나 다를까, 조금 후 승려를 포함한 10여 명이 창과 칼을 들고 갑자기 나타났다. 충헌을 지키느라 남아 있던 두세 명의 경호원을 순식간에 제거했다. 충헌은 변고가 났음을 직감했다. 그는 안으로 들어가 버린 왕을 향해 창황히 부르짖었다.

"주상께서는 신을 구원해 주소서."

그러나 왕은 잠자코 모른 체 문을 닫고 들어오게 하지 않았다. 이미 왕과도 내통된 술책이었던 것이다.

충헌은 급히 몸을 날려 한쪽 방의 장지 사이에 숨었다. 무인 출신의 그가 이 자리에 오기까지는 산전수전을 거쳤다. 노회한 그의 솜씨에 암살꾼들이 세 번이나 궁 안팎을 뒤졌으나 결국 잡지 못하였다.

그러는 사이 아들인 최이(崔怡)를 비롯한 부하들은 역공을 시작하였다. 길을 터 충헌을 부축해 안전하게 피신시키고, 상황을 궁 밖으로 알려 자기편의 군사를 불러 모았다. 그렇게 사태는 진정되었다. 충헌의 상장군인 김약진은 분개했다.

"내가 장차 군사를 거느리고 궁에 들어가서 남김없이 다 죽이고 또 큰일을 행하겠습니다."

큰일이란 왕을 죽이겠다는 말이었다. 충헌은 잠자코 말렸다.

"이와 같이 하면 나라가 장차 어찌 되겠느냐. 뒷세상의 구실이 될까 두렵다. 내가 마땅히 추국(推鞫)할 것이니 너는 경솔히 가지 말라."

말은 온화했지만 충헌의 결심은 무서웠다. 관련된 모든 관리와 승려를 잡아들였을 뿐만 아니라, 귀양 또는 처형 조치를 내렸다.

나아가 왕 또한 쫓아냈다. 처음에 강화도로 옮겼다가 조금 후에 자란도로 옮기고, 태자마저 인주로 내쫓으며 그 아래 동생들도 모두 백령도 같은 먼 섬으로 보내 버렸다.

쫓겨난 왕이 바로 희종이다. 일연이 태어나 다섯 살 때까지의 왕이었다. 충헌은 명종의 아들 한남공(漢南公) 정(貞)을 왕위에 올렸다. 그가 곧 강종인데, 불과 1년밖에 왕위에 있지 못했다. 왕위는 그의 아들 고종에게 이어진다.

이렇게 죽거나 쫓겨나간 사람이 한둘일 리 없었다. 최충헌이 그의 정권을 세우고 유지하는 동안 피의 살육은 그치지 않았다. 일연은 그런 시대에 태어나 어린 시절을 경산에서 보냈다. 공포에 가득한 세월이었다.

우리나라 선종의 효시

여기서 잠시 말머리를 돌리기로 하자. 우리나라 불교의 중심인 선종(禪宗)의 뿌리를 찾아가 보는 일 때문이다.

우리나라 선종의 효시를 신라 말 도의(道義) 선사에게서 찾지만, 최초의 산문은 홍척(弘陟)이 연 실상산문(實相山門)이어서, 이를 두고 가끔 즐거운 최초 논쟁이 붙기도 한다.

도의가 중국으로 선종의 향기를 한몸에 받으러 떠난 해는 선덕왕 5년(784년), 이미 기울어가는 신라 땅의 새 생명을 거기서 찾으려 했음일까, 스승 서당 지장(西堂地藏)으로부터 받은 남종선(南宗禪)은 혜능(慧能)에게 그 뿌리가 있겠지만, 헌덕왕 13년(821년), 근 40년 만에 귀국하여 일으키고자 한 새 바람은 불행히도 순조롭지 못했다. 달마가 중국에 와서 당했던 것처럼 처음에 선종은 신라 땅에서도 이단으로 몰려 쉽게 받아들여지지 않았기 때문이다. 도의는 설악산 깊은 골짜기로 숨고 만다.

뒷날 홍척이 도의와 같은 스승 밑에 공부하다 홍덕왕 1년(826년)에 귀국, 지리산에 머물며 불법을 펴다 828년 실상사를 창건한 것이 이 땅에서 선종의 산문으로서는 처음이다. 바로 실상산문(實相山門)이다.

홍척 영정 홍척은 826년에 귀국, 지리산에 머물며 불법을 펴다 828년 실상사를 창건하였다. 이 땅 최초의 선종 산문인 실상산문이다.

도의의 법통은 진전사에서 키운 염거(廉居)를 지나 3대째인 체징(體澄)에 이르러서야 가지산의 가지산문(迦智山門)으로 꽃피우거니와, 이때가 문성왕 2년(840년)이었다. 그러기에 실상산문보다 12년 뒤의 일이고, 도의와는 또 다른 동문 혜철(惠徹)이 신무왕 1년(839년)에 귀국, 동리산 대안사에서 법회를 베풀어 동리산문(銅裏山門)을 연 다음 해의 일이다.

그러니까 도의가 귀국한 821년을 기준으로 우리나라 선종의 출발을 삼는다면 가지산문이 최초라는 데 아무 문제없거니와, 산문의 격을 갖추기로야 도의는 후배인 홍척과 혜철에게 뒤졌던 것이다.

 어쨌건 서당 지장이라는 한 뿌리에서 나온 세 명의 선승이 우리나라 선종의 출발을 앞서거니 뒤서거니 알렸는데, 실상산문이 전라도 남원, 동리산문이 곡성 그리고 가지산문이 장흥에 자리를 잡았다는 데에 또 다른 공통점이 있다. 바로 전라도 땅이다. 이는 역시 전통시대의 경제적 기반이 농토에 있고, 남원과 곡성 그리고 장흥으로 이어지는 이 지역이야말로 그런 경제의 중심이었음을 말해 준다 할 것이다.

 하지만 선가에서 이런 일쯤 아무 문제도 아닐 터이다. 누가 먼저를 따지기는 초등학교 교실의 월말고사 다음에나 벌어지는 풍경 아닐까. 참으로 소중한 인연법은 다른 데 있다.

진전사
아름다운 골짜기

강원도를 불러 흔히 한반도의 허파라 한다. 산에는 울창한 숲이요, 계곡을 거슬러 올라가다 보면 강이 시작하는 샘이 오롯이 숨어 있다. 한반도의 자연을 정화하고, 피처럼 물을 흘려 주는, 그래서 자연의 허파인 셈이다.

 그러나 자연만 아니라 사람이 살아갈 어떤 정신적인 허파가 땅에도 있다면 나는 서슴없이 강원도를 들 것이다.

 강원도에서도 설악산 골짜기, 대청봉이 어미의 품처럼 연봉을

복원된 진전사 선(禪)의 진리를 깨친 선지식 한 사람이 무심히 숨어 산 자리에 다시 절이 섰다. 9세기 초, 우리나라 선종의 초조(初祖) 도의 선사가 발 디딘 진전사이다.

거느리고 동해 바다를 바라보고 있는 양양군 쪽, 마치 동쪽으로 온 달마가 그랬듯이 선(禪)의 진리를 깨친 선지식 한 사람이 무심히 숨어 산 자리가 있기에 그렇다. 앞서 소개한, 9세기 초, 우리나라 선종의 초조(初祖) 도의 선사가 발 디딘 진전사(陳田寺)가 바로 그곳이다.

요즈음 같아서야 속초 같은 큰 도시에서 자동차로 달려 1시간 안에 이를 거리이다. 하지만 천년 세월 훌쩍 저편에서 헤아려 보자. 고려 초, 진공(眞空)이라는 스님은 이곳에 찾아가는 길을 다음과 같이 쓰고 있다.

산의 동굴을 떠나 이리저리 헤매었다. 그러다가 우연히 어느 참선하는 띠 집에 이르러 날리던 일산을 잠시 접었다. 안개가 걷히는 사이에, 이끌던 이가 조용히 북쪽으로 구름에 싸인 설악산을 가리키며, "저 산속에서 우리나라 선종의 선조이신 도의 스님이 후학들의 우두머리로서 먼저 가신 뛰어난 이들의 가르침을 쌓게 하셨네"라 하였다.

동굴에서 비를 피하고, 산중에서 띠 집이나 만나면 겨우 인기척을 느끼는 운수납자(雲水衲子).

안개에 가린 산 깊은 곳의 모처(某處)까지는 목숨을 구도(求道)에 버린 이들에게도 행보가 쉽지 않다. 나 또한 이렇게 깊은 산에 들어 가끔 그토록 먼 옛일을 생각노라면, 그들의 무엇이 초개처럼 목숨을 구도와 바꾸자 했는지, 길조차 없어 계곡을 따라 산중으로 들면 행적은 빗물에 씻겨 나가고 말듯이 묘연할 터인데, 용맹정진은 결코 한가한 나그네에게 상상을 허락하지 않아 아득해진다.

그런데 이 계곡에서 이 숲에서 저들이 쌓아올린 정신의 자양은 바로 이 땅의 이 사람들이 천년을 두고 숨 쉬게 한 정신의 허파를 키우지 않았던가.

진전사는 작은 절이었다. 여기를 거쳐 간 이가 한국 불교를 다 말하지 않는다. 그러나 정신의 정수는 그 숫자로 헤아리는 법이 아니다. 단 한 사람이, 단 한 사람의 의발이 모든 이의 몸을 감싸는 법이다. 진전사야 말로 이 민족의 숨통을 삶으로 연결시킨 허파꽈리와도 같은 존재였다.

경산을 떠나 진전사로

도의가 이름을 알리기로는 한 사람의 먼 인연이 이 땅에서 꽃을 피웠기 때문이다. 바로 일연과의 관련이다.

　1219년, 도의의 진전사 행으로부터 400여 년 뒤, 열세 살 소년이 남쪽으로부터 올라와 이 절에서 머리를 깎는다. 세상에서 이름은 견명(見明), 출가하여 처음 이름을 회연(晦然)이라 한 일연이다. 그리고 스물한 살 때까지 수행의 기본을 여기서 닦았거니와, 그로 인하여 진전사는 언제부터인가 탑만 하나 남은 빈터인데도 찾는 이의 발길이 끊이지 않는다. 도의도 도의이지만, 그 저자가 바로 여기서 체재하였으므로 가능했던 『삼국유사』의 한 분위기를 느껴 보고자 하기 때문이다.

　진전사와 멀리 이웃하고 있는 낙산사 그리고 그 둘 사이의 관계를 알려 주는 『삼국유사』 안의 이야기에다 다시 눈길을 주어 보자.

　의상이 처음 낙산사를 창건한 것이며, 범일이 정취보살을 만나는 신이한 사건 그리고 가장 널리 알려진 조신의 꿈ㅡ. 이 이야기를 나는 지금껏 수없이 말해 왔다. 그러면서 낙산사로 진전사로 자주 찾아다니기도 했다.

　얼마 전 낙산사 주변의 산에 큰불이 나서 엄청난 피해를 안긴 적이 있다. 절집도 절집이려니와 유난히 키가 큰 노송이 전부 잘라내지 않으면 안 될 만큼 중동까지 타고 말았다. 그래서 절을 둔 오봉

낙산사에서 바라본 대청봉 어미 같은 넉넉한 품의 청봉만이 아니라, 봉우리 따라 내려온 산 중턱에 진전사 터가 선명해서 놀라웠다. 아니 실은 진전사 터 옆에 만들어진 저수지의 둑이 연둣빛으로 선명해서 그랬다.

산이 마치 민둥산처럼 되었는데, 어렵쇼, 그랬더니 이전에 들어오지 않던 풍경 하나가 눈을 휘둥그레 만들었다.

연봉을 거느리고 동해 바다를 바라보고 있는 대청봉의 웅자(雄姿)가 그것이었다.

나는 서둘러 카메라를 들이댔지만, 렌즈에 잡히기로는 어미 같은 넉넉한 품의 청봉만이 아니라, 봉우리 따라 내려온 산 중턱에 진전사 터가 선명해서 놀라웠다. 아니 실은 진전사 터 옆에 만들어진 저수지의 둑이 연둣빛으로 선명해서 그랬다.

그래서 생각는 것이었다.

세월이 흘러 먼 훗날 사람들이 물을 막아 저수지를 만든 저 깊은 산골이 정신의 허파꽈리이다. 저기서 물을 떠서 마시며 육신을 지탱하고 선정에 들었던 이들의 슬픈 역사를 일연은 그 자신이 그런 체험을 하며 글로 옮길 생각을 했다. 그 글이 오늘날 우리에게 정신의 숨을 쉬게 한다.

사계절을 돌아가며 나는 자주 진전사 터를 찾았다. 이제는 한쪽에 그럴싸하게 절집도 복원되어 있다.

그러나 정작 덩그마니 남아 있는 삼층석탑 주변의, 밤이거나 춥거나 사람들의 발걸음이 주어지지 않는 때에도 자리를 지키며 피는 들꽃과 더 친해지게 되었다. 이들이야말로 오랜 시절 변함없는 주인이라는 생각을 요즈음 하게 되었다.

세상에 나가
본 것들

일연이 네 살 때의 일이다. 1210년 4월, 최충헌은 인가 백여 채를 헐어 웅장하고 화려하게 자기 집을 지었다. 얼마나 컸던지 넓이가 수십 리에 뻗어 궁궐과 비슷하였다고, 『고려사절요』에 쓰여 있다.

집이 큰 만큼 당연히 백성의 불만이 커질 수밖에 없었다. 그러자 시중에서 유언비어가 나돌기 시작하였다.

―몰래 어린 사내아이 계집아이를 잡아 오색 옷을 입혀 집의 네 모퉁이에 묻는다네. 그래서 토목의 기운을 누르는 것이지.

황당한 소문이었다. 그러나 시절이 황당하니 소문이라고 거기서 뒤질 수 있겠는가.

그러자 아이를 둔 사람은 모두 깊이 숨기고, 심지어 아이를 업고 멀리 도망가기도 하였다. 폐해는 거기서 그치지 않았다. 이를 이용해 선량한 사람들의 등을 치는 무뢰배도 나타났다. 소문대로 어린애를 잡으러 다니는 것이었다. 기겁한 부모는 놀라서 어찌할 줄을 몰랐다. 아이를 지키기 위해 하릴없이 무뢰배에게 많은 돈과 물건으로 뇌물을 건네주었다. 그래야만 아이를 두고 갔기 때문이다.

최충헌은 황급히 방문을 붙였다.

―사람의 생명이 지극히 중한데 어찌 땅에 묻어서 재앙을 물리칠 이치가 있으랴. 만약 아이를 잡는 자가 있으면 그를 잡아서 알리라.

방문이 효과를 본 것이었을까, 다행히 사태는 진정되었다. 그러나 이처럼 끔찍한 일이 일어난 원인은 최충헌 자신이 제공한 것이었다. 실제 집을 지으면서 아이를 네 모퉁이에 묻기야 했겠는가. 그가 묻은 것은 정권을 잡고 유지하면서 벌인 비극적 살육이었다. 당장의 사태는 진정되었을지라도 그렇게 조성된 공포는 쉽게 사라지지 않았으리라.

사실 "최충헌의 권세가 왕을 능가하고 위엄이 서울과 지방에 떨치니 사람들이 그 뜻을 거스르기만 하면 곧 죽임을 당하였다"는

『고려사절요』의 기록은 결코 과장이 아니다.

오죽했으면 이런 일도 있었을까.

오색 동자 사건이 난 바로 다음 해였다. 노인우라는 이가 최충헌과는 가까운 친척인데, 거짓 미친 체하면서 자주 바른말을 해댔다. 귀찮아진 충헌은 지방의 관리로 내보내 버렸었다. 이제 임기가 차서 인우가 막 조정에 돌아와 있을 때였다. 충헌이 집 세 채를 지어 모두 금이며 곡식으로 채워두고 측근에게 말했다.

"금은보화를 왕에게 바쳐 나라 살림에 도움 주고자 하는데 어떠냐?"

"좋습니다."

누구도 그 말에 거역하지 못했다. 그러나 인우만은 달랐다.

"이 금은보화는 여기 두고 그냥 쓰시지요. 왕에게 보내고 다시 백성에게 거두실려고요? 차라리 그만 못합니다."

충헌은 부끄러워했다고 전한다. 그나마 부끄러움은 아는 인간이었던 모양이다.

이런 일들은 개성에서 벌어졌다. 그러므로 멀리 떨어진 경상도 경산에서는 남의 일이었는지 모른다. 더욱이 다섯 살의 어린 일연은 아직 세상 물정을 알 나이도 아니다.

그로부터 3년 후, 일연은 고향을 떠나 먼 여행을 시작했고, 다시

5년 후에는 개성을 에둘러가는 길을 택해 설악산 진전사까지 이르렀다. 그동안 바깥세상의 일들은 하나하나 그의 눈과 귀로 확인되었다. 일연이 현장을 만나는 첫 경험이다.

그렇게 일연이 바라본 세상은 어떤 것이었을까.

이런 객쩍은
이야기

나는 초등학교 1학년 때 처음 버스를 타고 이웃 친척집 동네에 간 적이 있다.

거리라고 해야 지금 확인해 보니 겨우 70~80리 남짓이다. 정오 무렵 출발한 버스가 시골길을 달리고 달려 2시경 목적지에 도착했지만, 해는 아직 중천에 있었다. 나는 그렇게 먼 길을 왔는데 해가 똑같은 위치의 하늘에 있는 게 신기했다. 이 정도면 어디 다른 하늘에 있어야 하지 않을까. 나는 버스를 타고 가면서 종종 하늘을 올려다보았다. 같은 자리에 꿈쩍 않고 서 있는 해는 불가사의 그 자체였다.

친척집에 다녀온 다음 나의 세계관은 바뀌어 있었다. 내가 보지 못한 것들, 내가 생각하지 못한 것들로 세상은 꽉 차 있었다. 그것이 무엇인지 다는 모르지만, 적어도 그러리라는 짐작은 갔다. 2시간 동안 그 빠른(?) 버스를 타고 달렸는데도 해는 같은 위치에 있지 않던가. 그리고 거기서 보고 들은 이야기는 종래 듣도 보도 못한 것이지 않던가.

일연은 내가 처음 버스를 타던 나이에 경산을 떠나 광주까지 갔다. 그는 버스를 탄 게 아니었다. 걸어서였다. 그때 그는 나의 몇십 배의 세상을 보았을 것이다.

내가 또 달리 일연과 비슷한 경험을 한 것은 그로부터 6년 뒤였다.

일연이 광주를 떠나 설악산 진전사로 가던 나이에 나는 기차를 타고 서울로 전학 갔다. 이것은 무려 천리길이다. 익산역을 지나며 보았던, 플랫폼 가득 켜진 환한 형광등의 행렬을 나는 지금도 잊지 못한다. 순천역에서 떠난 중급행 열차가 밤새워 달려 서울역에 도착했을 때, 눈앞에 나타난 남대문은 사진으로만 보던 그것이었다. 그 실물을 보며 얼마나 신기해했던지.

일연은 걸어서 천리길을 갔다. 형광등이나 휘황한 서울역은 아니었지만, 일연이 본 세상은 나보다 넓었으리라 생각한다.

그때 일연은 오색 옷을 입혀 기둥 밑에 묻었다는 아이들의 이야기도 듣지나 않았을까.

3
비슬산에서 쓴 젊은 날의 시

산 높고 깊은 만큼의 큰 인연

세상에 시비(詩碑)가 많지만 정작 그 주인공이 죽은 지 700년이나 지나 세워진 경우는 그다지 흔치 않다. 대구광역시 달성군에 세워진 일연의 시비가 그 가운데 하나이다.

2008년 5월이었다. 달성과 청도를 가르는 비슬산 중턱에 유가사라는 작은 절이 있는데, 이 절 앞에서 일연 시비 제막식이 열렸다. 일연이 이 산에 머문 자취와 그가 남긴 지취(旨趣)를 세상에 알리는 조촐한 행사였다.

일연의 시비가 이곳에 선 연유가 있다.

유가사 앞의 일연 시비 주인공이 죽은 지 700년이나 지나 세워진 시비는 그다지 흔치 않다. 일연의 시비가 그 가운데 하나이다. 2008년 5월이었다.

스물한 살의 일연은 개성에 올라가 승과시(僧科試)에 응시하여 당당히 장원급제한다. 그때까지 그가 머물렀던 곳은, 앞서 소개한 바, 강원도 양양의 진전사였다. 승과시는 사실 속계(俗界)의 영역이라 그가 이 시험에 아무리 장원급제하였다 한들 그것으로 수행의 결말을 본 것은 아니었다. 이제 홀로 수행을 해나가도 좋다는 면허증 취득 정도라고나 할까.

면허증을 딴 일연은 비로소 본격적인 수행의 길을 나선다. 그때 그가 택한 곳이 바로 비슬산이었다.

왜 굳이 비슬산이었는지 명확한 이유를 대기는 어렵다. 달성 옆 경산이 그의 고향이고, 그래서 아홉 살에 떠난 고향 마을과 가까운 곳을 수행지로 삼았을 것과, 이제와 달리 고려 시대에 비슬산은 크고 작은 사찰과 암자가 즐비한 곳이었다는 점 정도를 꼽을 따름이다.

일연은 이곳에서 무려 22년 동안이나 머문다. 마흔세 살에 경남 남해의 정림사 주지가 되어 떠날 때까지이다. 그뿐만 아니다. 50대 후반에는 다시 이 산 아래의 인흥사에 와서 10여 년 넘게 머무는데, 전후로 살았던 시간을 합쳐 보면, 비슬산은 그의 승려생활 거의 절반 가까이 족적을 남긴 곳이 된다.

처음 비슬산에 든 지 10년 남짓 지난 다음, 곧 그의 30대 초반에는 이 산 깊고 높은 골짜기의 한 암자에서 득도의 체험을 한다. 문수보살을 친견한 사건이다.

이만한 행적이라면 비슬산은 일연이 태어난 경산보다, 승적에 든 양양보다, 생애를 마무리한 군위보다, 산이 높고 깊은 만큼이나 큰 인연으로 그를 둘러싸고 있다 말해 지나치지 않다.

욕망으로 망치는 나라

무신의 난이 일어난 후 문신 누구 하나 그 피해를 보지 않은 사람 없어 보이지만, 하늘이 무너져도 솟아날 구멍은 있는 법이다.

상서좌복야까지 지낸 유자량이란 사람은 문신 집안의 자식이었다. 아직 문신이 집권하고 있던 때, 열여섯 살의 아직 약관에 이르지도 못한 그는 또래 친구들과 더불어 계를 맺었다. 모두 문신 집안의 아들들이었다. 그런데 유자량은 무신인 오광척과 문장필을 계원으로 소개했다. 당연히 다른 친구들이 좋아하지 않았다. 문신은 무신을 워낙 우습게 보고 있었으니 말이다. 그러나 자량은 '교유하는 중에 문·무가 갖추어지는 것이 옳은 일'이라는 말로 친구들을 설득했다.

두고 보니 그의 말을 듣기 잘했다. 얼마 지나지 않아 무신의 난이 터졌다. 문신 딱지만 붙이고 있어도 목숨 부지하기가 어려운 시절이 왔는데, 이 계원들은 모두 광척과 장필이 변명하여 구해 준 덕분에 무사하였다. 유자량은 무신정권 아래서도 상서좌복야까지 올랐다.

무신의 난으로 바뀐 시대의 분위기는 이렇듯 사람들의 일상생활마저 흔들어 놓고 있었다.

이런 일도 있었다.

1227년이라면 일연이 개성에 가서 승과 시험을 보던 해이다. 당시 개성에서는 점술을 잘한다는 주연지라는 사람이 최이의 신임을 받고 있었다. 최이는 아버지 최충헌의 뒤를 이어 무인정권을 이끈 이다.

그러나 주연지는 본디 최산보라는 이름으로 전라도 영광에 살면서 그곳 절의 주지를 했었다. 조카인 광효와 함께 점술로 사람들을 홀려 겁탈을 일삼는가 하면, 급기야 남의 집 소를 도둑질해 마을에서 도망쳐 나와야 했다. 다른 마을을 떠돌다 개성에 올라와 역시 점술로 사람을 홀렸다. 제 버릇 남 주지 못하는 법이다.

그런데 최이의 신임이 날로 두터워졌다. 그러니 그 세력이 나날이 커져 갔고, 제멋대로 상벌을 내리기까지 하니, 사람들이 모두 두려워 앞다퉈 뇌물을 바쳤다. 거부가 되는 것은 금방이었다.

주연지는 도일이라는 제자를 두었다.

"나는 음성을 살피고 얼굴빛을 관찰하여 능히 사람의 빈부와 수명을 판단한다. 너는 밖에 나가 이런 소문을 널리 퍼트려라."

점술 좋아하기는 예나 이제나 마찬가지인 모양이다. 아름다운 부인들도 많이 몰렸다. 연지는 점술을 핑계로 여자와 간음마저 불사하였다. 추한 소문은 금방 퍼졌다. 그러나 사람들이 위세를 두려워하여 입도 뻥긋 못하였다.

주연지의 욕심은 거기서 그치지 않았다. 하루는 연지가 은밀히 최이에게 말하였다.

"지금 왕은 왕위를 잃을 상(相)이 있고, 공은 왕후의 상이 있으니, 운명이 있는데 피하려 한들 그것을 피할 수 있겠습니까."

최이더러 아예 왕이 되라는 제안이었다. 그러면 자신의 권력도 그만큼 커질 것이라는 속셈이었으리라.

하지만 욕심은 화를 부르는 법이다. 최이가 심복으로 믿는 장군 김희제에게 연지의 말을 가지고 상의했다. 희제는 곧바로 연지에게 이 일을 확인했다. 연지는 낭패스러웠다. 누구도 몰래 자신만이 최이에게 신임을 받자고 한 일이었는데 말이다. 연지는 점술가의 권위를 가장하여 최이에게, "전날 은밀히 한 말이 새어나갔으니 화가 미칠까 두렵습니다"라고 하였다. 이 말이 도리어 연지에게 화를 불렀다. 최이는 두려워하기는커녕 연지가 자기를 모욕하였다고 여겼기 때문이다.

사실은 김희제가 연지 등을 모아 최이를 제거하려던 참이었다. 그리고 이 모의는 다른 경로를 통해 최이의 귀에 들어가고 말았다. 최이의 칼이 허공을 갈랐다. 반란의 규모는 생각보다 컸다. 그 가운데에는 최충헌을 죽이려다 폐위된 희종이 있었다. 희종은 연지에게 글을 보내, "하늘에 맹세하고 땅에 맹세하여 사생을 함께 하며 아버지로 섬기겠다"고까지 하였던 것이다. 최이는 연지를 비롯한 관련자 모두를 바다에 빠뜨려 죽였다.

주동자 김희제는 전라도 순문사(巡問使)가 되어 나주에 가 있었다. 병사가 붙잡으러 오자 전혀 두려워하는 빛이 없이 스스로 바다에 빠져 죽었다. 나름 강단 있는 사람이었다.

일연이 살던 시대는 이랬다. 백성의 안위보다 권력을 쫓는 욕망으로 들끓던 지도자가 다스리던 나라였다. 그러다가 몽골이라는 세계사상 가장 강대한 나라의 침략을 받았던 나라였다. 그 나라의 백성으로 살면서 일연의 마음은 착잡했다.

이런 착잡한 마음이 그로 하여금 『삼국유사』를 쓰게 했다고 나는 믿는다.

인각사를 들러
비슬산으로

정작 5월에 세워진 시비를 8월이 되어서야 찾은 것은 바쁜 일상 탓이었지만, 함께 돌아야 할 곳 한 군데 때문에 맞춤한 시간을 내기 어려워서였다. 그곳이란 군위 인각사이다.

일연은 78세 되던 해 인각사로 옮겨 세상을 떠나기까지 5년간 머물렀다. 이 사이에 『삼국유사』가 완성되었을 것으로 보고 있는데, 사리를 보관한 정조탑과 일생을 기록한 비석이 이 절에 세워진 것은 당연한 일이었다. 이 두 가지는 절 한 곳에 지금도 나란히 모셔져 있다.

문제는 비석이었다. 물경 1,200여 자의 긴 비문을 전부 왕희지의 글씨를 집자(集字)하여 새긴 이 놀라운 비석은 그래서 사람의 손길을 많이 탔던 것이다. 탁본한다고 무리를 하고, 전쟁의 와중에 파손되고, 심지어 신필(神筆)이라는 왕희지의 글씨 한 조각을 갈아 먹으면 과거에 합격한다는 속설에 시골 선비들의 표적이 되었다. 그래서 깨지고 갈라지고 떨어져 나간 비석은 풍화를 거친 미라 형국이 되고 말았다.

그나마 다행히 탁본의 일부가 여기저기서 나와, 얼기설기 꿰어 보니 전모를 살펴볼 수 있었다. 이를 바탕으로 새 비석을 세운 것이 2006년 가을. 절 한쪽에 새로 땅을 사들이고 터를 골라 세워 놓자 둥싯한 모습이 그럴듯하다.

8월 초의 폭염을 뚫고 고속도로를 달려 절에 도착하자마자 그 모습부터 카메라에 담았다.

비석을 세운 터는 관리가 쉽지 않아 보였다. 절집 살림을 맡는 사람은 적은 데다 많은 이들이 찾는 곳도 아니어서, 비석이 서 있는 주변은 여름풀들이 제 마당인 듯 차지하고 있었다. 대리석으로 조성한 귀부(龜趺)와 옥개석(屋蓋石)이 여름 햇살에 빛날 뿐이다.

이 또한 새삼스럽다.

그가 살던 시대의 일연은 국사를 지낼 만큼 신임이 두텁고 명성이 높아 호사 부

인각사에 복원된 비석 탁본의 일부가 여기저기서 나와, 이를 바탕으로 새 비석을 세운 것이 2006년 가을. 둥싯한 모습이 그럴듯하다.

린 비석을 세울 수 있었는지 몰라도, 세월에 쓸려 잊힌 다음 무슨 까닭으로 허물어진 탑이 본디 모습을 찾아 다시 설 수 있었는지. 인각사는 벌써 여러 해째 발굴 조사와 중건 사업이 계속되고 있다. 찔끔찔끔 나오는 사업비 때문에 시원스레 일을 마무리 짓지 못하지만, 이렇게 하나둘 옛 모습을 찾아가고 있으니, 수고하는 이들의 손길이 고맙기만 하다.

사실 어떤 때는 예전 시골의 좀 사는 집 같던 허술한 모습의 인각사가 그리워지기도 한다. 어차피 중건이란 필요에 따라 이뤄지는, 지금 사람들이 가진 의지의 소산이다. 억지로 될 일이 아니라

일연 시비 전국시가비건립동호회가 인각사에 세운 것이다. 일연에게 바친 최초의 시비였다. 조신의 꿈 이야기 뒤에 써 넣은 일연의 시를 따왔다.

면 허술한 대로 놓여 있는 것이 더 자연스럽겠다.

그래서 1985년 12월, 절 앞에 세워진 일연 시비도 지금보다는 그때 더 어울렸다는 생각이다.

이 시비는 국문학자 김동욱 선생이 주축이 된 전국시가비건립동호회가 세운 것이었다. 이번 비슬산 시비보다 20여 년 앞서, 일연에게 바친 최초의 시비였다. 조신의 꿈 이야기 뒤에 써 넣은 일연의 시 가운데 일부를 따왔거니와, 마지막 구절의 "수고로운 인생, 그저 한 조각 꿈인 줄 안다"는 대목을 나는 이 절에 갈 때마다 음미하곤 한다.

인각사를 나와 비슬산으로 가는 길은 예전에 비해 정말 편하고 빨라졌다. 대구-포항간 고속도로와 대구-마산간 고속도로가 대구 북쪽에서 연결되어, 비슬산 입구인 현풍 톨게이트를 빠져나와 산 아래까지 1시간이면 족했다. 시외버스로 이동하던 옛날에는 실히 반나절은 걸려야 했었는데.

　유가사 앞 골짜기에는 피서 온 사람들로 북새통이다. 허기야 이 계곡만일까, 어디를 가나 물 반 사람 반에다 길가에는 자동차로 가득하다.

　비슬산에서 내려오는 이야기 하나가 『삼국유사』에 실려 있다. 신라 승려 관기와 도성은 이 산에서 은거의 삶을 보여 준 대표적인 인물인데, 골짜기를 사이에 두고 10리 거리에 각각 암자를 짓고 살았다는 것이며, 서로가 서로를 찾아갈 때면 나무들이 마치 맞이하는 듯 고개를 숙여 반겼다 하고, 이런 이야기 끝에 일연이 써서 남긴 시가 새로 세운 일연 시비를 장식하였다.

　　달빛 밟고 오가는 길
　　구름 어린 샘물에 노닐던
　　두 성사(聖師)의 풍류는
　　몇백 년이나 흘렀던가
　　안개 자욱한 골짜기엔

고목(古木)만이 남아 있어
뉘었다 일어나는 찬 나무 그림자
아직도 서로 맞이하는 듯
相過踏月弄雲泉, 二老風流幾百年. 滿壑烟霞餘古木, 偃昂寒影尙如迎.

시비는 문경현 선생의 번역임을 밝히고 있다. 그런데 이 시를 이전에 나는 다음과 같이 번역해 본 적이 있다.

서로 찾을 제
달빛 밟으며 구름과 노닐던
두 분 풍류는 몇백 년이던가
골짜기 가득 안개는 끼어 있고 고목만 남아
흔들흔들 비끼는 그림자
이제 나를 맞는 듯

번역이야 사람에 따라 달라지게 마련이지만, 내가 주목하기로는 마지막 구절의 원문 '상여영(尙如迎)'이었다. 여기에는 목적어가 없다. 그래서 시비는 "아직도 서로 맞이하는 듯"이라 직역하고 말았다.

나는 거기에 '나를'이라는 목적어를 넣었다.

'나'는 이 산에 살면서 이 시를 쓴 일연이다. 그는 두 분 스님의 은거의 삶에 감격적으로 끼어들고 싶었을 것이다. 그런데 그뿐만

이겠는가. 관기도 도성도 그리고 일연도 떠난 이제 산을 찾아와 그들을 추억하는 어떤 '나'이기도 하다.

삶을 왜곡시키는 전쟁

전쟁은 터지고야 말았다. 벌써 1216년경부터 몽골과 거란이 번갈아 고려의 국경을 넘보았다. 그러나 처음에는 거란의 위협이 더 컸다. 사실 고려는 몽골의 존재를 잘 알지 못했다. 어떤 나라인지, 어느 정도의 힘을 가지고 있는지 몰랐다.

몽골과의 전쟁이 본격적으로 터진 것은 1231년이었다.

그해 8월, 몽골의 살례탑(撒禮塔)이 군사를 거느리고 의주를 에워쌌다. 그의 말이 우습다.: "나는 몽골의 군사다. 너는 빨리 항복하라. 그렇지 않으면 무찔러 하나도 남기지 아니하리라."

이는 고려 사람들이 몽골군의 모습을 알아보지 못했다는 말이 된다. 의주를 지키던 조숙창이라는 장군이 항복하고 창고를 풀어 몽골 군사를 먹였는데, 이후 그는 몽골군의 길잡이 노릇까지 하였다. 그때 그가 맡은 일은 더 우습다. 이르는 곳마다, "진짜 몽골 사람이니 마땅히 빨리 나와 항복하라"라고 하였던 것이다.

가짜 몽골군이라도 있다는 말인가. 그만큼 고려가 몽골에 대해 몰랐다는 말이다.

실제 관원 가운데는, "가짜 몽골이다. 그러니 항복하지 마라"라

강화도 정부 임시청사 최이는 도성을 강화로 옮길 계획을 세운다. 벌써 고위 관료들 사이에서는 집안 식구를 몰래 강화로 빼돌리는 분위기가 일었다. 천도는 1232년에 이루어졌다.

고 말하는 이도 있었다. 몰라도 너무 몰랐다. 다른 관원 하나는 도저히 대항 못할 강적임을 안 다음, 성 안의 부녀자와 어린아이들을 모아 창고에 넣고 불 지른 다음 장정들과 함께 자신도 자결하여 죽었다. '고려판 계백'이 아닐 수 없다.

이런저런 상황을 보고 받은 조정에서는 비로소 이 전쟁이 심상치 않다고 보았다.

1231년이라면 일연의 나이 25세 때이다. 비슬산에 와서 수행한 지 5년째 되던 해였다.

드디어 그해 말, 최이는 도성을 강화로 옮길 계획을 세운다. 벌써 고위 관료들 사이에서는 집안 식구를 몰래 강화로 빼돌리는 분위기가 일었다. 그러면서 최이에게도 강화가 난을 피할 만하다고 달랬는데, 최이가 그 말을 믿고 사람을 시켜 먼저 가서 살펴보게 하였다. 그러나 가는 길에 몽골군에게 붙잡히고 말았다.

몽골군은 코 밑까지 와 있었던 것이다. 강화 천도는 다음 해에야 이루어졌다.

전쟁에 이기자면 먼저 대비가 첫째요 다음은 마음이 맞아야 할 일이다. 마음이 맞은들 대비가 없으면 힘쓰지 못하고, 대비를 했어도 마음이 맞지 않으면 허물어진다. 하물며 대비도 마음도 없다면 더 말할 나위 없다.

몽골군을 맞는 고려는 방어하는 입장에서 최악의 상황이었다.

1232년 1월 충주의 관노(官奴)가 난을 일으켰다. 전쟁의 와중에 무슨 난이란 말인가. 이는 충주 관아에서 생긴 어처구니없는 사건이 빌미가 되었다.

몽골군이 충주에 이를 무렵, 판관 유종주는 양반별초(兩班別抄), 부사 유홍익은 노군잡류별초(奴軍雜類別抄)를 거느렸는데, 서로 의견 대립만 세우더니 정작 몽골군이 들이닥치자 종주·홍익과 양반들은 다 성을 버리고 달아났다. 오직 노군잡류가 합력하여 쳐서 물리쳤다. 노군잡류란 관노와 일반 백성들로 구성한 군대였다.

싸움이 끝난 후 종주 등이 충주로 돌아왔다. 그들은 먼저 관청과 개인 집에 있던 은그릇을 점검하였다. 이에 노군(奴軍)들은 몽골 군사가 약탈하여 갔다고 말하였다. 그러나 도망갔다 온 양반들은 이 말을 믿으려 하지 않았다. 도리어 노군의 우두머리를 죽이려 하였다. 땅을 칠 노릇이었다.

―몽골 군사가 이르자 다 달아나 숨어 성은 지키지 않더니, 이제는 어찌 몽골 군사가 약탈한 것까지 우리에게 죄를 돌려 죽이고자 하는가. 우리가 어찌하여 먼저 도모하지 않으랴.

노군들은 그렇게 말하며 통분했다. 말이야 맞는 말 아닌가. 사태는 곧 난으로 번졌다. 노군들은 마치 장례를 치르기 위한 것처럼 꾸며 무리를 모은 뒤, 양반과 토호의 집마다 들이닥쳐 불을 지르고 죽여 없앴다.

난을 일으킨 것 자체를 칭찬할 수 없으나, 마음을 하나로 묶어 싸워도 이기리라는 보장이 없는 형편에, 누구의 책임이 더 컸는지는 묻지 않아도 자명하다. 사실 역사의 위기 속에 백성은 그저 살겠다는 순수한 욕망 하나만이다. 그런 순수함을 왜곡하는 것은 도리어 백성을 다스리는 관리 쪽인 경우가 자주 있다. 해괴하다.

같은 해 9월 처인성에서 벌어진 일은 또 다른 해괴한 경우의 한 가지 예이다.

처인은 지금의 용인, 한 승려가 난리를 피하여 성에 있다가 몽골군의 장수 살례탑을 쏘아 죽였다. 엄청난 공이었다. 나라에서 그

공을 가상하게 생각하여 상장군의 벼슬을 주었다. 그러나 이 승려는 공을 다른 사람에게 돌리며, "한창 싸울 때에 나는 활과 화살이 없었는데, 어찌 감히 함부로 과분한 상을 받겠습니까"라고 하며, 굳이 사양하고 받지 않았다.

끝내 그에게 섭랑장(攝郎將) 벼슬이 내렸으니, 이 승려가 바로 김윤후(金允侯)이다.

『삼국유사』에 남긴 전쟁의 흔적

1238년 윤4월, 몽골군은 경주에까지 들이닥쳐 황룡사 탑을 불살랐다. 『고려사절요』에 전하는 기록이다. 황룡사는 신라를 대표할 보물로 가득한 절이었다. 목조의 9층탑 말고도 장륙존상 또한 지금은 아련한 흔적으로 남아 있는 걸작이었다.

이때라면 일연의 나이 32세, 비슬산 무주암에서 득도의 환희를 맛본 바로 이태 뒤이다. 자신의 수행이 무르익어 가는 것과는 아랑곳없이 시절은 더욱 험악해져만 갔다.

황룡사 탑의 비극을 전해 듣기로는 거의 실시간이었으리라 짐작한다. 『삼국유사』에는 그 정황이 자세하지는 않지만, "1238년 겨울, 몽골과의 전쟁 통에 탑과 절 그리고 장륙존상과 건물들이 모두 불에 탔다"고 적었는데, 『고려사절요』의 기록과는 시기가 조금 다를 뿐이다.

하지만 일연의 눈에는 무의자(無衣子) 스님이 남긴 시가 더 들어왔다.

나는 들었네
황룡사 탑이 불타던 날
번지는 불길 속에서 한쪽은
무간지옥을 보여 주더라고

무의자는 진각국사(眞覺國師) 혜심(慧諶,1175~1234년)이다. 목우화상 지눌(知訥)을 이어 수선사(修禪社)의 2세주였던 이이다. 그러나 혜심은 몽골군의 방화로 황룡사 탑이 불타기 4년 전에 세상을 떴다. 그런 그가 이 현장을 보았을 리 없다. 일연이 정리해 놓은 바에 따르면, 황룡사 탑은 고려 정종 2년(1035년)에 다섯 번째 벼락을 맞고, 숙종 1년(1096년)에 여섯 번째로 다시 만들었는데, 화재란 이때를 두고 이름인지 모른다. 적어도 이 사이에는 다시 화재 소식이 없으니, 여섯 번째 중수한 탑은 142년 동안 굳건히 서 있다, 일연 당대에 드디어 그 생명을 다한 셈이 되기도 하고.

무의자가 화재의 참상 속에 나타난 탑의 신령스러운 모습을 전해 들었다면, 일연은 잿더미가 된 현장을 몸소 보았다. 그 참상은 마치 무의자가 직접 보기라도 한 것처럼 읊었던 시의 한 구절, 무간지옥(無間地獄), 거기서 더도 덜도 아니었으리라.

무간지옥―. 어디 탑만 그렇게 보였을까. 일연이 살았던 시대 자체가 그랬다. 무간지옥 같은 현실을 그는 자신의 생애 내내 아프게 받아들이며 살았다.

흔적을 남기다 보면 쓰디쓴 웃음도 없지 않았다. 그런 예가 낙산사의 보물에 관한 기사이다. 의상 스님이 관음보살을 직접 만나고 그에게서 받은 보물을 절에 모시고 갔다는 이야기는 낙산사 창건 연기설화이기도 한 '낙산의 두 성인 관음과 정취'조에 나온다. 그런데 보물의 후일담을 전하는 뒤 부분이 못지않게 흥미롭다.

다들 그다지 관심을 기울이지 않는 대목이 있다. 그러나 이 대목을 적고 있는 일연의 손길은 매우 세심하다. 아니 어쩌면 거기에 더 주목적이 있다는 듯한 표정이다. 먼저 인용해 본다.

서산의 큰 전쟁 이래, 계축년(1253년)과 갑인년(1254년) 사이에, 두 성인의 진용과 두 개의 보물 구슬은 양주성으로 옮겼다. 대병이 와서 공격이 매우 심하고 성이 곧 함락될 것 같자, 주지인 아행(阿行) 선사는 은합에 두 보물을 가득 담아 가지고 달아나려 했다. 이때 걸승(乞升)이라는 절의 노비가 빼앗아 땅속 깊이 묻고 서원하였다.

"제가 전쟁에서 죽음을 면치 못하면, 두 보물은 끝내 세상에 나타나지 않아, 사람들이 알지 못할 것입니다. 그러나 만일 죽지 않으면, 두 보물을 꼭 나라에 바치겠습니다."

갑인년 10월 22일에 성은 함락되었다. 아행 선사는 죽었는데, 걸승은 살아났다. 군사들이 물러간 다음, 땅을 파고 꺼내어 명주도의 감창사에게 바쳤다.

「탑상」편, '낙산의 두 성인 관음과 정취'조에서

서산의 큰 전쟁은 몽골의 침략을 말하고, 양주성은 지금의 강원도 양양이다. 여기에는 걸승이라는 한 노비가 등장한다. 물론 실화이지만, 이 노비야말로 흥미로운 인물로 설정되어 있는데, 신분은 낮지만 보물들의 값어치를 알고 있는 사람이다. 그는 보물들을 매개로 일종의 흥정을 하고 있다. 그러나 이것이 불경스럽지 않은 것은, 그만한 신분에 어울리는 차라리 순수한 신앙의 발로로 보이기 때문이다. 이에 비한다면 아행이라는 승려는 도리어 승려의 신분이 부끄러울 정도이다.

위의 인용에 나오는 1253년과 1254년 사이의 침입은 제5차와 6차에 해당된다.

이 무렵의 실권자는 최항(崔沆). 몽골은 끈질기게 강화도에 가 있는 정부를 개성으로 환도할 것과, 왕의 친정(親政)을 요구했다. 최항으로서는 결코 받아들일 수 없었다. '몽골군이 지나간 자리에는 풀도 다시 나지 않는다'는 악명이 이 침공 때에 생긴 말이다. 그것은 전국에 걸쳐 있었다. 그러기에 강릉과 양양 또한 이 피해를 벗어나기 힘들었을 것이다.

일연의 설명은 이어진다. 4년이 더 흐른 다음이다. 기림사의 주

낙산사 화재 후 자신의 젊은 시절의 땀과 눈물이 적셔 있는 곳, 낙산사 어름의 뒤 소식을 일연은 그토록 궁금해하고 있었다. 사진은 최근 중건된 원통보전의 모습이다.

지 각유(覺猷) 대선사가 왕에게 청하여, 명주의 창고에 보관하고 있는 보물들을 개성의 궁중으로 옮기게 되었다. 이때 야별초가 출동한다. 이해에 최씨정권의 마지막 승계자 최의(崔竩)가 죽음을 당하고, 길고 긴 최씨무신정권이 막을 내리고 있었다.

앞서 갑인년(1253년)이라면 일연의 나이 47세 때이다. 경상도 남해에 있는 정림사의 주지가 되어 머물 때이다. 4년 뒤라면 51세, 이때는 정림사의 주지에서 물러나, 남해의 한갓진 데서 머물며, 그의 또 다른 저술인 『중편조동오위』를 쓰고 있었다. 각유 대선사와의 교류가 있었을 것으로 보이는 이 무렵, 낙산사 보물들의 이 같은 행방에 대해서도 그를 통해 자세히 들었을 수 있다.

  자신의 젊은 시절의 땀과 눈물이 적셔 있는 곳. 낙산사 어름의 뒤 소식을 일연은 그토록 궁금해하고 있었다.

다시 비슬산에서

일연은 『삼국유사』에서 자신이 겪은 길 위의 여정을 아주 희미하게 남겨 놓았다. 『삼국유사』를 쓰는 취지가 거기에 있지 않았으므로, 자신의 자취는 마치 추상화의 숨겨진 선 같다. 그런 선을 잘 이으면 그의 일생이 보인다.

  이제 마지막으로 비슬산에서 일연의 한 생애가 엿보이는 대목을 다시 보자. 앞서 일연의 노트를 증명하는 한 예로 소개했다.

> 반(機)의 음은 반인데 신라 말로 비나무이고, 첩(㯋)의 음은 첩인데 신라 말로 갈나무이다. 두 스님은 바위 덩굴 속에서 오래 숨어 살며, 사람 사는 세상과 교유하지 않았다. 모두 나뭇잎을 엮어 옷을 지어 입고, 추위와 더위를 넘기며 습기를 막고 부끄러운 곳만 가렸다. 그래서 이 말들을 가지고 호를 지은 것이다. (중략) 내가 일찍이 포산에 머물며 그 분들의 남기신 아름다움을 적어 놓았었다. 이제 여기 함께 적는다.
>
>   「피은」편, '포산이성'조에서

반사와 첩사라는 두 스님의 이야기이다. 사실 이 조는 관기와 도성이라는, 운치 있게 숨어 살던 두 분의 행적을 부러워하며, 그러나 따라 하기 힘든 드높은 경지의 생애를 그린 것인데, 이에 덧붙여 반사와 첩사라는 다른 두 분을 더 소개하고 있다. 20대 초반부터 이 산에 살았던 일연은 그들을 시로 읊은 바 있었다. 일연이 적어도 40년 이상 간직했으리라 했던 바로 그 노트이다.

> 한밤중
> 달빛 보며 자리 잡고 있으니
> 몸에 걸친 옷
> 바람 부는 대로 반 남아 날도다
> 거적자리에 가로누워도 단잠 들 것이니
> 티끌세상이야
> 꿈속에서도 가지 않으리라
> 구름만 노닐다 떠가는 곳
> 두 분 암자 빈터로다
> 사슴 한가로이 오르는데
> 사람 자취 드물다
> 夜深披向月明坐, 一半颯颯隨風飛. 敗蒲橫臥於憨眠, 夢魂不到紅塵羈. 雲遊逝兮二庵墟, 山鹿恣登人迹稀.

시의 중반 이후 부분이다. 나뭇잎을 엮어 옷을 지어 입고, 추위와 더위를 넘기면서 수행하던 반사와 첩사의 이야기를 시화한 다음 대목이다. 나 또한 거적자리에 가로누워 자더라도 티끌세상에는 나가지 않겠다는, 젊은 수행자 일연의 근기(根機)가 확연히 드러나는 시이다. 하물며 꿈속에서조차 말이다.

일연의 의지를 선연히 읽을 수 있는 이 시가 좋지 않은 것은 아니지만, 젊은이의 치기가 엿보이는 것 또한 사실이다. 우리가 도리어 감탄하는 바는, 앞서 말한 대로, 젊은 시절에 썼던 이 시를 간직하고 있다가, 『삼국유사』를 편찬하던 만년에 그 시절을 회고하며 수록해 놓은 점이다. "내가 일찍이 포산에 머물며 그 분들의 남기신 아름다움을 적어 놓았었다"는 이 한마디, 다쓰노 가즈오가 말한 바, 현장의 공기가 감도는 문장이 만드는 현장 감각을 『삼국유사』의 이 대목에서 읽는다.

사람은 가도 자취는 남는다. 남은 자취가 오늘의 우리 삶을 지탱해 줌을 일연은 잘 알았다. 그가 『삼국유사』를 통해 우리에게 하고 싶었던 말은 그것이었으리라.

철마다 다른 풍경으로 우리를 부르는 비슬산—.

이제 이 산에 오르거든 나무가 맞아주는 '나'가 되어 옛 성인의 지취(旨趣)를 한 몸에 받아 보시길.

4
동네 전설이 세계의 이야기로

부처 사는 세상의
금과 옥의 소리

일연이 읽은 『관불삼매경(觀佛三昧經)』의 제7권은 팔만대장경의 가함(可函)에 실려 있었다.

  부처가 야건하라국(耶乾訶羅國)의 고선산(古仙山)에 이르렀다. 이때 굴속에 나찰 다섯이 살았는데, 암컷의 용으로 바뀌어 나쁜 용과 통했다. 나쁜 용은 우박을 내리고 나찰녀는 만행을 부려, 굶주리고 병에 시달리기 벌써 4년이 지났다. 마침 한 신하가 '가비라국(伽毗羅國) 정반왕(淨飯王)의 아들이 이제 막 도를 이루고 석가문(釋迦文)이라 부른답니다'라고 말했다. 석가모니 부처이다. 왕이 이 말을 듣고 마음속으로 크게 기뻐하며, 부처를 바라보고 예를 드리며 말했다.

"오늘 부처님의 광명이 이미 일어났는데, 어찌 이 나라에는 이르지 않으십니까?"

이에 부처가 그 청을 받아들였다. 부처의 머리에서 밝은 빛이 나가 1만 명의 변화된 부처를 만들어 거기에 가게 하였다. 그러자 용왕과 나찰녀는 온 몸을 땅에 엎드리고 계를 받았다. 부처가 곧 삼귀(三歸)와 오계(五戒)를 설명해 주자 용왕은 듣고 무릎을 꿇은 채 합장하며 빌었다.

"세존이시여. 늘 여기에 함께 있어 주십시오. 부처님이 계시지 않는다면 내게는 악한 마음이 생겨 아누보리(阿耨菩提)를 얻을 길이 없습니다."

그러나 범천왕(梵天王)이 와서 부처에게, "바가바(婆伽婆)여, 그대는 미래 세상의 여러 중생을 위해 오셨으므로, 오직 이 작은 용 하나에게만 있을 수 없습니다"라고 하자, 칠보대(七寶臺)까지 꺼내 바치며 안간힘을 쓰는 용왕에게 부처가 말했다.

'이 대 대신에 나찰의 석굴을 가져다 나에게 보시하라. 내가 너의 청을 받아 네 굴 안에 1,500년을 있겠노라.'

부처는 몸을 솟구쳐 돌 안으로 들어갔다. 마치 맑은 거울 같아 사람들은 얼굴 모습을 보게 되었는데, 부처는 바위 안에 있으면서 그림자가 밖으로 비쳤다. 석벽 안의 부처는 여러 사람이 볼 때, 멀리서 보면 나타났다가도 가까이서는 보이지 않았다.

또, '부처가 바위 위로 올라가 밟으면 금과 옥의 소리가 난다'는 말도 있었다.

만어산에서 만나는 부처의 이야기

경남 밀양에 있는 만어산(萬魚山)으로 간다. 해발 600미터가 조금 넘는 크거나 높지 않은 산이다. 그런데도 일연이 그 산에다 불경(佛經)의 거대한 세계를 그려 보려 했던 것은 결코 과욕이 아니었다.

시시덕거리며 사람 목숨을 장난삼아 잡아먹는 용과 나찰녀는 부처를 만나 개과천선하는데, 혹여 다시 못된 악행을 저지를까 봐 부처더러 제 곁을 떠나지 말아 달라 하지만, 부처는 거기서만 머무를 수 없다. 하여 부처가 남겨 준 것이 자신의 그림자. 그림자를 보는 것만으로도 계(戒)를 삼기에 족하다 했던 것이었다. 앞서 소개한 『관불삼매경(觀佛三昧經)』의 제7권의 이야기이다.

그런데 이 이야기가 밀양의 만어산에 똑같이 전해 온다. 그래서 만어산으로 다시 가 본다.

부처의 그림자를 담은 바위가 있는 만어산. 어떻게 된 까닭일까. 궁금증을 안고 일연이 그곳에 직접 가 본 것은 아마도 이 산 근처인 밀양 표충사에 머물 때였던 것으로 보인다. 그가 즐겨 읽은 『고기』에 실린 이야기는 이랬다.

만어산은 아야사산(阿耶斯山)이라고도 하는데, 옛날 하늘에서 알

만어산에서 본 옛 가야 방면 만어산은 해발 600미터가 조금 넘는 크거나 높지 않은 산이다. 그런데도 일연은 그 산에다 불경의 거대한 세계를 그려 보려 했다.

이 해변으로 내려와 사람이 되어 나라를 다스렸거니와 그이가 수로왕인데, 가야는 바로 이곳에서 시작한다. 이 나라 안에 옥지(玉池)가 있는데 거기에 나쁜 용이 살았다. 만어산에 있는 다섯 나찰녀와 서로 오갔기 때문에 그때마다 번개가 치고 비가 내렸다. 무려 4년 동안이나 온갖 곡식이 열매를 맺지 못했다. 왕은 주문을 외워 막아 보려 했지만 어쩌지 못했다. 부처에게 머리를 조아려 부탁을 드린 다음에야 나찰녀가 오계(五戒)를 받게 되었고, 그 후로는 피해가 없었다. 동해의 물고기와 용이 변해서 골짜기 가득 돌이 되었는데, 제각각 종이 우는 소리를 냈다.

'아야사'가 지닌 의미는 어(魚)이다. 그래서 아야사산은 곧 어산이요, 여기에 만(萬)자가 하나 더 붙어 만어산으로 강조된 모습이다.

야건하라국의 산 이름과 같거니와, 나찰녀와 용이 합작하여 4년이나 흉년을 들게 했다는 것이며, 왕이 부처의 힘을 빌려 어려움을 물리칠 수 있었고, 바위를 두드려 종소리가 울리게 한다는 핵심화소가 일치하고 있다. 인도에 있는 야건하라국의 이야기가 경남 밀양의 자그마한 산에 옮겨 와 자리를 잡은 셈이다.

이 이야기를 전해 준 『고기』는 어쩌다 싣게 되었는지 까닭을 알려 주지 않는다. 그러나 일연은 부지런히 그 전거를 찾아 여러 자료를 뒤지고 있다.

불경으로는 앞서 나온 『관불삼매경』은 물론이요, 역시 팔만대장경의 성함(星函)에 실린 『서역기(西域記)』를 인용하였으며, 양나라에서 나온 『고승전』에다 법현(法現)의 『서역전(西域傳)』까지 망라한다. 만어산에 대한 관심은 일연 보다 먼저 보림(寶林)이라는 승려가 가졌는데, 1180년 이 산에다 만어사를 짓고 난 다음 보림이 왕에게 올린 글이 있다. 일연은 이 글도 따와서 소개한다.

이야기 하나를 마련하여 책에 싣기까지 일연의 노심초사는 이렇듯 끝이 없다.

그러나 일연의 붓끝은 여기서 그치지 않았다. 자신이 직접 이 산

목탁소리를 내는 돌 일연은 골짜기 가득 대부분의 돌들이 금과 옥의 소리를 낸다고 썼다. 이런 체험의 연속이 『삼국유사』의 대부분을 차지하고 있다. 한 스님이 소리나는 돌을 두드리며 반야심경을 독송하고 있다.

을 가 보지 않고는 궁금해 못 배기겠다는 태도이다. 그런 다음에야 일연은 『삼국유사』에서 이렇게 현장 보고를 쓰고 있다.

> 오늘 내가 몸소 와서 우러러 예불하고 나니 또한 분명히 믿을 만한 두 가지가 있었다. 골짜기 가득 대부분의 돌들이 금과 옥의 소리를 내는 것이 하나요, 멀리서 보면 나타났다가 가까이 가면 보이지 않고 또 보였다 안 보였다 하는 것이 하나이다.
>
> 「탑상」편, '만어산의 부처 그림자' 조에서

멀리서 보면 나타났다가도 가까이서는 보이지 않는다든지, 부처가 바위 위로 올라가 밟으면 금과 옥의 소리가 난다는 『관불삼매경』의 그것과 똑같은 이 가슴 벅찬 체험.

이 체험의 연속이 『삼국유사』의 대부분을 차지하고 있다는 말을 나는 반복해하고 있지만, 여기만큼 극적으로 묘사된 데가 또 있을까. 발길 따라 이야기를 수습하고 이야기의 전거를 찾아 온갖 자료를 뒤지는 노스님의 노고가 빈틈없다. 그로 인해 사실 아무 맥락 없이 전해 오던 '동네 전설'은 자상한 전거가 갖춰진 '세계의 이야기'로 바뀌었다. 그야말로 일연의 솜씨 아님이 없다.

그의 솜씨 덕분에 먼 인도의 이야기가 이 땅의 살아 있는 전설로 자리 잡았음을 고마워할 뿐이다.

용들이 놀던 땅
밀양

신라 경덕왕 16년(757년)부터 밀양은 제 고장 이름의 본뜻을 잃어버렸다. 경덕왕은 전국을 9주로 나눠 군현의 명칭을 고칠 때 여기를 밀성군(密城郡)이라 하고 5개의 속현을 두었다. 고려에 들어 밀성이 밀양으로 바뀌어 불렸거니와, 어느 쪽이건 밀(密)은 용을 뜻하는 우리말 '미르'에서 음차(音借)한 것이다. 한자를 이렇게 붙이다 보니 밀양이 무슨 비밀스러운 동네인 것처럼 바뀌고 말았지만, 사실은 용이 춤추는 현란무비한 곳이었다.

얼마 전부터 밀양을 표상하는 브랜드로 '미르피아'라는 말을 만들어 낸 것은 처음 뜻을 찾았다는 점에서 그나마 다행이다.

밀양에서 어떤 용이 놀았다는 말일까.

이는 아무래도 앞서 소개한 대로 이 지역의 만어산 이야기와 관련될 듯하다.

밀양역에 내리면 철길 가에 학문과 충의의 고향이라는 비석이 보인다. 학문이라면 김종직(金宗直)이고, 충의라면 사명대사(四溟大師)이다. 조선 시대 사림의 대표였던 김종직을 모신 사당은 예림서원(禮林書院)에 도연재(道淵齋)라는 이름으로 있고, 사명대사라면 바로 표충사(表忠寺)가 떠오른다.

아침 일찍 기차에서 내려 밀양강의 아침 물결을 바라보며 표충사로 간다.

표충사 원효대사가 초암을 짓고 수도하는 어느 날, 재약산 쪽을 바라보니 대밭 속에서 오색서운(五色瑞雲)이 떠오르는 것을 보고 그 자리에 가람을 지었다.

표충사라면 사명대사 비석에 흐르는 땀으로 유명하다. 조선 영조 때인 1742년, 사명대사 5대 법손이 당대의 명문과 명필을 얻어 경주산의 검은 대리석에 사명의 한평생 행적과 구국의 충절을 찬양한 내용이 새겨진 비석이다. 그런데 이 비석에서 국가의 큰 사건이 있을 때면 땀방울이 맺혀 구슬땀처럼 흐른다. 사람들은 죽은 뒤에도 나라를 근심하는 사명의 영험이라 여긴다. 그래서 일명 '땀 흘리는 비석'으로 불린다.

그런데 표충사 하면 또 한 분의 스님이 생각난다. 한국 근대의 선지식으로서 의연(毅然)한 효봉(曉峰)이다.

효봉 비 출가하기 전의 이름은 이찬형(李燦亨). 평양 출신인 그는 일본으로 유학하여 우리나라 최초의 판사가 되었다.

출가하기 전의 이름은 이찬형(李燦亨). 평양 출신인 이찬형은 어려서 한학을 배우다 1913년 일본으로 유학하여 와세다대학 법학부를 졸업했다. 귀국 후 우리나라 최초의 판사가 된 바로 그이이다. 그런데 1923년 한 피고인에게 사형선고를 내린 후 그의 인생행로가 바뀌었다. '인간이 인간을 벌하고 죽일 수 있는가'라는 깊은 회의에 빠진 것이다. 이찬형은 법관직을 버리고 3년 동안 전국을 방랑한 뒤 1925년 금강산 신계사 보운암에서 출가했다. 승려 효봉의 본격적인 출발이다.

밤낮으로 수행을 거듭하는데, 한번 앉으면 절구통처럼 움직이지 않는다 해서 별명이 '절구통 수좌(首座)' —.

드디어 1931년 도를 깨닫고 1932년 유점사에서 구족계와 보살계를 받았다. 이후 전국의 적멸보궁을 찾아가 한 철씩 보내는 등 정진을 거듭하였다. 1936년에는 당대의 고승 한암(漢巖)과 만공(滿空)으로부터 도를 인가받았다. 만공은 근대 한국불교의 정점인 경허(鏡虛)의 제자이다. 그러니까 효봉은 경허의 법맥을 이었다 할 수 있다.

1962년 통합종단 초대 종정에 오른 효봉은 당대 불교의 큰 어른이었다. 계율을 철저히 지키는 데는 자신만이 아니라 제자에게도 엄격하였다.

그런 효봉이 세상을 뜬 곳이 바로 이 표충사이다.

표충사에서도 일연이 머물렀다?

사명과 효봉으로 기억되는 표충사는 과연 어떤 절인가. 신라 무열왕 원년(654년) 원효대사가 지금의 극락암 자리에 초암을 짓고 수도하는 어느 날, 재약산 쪽을 바라보니 대밭 속에서 오색서운(五色瑞雲)이 떠오르는 것을 보고 그 자리에 가람을 지었다. 대나무 숲에 지은 절이라 해서 처음 이름은 죽림사(竹林寺)였다. 그 후 흥덕왕 4년(829년)에는 인도스님 황면선사가 부처님 진신사리 3개를 모시고 와서 봉안하였고, 신라 진성여왕(889년) 때에는 보우국사가 승려 500명을 모아 선풍을 크게 일으켰다. 이를 계기로 동방 제이선찰(第二禪刹)이라 불렸다.

절에 이르러 사찰 안내서를 읽다가 다음 대목에서 눈길이 멈추었다.

고려 충렬왕 12년(1286년) 『삼국유사』의 저자인 일연 국사가 1,000여 명의 대중을 맞아 불법을 중흥하여 동방 제일선찰(第一禪刹)이 되었으

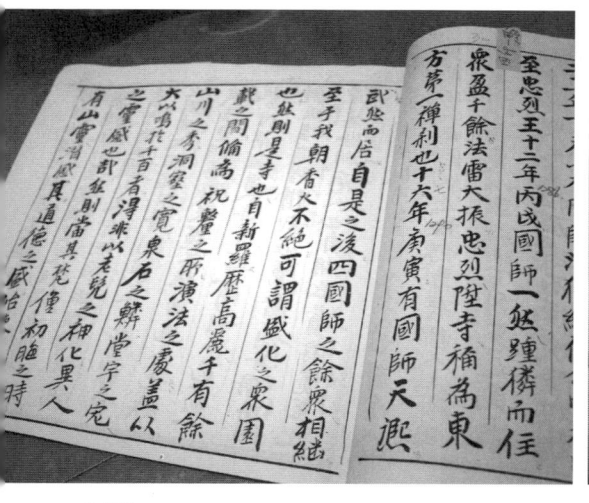 

『영정사 고적』과 무이 스님 이 절에 머물며 스님들의 교육을 맡는 무이 스님(오른쪽)이 일연의 주석을 알려주는 『영정사 고적』(왼쪽)을 내보여 주었다.

며, 충렬왕 16년(1290년) 천희 국사가 선풍을 관장하니 일국의 명찰이라 일컫게 되었습니다.

일연이 표충사에 머물렀다는 소식은 여기 와서 처음 들었다. 적어도 지금까지 나온 일연 관련 기록에서 이 같은 말은 없었다. 표충사에서는 무슨 근거로 일연의 주석을 적었을까?

종무소에 들러 그런 궁금증을 말했더니, 직원은 스님들의 거처로 나를 조용히 안내했다.

소개받은 분은 이 절에 머물며 스님들의 교육을 맡는 무이(無二) 스님이었다. 사명대사를 연구하여 묵직한 연구서도 한 권을 냈다. 스님은 나에게 '영정사 고적(靈井寺古蹟)'이라 쓰인 고문서를 내보여 주었다. 영정사는 사명대사로 인해 표충사로 바뀌기 전의 절 이름이었다. 스님은 오래전 인사동의 한 고서점에서 우연히 이 문서를 찾았다고 했다.

문서에는 이런 기록이 보였다.

> 충렬왕 12년 병술년에 이르러 국사 일연이 해린(海獜)을 이어 머물렀다. 뭇 대중 천여 명이 가득 차 법뢰가 크게 떨치니, 충렬왕이 절을 높여 동방 제일의 선찰이라 불렀다.(至忠烈王十二年 丙戌 國師一然 踵獜而住 衆盈千餘 法雷大振 忠烈陞寺 稱爲東方第一禪刹也)
>
> 『영정사 고적』에서

눈이 확 뜨이는 느낌이었다. 영정사에 네 명의 국사가 머물렀다는 소식을 전하면서 그 세 번째로 일연을 소개한 대목이다.

충렬왕 12년이라면 1286년이다. 이때 일연의 나이 80세, 실은 3년 전 봄 개성에서 국사에 올랐으나 그해 가을 고향으로 은퇴하여 어머니를 모셨고, 이듬해 어머니가 돌아가시자 군위 인각사로 거처를 옮겨 만년을 보내고 있었다. 비문으로만 따지면 일연이 인각사를 떠났다는 기록이 없다. 1289년 83세를 일기로 세상을 마칠 때까지 인각사에 머문 것으로만 되어 있다. 그런데 그사이에 표충사를 다녀갔다는 것일까.

사실 『영정사 고적』은 아리송한 의문점을 가지고 있다. 지은이와 전승 과정을 확실히 알 수 없다. 명백히 믿을 만한 안정감을 갖추고 있지 못하다는 말이다.

　일연의 앞서 있었다는 해린은 고려 초기의 국사인데, 그가 이 절에 주석했다는 다른 기록을 찾기 어렵다. 해린은 해린(海麟)이라고 쓰는 이일 것이다. 문종 10년에 왕사가 되고, 12년에 국사로 봉해졌다. 왕사가 되기 전이었는데, 가뭄이 심하자 궁궐에서 법화경을 읽어 비가 오게 했다는 이야기가 있다. 신이한 이이다. 그가 세상을 떠난 해는 문종 24년이었다.

　일연이 세상을 떠난 이듬해인 1290년에는 천희(天熙) 국사가 이곳에 왔다고 써 있다. 이 기록은 더 이상하다. 천희는 천희(千熙) 또는 천희(千禧)라고도 쓴다. 충렬왕 33년에 태어났고, 공민왕 16년 국사에 책봉되었으니, 1290년과는 거리가 멀다.

　어쨌건 이 문건은 믿음을 주지 못하는 이런 구석이 있어서 조금은 꺼림칙하다.

　그러나 이 기록대로 짧은 기간이나마 일연이 이곳에 머물렀다면 한 가지 풀릴 일이 있다. 앞서 소개한 만어산의 이야기는 일연이 직접 이곳을 찾아서 취재한 것인데, 아마도 표충사에 머물렀으므로 답사가 가능했으리라는 점이다.

　밀양강 아침 햇살을 바라보며 나는 일연이 걸어간 길을 새롭게 그려야겠다고 생각했다.

5

발로 걸어 보고 쓴 것

걷는 일은
대지라는 책을 읽는 것

다쓰노 가즈오가 『문장 닦는 법』에서 말한 '현장 감각'이라는 개념으로 이 장을 시작하였다. 같은 책에서 다쓰노는 '걷는다'는 항목도 설정하여 쓰고 있는데, 그것은 현장 감각의 바로 앞이다. 바로 앞에 둔만큼 둘은 선후의 관계에 놓인다. 다쓰노는 말한다.

> 걸으면 일상의 삶의 세밀한 모습이 보입니다. 그 묘사가 가공의 세계에 생생함을 날라다 준다, 그런 일도 있지요. 에세이나 기록문을 쓰는 경우에도 '생활감 있는 사물의 세밀한 묘사'는 문장에 현실감을 가

져다줍니다. 걸으면 확실히 다리 역할을 해 주는 봉(棒)이 있는 것입니다.

걷는 일은 대지라는 서적을 읽는 것입니다. 대지는 도회의 모퉁이에 피는 냉이나 별꽃의 억셈을 가르쳐 줍니다. 콘크리트 도로를 소리도 없이 적셔가는 단비가 찾아오는 것을 가르쳐 줍니다.

다쓰노 가즈오, 『문장 닦는 법』에서

걸으면서 발견하는 이상의 세밀한 모습이 곧 현장 감각을 일깨우고, 이어서 가공의 세계마저 생생하게 전달받게 한다는 것이다. 그러면서 그는 선언적으로 말한다—.

"걷는 일은 대지라는 서적을 읽는 것입니다."

마지막의 이 말이 참 매력적이다. 대지는 한 권의 책이다. 우리가 걸으면 바로 이 대지를 읽은 일과 같다.

적어도 일연은 걸으면서 이 땅을 읽었고, 아울러 거기서 닦은 현장 감각으로 읽은 이 땅을 글로 옮겼다.

설악산은 그의 나이 13세에서 21세에 걸쳐, 비슬산은 21세에서 43세에 걸쳐 머문 곳이다. 이곳에 머물며, 이곳을 베이스캠프 삼아 주변의 산과 땅을 걸었다. 걸으면서 그는 이 땅을 읽었다. 전쟁에 신음하고, 정권에 시달리는 백성의 모습을 두 눈으로 똑똑히 보았다. 무엇을 써서 남겨야 할 것인가—.

일연은 몸으로 그것을 깨달았다. 그렇지 않고서야 나올 수 없는 책이 『삼국유사』이다.

80세의 노구로도 그는 걸었다. 밀양에 갔고, 거기서 만어산을 올랐다. 신비한 돌 종소리가 정말 나는지 직접 두드리며 체험했다. 인도의 만어산이 밀양의 만어산으로 자연스레 포개져 들어왔다.

일연은 자신의 노트에 그런 생생한 체험을 하나하나 써 넣었다.

걷는 일의 두 가지 양상

걸으면서 체험하는 현장 감각에 대해 다쓰노의 글을 통해 좀 더 정리해 보기로 하자.

다쓰노는 나가이 가후(永井荷風, 1879~1959년)의 명작 『왜나막신』(1915년)을 소개한다. 나가이는 일본 문학사상 근대의 꽃을 피운 다니자키 준이치로(谷崎潤一郎, 1886~1965년)의 정신적 스승으로 알려져 있다.

인·물·보·기 ■

나가이 가후 永井荷風

일본의 소설가, 수필가, 극작가. 다이쇼(大正) 시대의 문학 풍토를 대표하였다. 『지옥의 꽃』, 『꿈속의 여자』, 『아메리카 이야기』 등의 초기작과, 번역 시집 『산호집(珊瑚集)』 등이 있다. ■

가후는 『왜나막신』에서 '감자 가게', '뒷골목의 막과자', '길가의 샘터', '한 줄기의 도부강', '소녀가 타는 샤미센', '영묘(靈廟)를 둘러싼 울창한 숲', '한없이 이어지는 기와지붕' 같은 도쿄의 풍경을 그렸다. 물론 지금은 모두 사라진 것이다. 풍경은 사라지고 말았지만 작가의 묘사는 남아, 다쓰노 같은 지금 사람은 사라지고 만 것을 찾는 기분으로 가후의 『왜나막신』을 펼쳐 드는 것이다.

가후가 걸었던 목적은 무엇이었을까. 그는 걸으면서 절이 많은 동네의 골목길 나무들을 우러르고, 인공으로 만든 운하에 걸려 있는 작은 다리를 보고, "그 스러져 가는 주위의 광경이 내 감정에 조화되어 잠시 내게도 떠나기 어려운 마음을 갖게 한다"라는 체험을 한다. 그러면서 "그런 무용한 감개(感慨)에 빠지는 것이 무엇보다 기쁘다"라고 쓴다.

그렇게 그가 얻어낸 '무용한 감개'는 오늘날 우리에게 무용하지 않다.

프랑스의 배우 장 가방은 이렇게 말했다고 한다.

> 인간은요, 오늘 스프의 맛이 어땠다든지, 오늘은 3시간만 혼자가 되어 어슬렁어슬렁 걸어 보자든지…… 그런 분별없는 일을 하면서, 장사해서 먹을 수 있을 만큼만 벌면 가장 좋다니까요.

산책의 참맛은 이것이 다. 다시 다쓰노의 설명을 들어 보자.

어떤 작가는 깊은 밤부터 아침까지 일을 하고, 정오 가까이에 일어나서부터 산책을 한다. 이때는 일이 머리를 점령하고 있다. 걷는 가운데 등장인물의 목소리가 단편적으로 떠오른다. 걸었기 때문에야 말로 번뜩이는 것이 있다. 산책을 하는 가운데 차례차례 쓸거리가 떠오르고, 집으로 돌아오면 펜을 잡고 한낮부터 다음 날 아침에 걸쳐 60~70매를 써버린다.

하지만 일에서 벗어나 '어슬렁어슬렁 산책'하기가 더 멋지다. 산책 자체를 즐기면서 걸으면 불가사의하게 원기가 용솟음친다.

일을 끊어버리지 못한 채 하는 산책이 있는가 하면, 일을 버리고 어슬렁어슬렁 걷는 산책도 있다. 우리들 일상의 산책은 크게 이 두 가지 형태의 혼합형태가 아닐까. 다쓰노는 다음과 같이 말한다.

> 내 경우도 다만 어쨌건 어슬렁거리는 걷기가 있는가 하면, 머리 어딘가에 원고 쓸 일이 걸려있는 걷기도 있는, 또는 원고의 가물거림을 털어버리려는 걷기도 있습니다. 원고가 잘 써지지 않고, 머리가 혼란스러워 어떻게 할 도리가 없을 때는 책상을 떠나 원고 쓰는 일을 깨끗이 잊고 걷는 데에 바칩니다. 나무들의 우듬지를 바라보면서 넉넉히 심호흡을 합니다. 될 수 있으면 넓은 공원에 가서, 자동차 걱정도 없는 데를 걷습니다.
>
> 다쓰노 가즈오, 『문장 닦는 법』에서

걸으면서 본 것 들은 것, 냄새 맡은 물건 맛본 물건 갖가지가 마음에 남아 있으면, 그것은 언젠가 문장으로 나타난다. 나는 소설가

나 수필가가 아닌 학자조차도 때로 책상을 떠날 준비를 하라고 말하였었다. 책상을 떠나지 못하는 것은 그저 불안한 마음 때문이다. 다쓰노는 이런 재미있는 경험과 습관을 털어놓았다.

걷는다는 일과 '착상'을 낳는 뇌의 움직임에는 상관관계가 있겠지요. 걸으면서 '쓸거리의 힌트가 불쑥 떠오른' 일이 몇 차례 있습니다.

나도 '도리'라는 이름의 애견과 함께 산보를 하면서 문득 어떤 발상이 번득인 적이 있습니다. 책상을 마주하고 있어서는 좀체 떠오르지 않는 재미있는 발상(그리고 자신으로서 생각뿐이었던 것)이 솟구쳐 오른 적이 있습니다. 그런데 써서 간직해 둘 종이도 펜도 없습니다. 급히 편의점으로 뛰어 들어가 볼펜을 사고, 거기서 받은 영수증의 뒷면에 서둘러 써내려 간 적이 있습니다. 그러지 않으면 겨우 떠오른 발상이 녹아서 없어져버리는 노인의 강박관념이 있는 것입니다.

그러면 처음부터 필기구를 가지고 걸으면 좋았을 것 하겠지만, 개와 산책하면서 일부러?, 그렇게 망설여져서, 다음에도 가지지 않고 걷고, 또 번득이고 또 편의점에서 볼펜을 사는 어리석은 짓을 되풀이합니다.

다쓰노 가즈오, 『문장 닦는 법』에서

걸으면 일상의 삶의 세밀한 모습이 보인다. 그 묘사가 가공의 세계에 생생함을 날라다 준다. 착상이란 몸을 움직이는 신체적 자극 속에서 뇌가 덩달아 자극되는 것인지 모른다. 작품만이 아니라 논문도 이런 착상 속에서 힌트를 얻는다. 그러기에 책상을 떠날 준비에 만전을 기하라는 것이다.

걷기와 현장 감각의 함수관계

걷는 일은 대지라는 책을 읽는 것이다. 다쓰노의 이 말을 다시 새기고자 한다.

대지는 도회의 모퉁이에 피는 냉이나 별꽃의 억센 생존력을 가르쳐 준다. 콘크리트 도로를 소리도 없이 적셔가는 단비가 찾아오는 것을 가르쳐 준다. 별꽃과 단비는 별꽃과 단비로 그치지 않는다. 거기서 우리는 우주의 모습과 소리를 듣는다.

걷는 일은 세상의 새로운 냄새, 시대의 공기를 가르쳐 준다. 걷는 일로 생생한 현실의 모습을 눈에 넣고 귀에 들이고, 문장을 쓰는 소재를 얻을 수 있다. 일연의 생애가 거의 걷기로 채워져 있어, 생생한 현실의 모습을 눈과 귀로 잡아냈다. 그러기에 『삼국유사』는 생생하다.

일연도 쓰는 일이 괴로웠던 적이 있었을 것이다. 그는 걸으며 머리를 맑게 했을 것이다. 일부러 걷는 것이 아니라 걸어야 할 그의 운명 때문이었다. 그런데 거기서 그의 심신에 정기(精氣)가 채워졌을 것이다.

다쓰노가 편의점에 뛰어 들어가 볼펜을 사고 영수증 뒷면에 노

미륵사 터 절의 구조가 이렇게 생겼다는 기록은 『삼국유사』에만 적혀 있다. 이 절을 직접 답사해 본 다음의 기록이다. 오늘날 미륵사 유적 발굴의 결정적인 단서를 제공했다.

트를 하듯이, 일연의 노트도 그렇게 움직이는 곳곳마다 보고 들은 것으로 채워졌다. 보고 들으며 다가온 깨달음이었다.

걸으며 현장을 확대하고, 현장에서 보고 깨달은 바대로 걸어가 본 결과가 『삼국유사』이다. 이 함수관계는 무한대로 향한다.

> 미륵상 셋과 회전(會殿), 탑, 낭무(廊廡)를 각기 세 군데에 세운 다음 미륵사라는 편액을 달았다. 진평왕이 온갖 기술자들을 보내 도왔는데, 지금도 그 절이 남아 있다
>
> 「기이」 편, '무왕'조에서

백제 무왕이 창건한 미륵사에 대한 기록이다. 『삼국사기』에는 왕흥사라 한 절이라고 주석까지 달았다. 그러나 『삼국사기』에서는 법왕 2년 봄에 공사가 시작되어, 무왕 35년에 완성되었다는 기록만이 보일 뿐이다. 절의 구조가 이렇게 생겼다는 기록은 『삼국유사』의 이곳에만 적혀 있다. 지금도 그 절이 남았다는 마지막 노트를 보건대, 이 절을 직접 답사해 본 다음의 기록임을 알 수 있다. 오늘날 미륵사 유적 발굴의 결정적인 단서를 제공한 대목이다. 함수관계의 무한대를 보여 주는 한 예이다.

　다만 여기서 왕흥사가 미륵사인지 약간의 의문이 남는다.

　왕흥사에 대해 『삼국사기』는 '강가에 있었는데, 채색으로 웅장하고 화려하게 꾸몄다'라고 묘사한 때문이다. 미륵사의 주변 풍경과는 어울리지 않는다.

제3장 정치적 감각

…… 국사도 당대의 권력이라면 권력이었다. 아니 권력의 핵심 가운데 하나였다. 여든 살을 바라보는 노승에게 평생의 경험은 자연스럽게 정치적인 감각으로 자리 잡아 있었다. 그렇게 만들어진 감각은 그의 '『삼국유사』쓰기'에 모종의 역할을 하고도 남았다. 다만 일연은 정치의 권력화에 빠져들지 않았으며, 권력의 정치화를 경계하였다.

I

'정치적'이라는 말의 의미

국사 일연과 『삼국유사』

우리 역사에서 13세기는 전쟁의 공포로 휘둘리던 시대였다. 무신 정권의 등장으로 내전에 가까운 싸움이 계속되었고, 세계 역사상 최강의 군대인 몽골군과 전쟁을 치렀다. 이어서 몽골의 강압으로 일본 원정에 올라야 했다. 100년을 걸쳐 한 해도 편한 날이 없었다.

이런 시대를 살다간 사람이 일연이었다.

그는 승려였으나, 격랑의 세월 속에서 시대가 주는 특이한 가르침을 온 몸으로 받아냈고, 그것이 『삼국유사』라는 책 속에 오롯이 남아 오늘날 우리에게 생생히 전해진다. 특히 그는 국사(國師)를 지냈는데, 국사가 지닌 역할의 중대한 의미가 그에게서처럼 극적으로 구현된 예를 찾아보기 어렵다. 『삼국유사』는 기실 국사로서 그가 살았던 13세기의 공포가 내포된 기술물이다.

역사의 공포 이면에 정치적 감각은 숨어 있다. 여기서 '정치적'이라는 말은 '세상의 모든 권력에 맞서서 창조적인 삶을 지속시키는 노력'이라는 뜻이고, 일연의 『삼국유사』 저술은 그 의미 선상에 놓여 있다. 그러므로 이 정치는 권력을 잡고 통치하는 현실 정치의 측면이 아니다.

국사였다는 점 하나만으로도 일연은 정치적 인물이었다고 해야 옳다. 충렬왕 9년(1283년) 곧 77세 되던 해 여름, 일연은 국사에 책봉되었다.

고려 시대에는 국사라는 자리 자체가 정치적인 성격을 띠어 있었다. 국가종교로서 불교를 택한 고려는 매우 치밀한 승려 조직을 갖추었고, 국사는 그들을 통괄할 뿐만 아니라, 나아가 나라 사람 모두에게 정신적인 지도자가 되었다. 이에 대해서는 다음 절에서 자세히 쓰기로 한다.

일연을 국사에 임명하면서 충렬왕은 다음과 같이 말한다.

우리 선왕들이 높은 이를 왕사로 삼았으며, 더욱 높은 이는 국사로 삼았거니와, 내가 덕이 없다고 홀로 그럴 수 없겠는가. 이제 운문화상(雲門和尙 : 일연을 가리킴)은 도와 덕이 높고 성대하여 사람들이 모두 우러르는 바이다. 어찌 나만 홀로 자애로운 은택을 입겠는가. 마땅히

온 나라와 더불어 함께하여야 할 것이다.

민지(閔漬) 찬, 「보각국존 일연 비문」에서

왕사 위에 국사이고, 국사는 온 나라와 더불어 함께한다는 점을 명확히 하였다. 그것이 곧 국사로서 해야 할 정치적인 임무였다. 일연 또한 그 임무를 일정 부분 수행했다. 그러면서 그에게는 어떤 정치적 감각이 만들어졌을까.

일연의 생애에서 정치적 도정

거슬러 올라가 보면 일연은 일정한 정치적 자장 속에서 활동하였다. 그것은 자의에 따른 행동이라기보다 시대와 사회가 준 짐이었다.

국사가 되기까지 그의 생애에서 이를 추정할 네 가지만 추려 본다.

첫째, 그의 나이 43세에 정안(鄭晏)의 초청으로 경상도 남해의 정림사(定林社) 주지가 된다. 고종 36년(1249년)의 일이다. 일연으로서는 세상에 나간 첫 나들이였다.

그런데 정안은 최이(崔怡)의 장인이었고, 정치적인 풍파에 휩싸이다 귀양길에 죽음을 당한다. 1251년이었다. 일연이 남해에 간 지 2년 뒤이다. 어찌 된 영문이었을까.

하루는 정안이 문생들과 모여 시국을 의논하고 있었다.

"사람의 목숨은 지극히 중한 것인데, 최 영공(崔令公)은 어째서 사람 죽이기를 이와 같이 하는가."

최 영공이란 최항(崔沆)을 말한다. 최이의 아들로 최씨무신정권의 3대째 집권자였다. 사실 정안은 최항의 외삼촌 격이었다. 격이었다고 하는 것은, 정안의 누이가 최이와 결혼하였으나 후손을 두지 못한 채 죽었고, 항은 최이가 기생의 몸에 의탁하여 낳은 아들이기 때문이다. 정권의 말로라고나 할까, 어쨌거나 일족인 정안조차 최항의 무도한 정치에 염려를 표하고 있다.

그런 뒤였다. 다시 문생들이 모여 "전날의 말씀이 정말 옳다"고 하였는데, 밖에 있던 종이 그 말을 듣고 최항에게 일러바쳤다. 최항은 크게 화를 냈다.

"정 공(鄭公)이 본래 딴 마음이 있어 내가 하는 일을 비방하는 것이니, 장차 난을 꾸밀 것이다."

드디어 정안에게 백령도 유배의 처벌이 따랐다. 그러나 그것으로 끝이 아니었다. 최항은 조금 뒤에 사람을 보내 아예 물에 빠뜨려 죽였다. 재주가 뛰어나고 불교를 아꼈던 이의 아까운 죽음이었다. 무엇보다 일연을 알아 준 첫 사람이었는데, 일연으로서는 겨우 얻은 후원자를 2년 만에 잃고 만 셈이었다.

일연으로서는 간접적으로나마 정치의 쓴 맛을 본 첫 경험이었다.

둘째, 일연의 나이 55세에 원종의 초청으로 강화도로 올라간다.

선원사 터 일연의 비문에서는 '선월사에 머물며 개당하고, 멀리 목우화상의 법을 이었다'고 하였다. 선월사는 지금 선원사인 듯하며, 목우화상은 지눌이다.

원종 2년(1261년)의 일이다.

이 일은 보다 복잡한 설명을 필요로 한다. 이 무렵 최씨무신정권이 끝나고 왕정복고 속에 새로운 무신정권이 들어서 있었다. 새로운 정권은 새로운 불교 세력을 원했고, 일연은 그 일원으로 낙점을 받았다. '정치적 차원에서 불교계를 통솔하기 위해 취한 조처'였다고 보는 것이 일반적인 학계의 견해이다. 이는 매우 사실에 가깝다고 할 것이다. 무인정권이 끝난 이듬해 곧 1259년에 일연이 선승의 최고위직급인 대선사(大禪師)에 오르는 것도 이와 관련 없지 않다.

그런데 일연의 비문에서는 '선월사에 머물며 개당하고, 멀리 목우화상(牧牛和尚)의 법을 이었다'고 하였다. 이것이 문제의 대목이다.

선월사는 지금 강화도의 선원사인 듯하며, 목우화상은 지눌(知訥)이다. 지눌의 제자들이 최씨정권과 긴밀히 연결되어 있었고, 그들을 정리하고 들여야 할 자리로 일연은 초청되었는데, 왜 일연이 지눌의 법을 이었다고 하는가. 앞뒤가 확연히 풀리지 않는 이 대목은 여전히 학계의 과제이다.

일연은 불교와 정치가 만나는 자리에 한발 가까이 간 것일까. 다만 일연은 남쪽으로 돌아가기를 거듭 청하여 결국 3년 만에 낙향하고 만다.

전쟁 그리고
국사의 자리

셋째, 그의 나이 75세에 일본 원정을 떠나는 여몽연합군(麗蒙聯合軍)의 진영에 합류한다. 충렬왕 7년(1281년)의 일이다.

전대미문(前代未聞)의 대규모 원정군을 꾸려야 하는 고려의 상황은 매우 절박했다. 경제적인 부담은 말할 나위 없거니와, 바다 건너 적진을 향해 쳐들어 가야 하는 병영에는 긴장과 공포가 감돌았을 것이다.

왕이 몽골의 수도인 북경에 들어가 전쟁 준비를 명령 받은 것은 그 한 해 전 8월이었다. 한패는 몽골·고려·한인(漢人) 군사 4만 명

몽골군의 내습 피폐할 대로 피폐해진 고려의 상황에서 또 다른 전쟁 준비는 죽음이나 다름없었다. 사진은 도쿄박물관이 소장하고 있는 일본군과 몽골군의 전투 장면 그림이다.

을 거느리고 합포를 출발하며, 다른 한패는 만군(蠻軍) 10만 명을 거느리고 중국의 강남(江南)을 출발하여, 모두 일기도(一岐島)에 모여 두 곳 군사가 다 모이거든 바로 일본 성 아래로 들어간다는 것이었다. 일기도는 일본의 본토를 바로 앞에 둔 섬이다. 왕은 직접 합포에 가서 군사를 검열해야 했다.

합포는 지금의 마산이다. 9월에 북경을 떠나 개성으로 돌아온 충렬왕은 7품 이하의 현직·전직 관원으로 정벌에 나갈 수 있는 사람들을 검열하였다. 그러나 사정은 원활하지 않았다. 몽골에 보낸 보고서에는 다음과 같은 대목이 나온다.

제3장 | 정치적 감각 **177**

소국에서 이미 병선 900척과 군사 1만 명, 사공과 수부 1만 5,000명을 준비하였으며, 군량은 중국 석수(石數)로 계산하여 11만 석(碩)이고, 기계까지도 모두 준비되었으니, 행여 힘을 다하여 성상의 은덕에 보답하고자 합니다. …… 소국은 여러 해 흉년이 들어 백성이 먹을 식량이 모두 모자라고, 현재의 군량 7만 727석을 제외하면 공사간에 모두 고갈되어 있는데, 중앙과 지방에서 거두어들여 대략 4만 석을 준비하였으니, 이 이상은 제공하기 어렵습니다.

『고려사절요』, 충렬왕 6년에서

900척의 배에 동원 인원은 2만 5,000명, 군량미는 11만 석이며, 더 이상 어렵다는 것이다. 이는 결코 엄살이 아니었다. 이미 충렬왕 1년인 1275년에 1차 침공을 치렀고, 그것은 몽골과의 수십 년 전쟁 끝의 일이었다. 피폐할 대로 피폐해진 고려의 상황에서 또 다른 전쟁 준비는 죽음이나 다름없었다.

사실 몽골은 1268년부터 벌써 전쟁을 준비시켰다. 최씨무신정권을 물리친 이장용(李藏用)이 몽골에 들어가 황제와 나눈 대화에는 이런 대목이 나온다.

"우리나라가 옛날에는 4만 군사가 있었으나 30년 동안 전쟁과 역질(疫疾)로 거의 다 죽고, 비록 백호 천호라 하지만 이름뿐입니다."

"죽은 자도 있겠지마는 산 사람은 없는가. 너의 나라에도 부녀자가 있는데 어찌 출생하는 사람이 없겠는가. 네가 늙고 일에 어두워서 함부로 말하는 것이 아닌가."

"우리나라가 성은(聖恩)을 입어서 군사를 파한 이래로 생장한 자가 있으나 겨우 10살, 9살입니다."

『고려사절요』, 원종 9년에서

새로 태어난 아이들이 이제 장정으로 컸으리라는 몽골 황제의 치밀한(?) 계산 앞에 이장용은 아연할 수밖에 없었다.

일연은 연합군이 일본으로 출발하기 직전인 4월 경주로 갔다. 왕에게는 위로를 병사에게는 용기를 주어야 할 임무가 그에게 떨어졌다. 이것은 단순히 종교적인 차원이 아니었다. 일종의 정치적인 임무였다.

일연은 76세에 개성으로 올라가 광명사(廣明寺)에 머문다. 충렬왕 8년(1282년)의 일이다. 55세에 이은 20년 만의 두 번째 서울행이다. 물론 첫 번째 때는 강화도였으나, 사정 또한 그사이에 완연히 달라져 있었다. 일연은 불교계를 대표하는 가장 정치적인 인물이 되었다. 왕은 내전으로 일연을 불러들이기도, 광명사로 찾아가기도 하였다.

견명(見明)을 내전에서 맞았다.(『고려사』, 충렬왕 8년 10월)

왕과 공주가 광명사에 행차하여 견명을 방문했다.(『고려사』, 충렬왕 8년 12월)

견명은 일연의 출가 전 이름이다. 다음 해 봄, 왕은 드디어 일연을 국사에 임명하였다. 그러나 국사가 되어 책봉식을 마친 여름이 지나고 가을이 되자, 일연은 '어머니가 늙었다'는 이유로 하산을 청해 다시 낙향하였다.

이 일련의 일은 일연의 성정(性情)을 살피는 데 긴요하다.

43세의 일연은 아직 촌승(村僧)에 지나지 않았다. 그에게 정림사 주지는 일자리였을 뿐이다. 그런데 일연의 후원자인 절의 주인이 당대 권력의 핵심에 있었고, 그런 그가 정치적 바람을 타고 비참한 일생을 마감했을 때, 일연이 받은 충격은 상당했으리라 보인다. 한편, 55세의 일연은 승려로서 기반을 닦은 다음이었다. 이는 세속적인 의미가 아니다. 고승의 반열이 눈앞에 와 있었던 것이다. 그를 필요로 하는 세상에 할 수 없이 응하나 곧 그 자리를 피하고 말았다. 그리고 76세의 일연은 더 피할 수 없이 정치의 중앙에 들어서게 되었다. 국사가 되었다는 것은 그 상징적인 사건이다. 하지만 또다시 낙향, 이 일이 도리어 주변 사람을 놀라게 하였다.

두 번의 부경(赴京)과 두 번의 낙향(落鄕)은 무엇을 말하는 것일까. 경상도 일대를 무대로 활동하던 촌승이 중앙의 정계에 얼굴을 내민 것은 시대의 분위기가 그렇게 만들었지만, 일연 본디의 성정은 거기에 적극적이지 않았던 것만 같다.

물론 이것을 보다 고도의 정치적인 행동이라 볼 수도 있다. 낙향은 외면이요 부경은 실속이다.

정치와
정치적이라는 말

그러나 현실 정치와 삶 속에 얽혀드는 정치는 구분할 필요가 있다. 우리는 누구나 정치적 자장 속에서 산다. 다만 현실 권력을 추구하는 정치와 그것은 다르다.
　여기서 이제부터 쓸 '정치적'이라는 말의 사용 범위를 밝혀야겠다.
　먼저 이 글은 일연의 정치 사상을 알아보자는 목적으로 쓰이지 않았다. 일연이 국사라는 위치에서 정치적인 행위를 하지 않을 수 없었지만, 삶과 시대적인 분위기 속에 자연스럽게 형성된 그의 정치적 감각이 어떤 것이었는지, 그래서 그의 '『삼국유사』 쓰기'에 어떻게 조타수(操舵手) 역할을 하였는지 밝혀 보겠다는 것이다. 곧 현실권력의 추종으로서 일연의 생애를 살펴보는 데 목적이 있지 않다는 것이다.
　이와 비슷한 개념을 찾기 위해 한 편의 글을 원용하기로 한다. 이시영이라는 시인의 시를 분석하면서 평론가 정남영은 다음과 같이 '정치적'이라는 말을 썼다.

　　나는 이시영의 시가 가진 힘 그 자체를 일종의 정치적 힘으로서 부각시키려는 것이다. 이 힘은 일반적으로 말하는 '정치'가 가진 힘, 즉 권력과는 아무런 관계가 없다. 오히려 이 힘은 이 세상의 모든 권력에 맞서서 창조적인 삶을 지속시키는 노력의 바탕이 된다. 권력에 맞서기 때문에 정치적이지만 권력으로서 맞서는 것은 아니기에 전통적인 의미에서 '정치적'이지는 않다.

정남영,「이시영의 시와 활력의 정치학」,『창작과 비평』146에서

권력과 관계없으나 권력에 맞선다는 뜻에서 쓴 '정치적'이라는 용어이다. 바로 이 글에서 쓸 '정치적'의 개념이다.

그러므로 인용문을 이용해 말을 바꾸자면, 여기서도 '세상의 모든 권력에 맞서서 창조적인 삶을 지속시키는 노력'으로서 일연의 정치적 성향을 규정하려 한다. 그의 부경(赴京)은 정치를 향한 속내가 아니며, 낙향(落鄕)에 중요한 방점을 찍기로 한다. 그리고 그것은 『삼국유사』 저술'에 적절히 반영되어 있다.

일연의 정치적 인식과 성향이 『삼국유사』의 저술에 어떻게 드러났는가. 그것은 곧 『삼국유사』의 서술방법을 알아보는 일의 요체이기도 하다.

다만 일연은 정치의 권력화에 빠져들지 않았으며, 권력의 정치화를 경계하였다. 국사에서 은퇴하여 낙향한 것은 이렇게 이해된다. 그는 『삼국유사』의 편찬으로 세상과 권력에 대해 삶의 메시지를 던졌을 뿐이다.

2

국사라는 자리

일연의
롤 모델로서 원광

국사나 왕사가 제도적으로 확립된 것은 고려에 와서였다. 더러 신라에서도 이 말을 쓰지 않은 것은 아니나, 명예나 존경의 표시 정도에 머물렀다. 제도가 되자 왕사나 국사에게는 일정한 정치적 의미가 따라 붙었다.

　스님을 뜻하는 글자로 사(師)를 쓴 것은 이미 중국에서 시작한 전통이다. 좀 더 높여서 대사(大師)라는 말이 생기거니와, 이 밖에 승계를 정할 때 왕사(王師)니 국사(國師)가 나오고, 선종의 승려에게는 선사(禪師)를 따로 쓰기도 하였다. 그 밖에 법사(法師), 율사(律

師), 성사(聖師) 등도 결국 '사'를 바탕으로 만든 말이다.

'사'란 곧 스승이다. 스승이 여러 종류이지만, 스님에게 스승이란 뜻의 이 글자를 쓴 것은 스님의 역할 가운데 무엇보다 교육적인 그것을 중요시 여긴 까닭이라 하겠다.

우리나라에서도 이 같은 전통은 불교가 수입된 이후 바로 시작되었다. 그 가운데 가장 먼저 눈에 띄는 이가 원광(員光)이다. 단지 불교만이 아니라 뭇 사람의 사표(師表)가 될 만한 일을 그는 했기 때문이다. 바로 세속오계(世俗五戒)를 두고 하는 말이다.

원광이 세속오계를 만든 경위는 『삼국사기』의 「열전」에 나온다. 김부식은 「열전」 가운데 귀산(貴山)에 대해 썼는데, 『삼국유사』도 이를 인용하며 좀 더 자세한 소식을 전해 준다.

귀산은 사량부(沙梁部) 사람이었다. 같은 마을의 추항(箒項)과 함께 '사군자(士君子)와 더불어 지내기로 하면서, 먼저 마음을 바로 하고 몸을 닦지 않는다면 욕되게 되지 않을까 두려우니, 현명한 이의 곁에서 도(道)를 묻자'고 다짐한다. 그들은 어디까지나 '현명한 이'에게서 '도를 묻자'는 의도였다. 여기서 '현명한 이'로 '원광법사'가 선택된다.

원광은 그들에게 다음과 같이 가르쳤다.

불교에는 보살계가 있고 따로 열 가지가 있다. 자네들은 남의 신하가 된 몸으로 감당할 수 없을 듯싶다. 그래서 세속오계를 주노라. 첫째, 임금을 섬기되 충성으로 할 것이요 둘째, 부모를 섬기되 효성스럽게 할 것이요 셋째, 친구와 사귀되 믿음으로 할 것이요 넷째, 싸움에 나가서는 물러서는 일이 없을 것이요 다섯째, 산 것을 죽이되 가려 해야 할 것이다. 자네들은 이를 행하고 소홀히 하지 말라.

「의해」편, '원광서학'조에서

　원광의 가르침은 유교의 삼강오륜과 또 다른 의의를 지닌다. 뜻하는 바가 더 구체적이고, 유교와 불교의 덕목을 하나로 합쳤으며, 이 나라에서 이 나라 스승의 손으로 만들어졌기 때문이다. 세 번째의 이 오리지널리티야말로 무엇보다 자랑스럽다.
　우리 역사에서 이만한 가르침의 덕목은 원광 이전에 만든 이가 없었고 이후에도 없다. 일연에게는 그런 원광이 승려로서 한 사람의 롤 모델이었다.

세속오계를 만든 나라의 스승

그렇다면 원광은 누구인가? 일연은 당나라의 『속고승전(續高僧傳)』에 실린 원광의 전기를 가져왔다. 그 첫 대목에 "신라 황룡사의 승려 원광(圓光)은 속성이 박(朴)씨이다. …… 집안이 해동에서는 대대로 뿌리가 깊었으며, 타고난 그릇이 넓디넓고 글짓기를 좋아하였다"는 소개가 나온다. 기실 이 소개만으로 원광의 자세한 출생담을 알기 어렵다.

그나마 『삼국사기』에서는 진평왕 11년(589년) 3월, 진(陳)에 들어가 불법을 탐구하였다는 소식밖에 알려 주지 않는다.

일연은 『속고승전』 외에 『수이전』을 통해 그의 생몰연대를 추정할 자료를 나열하였는데, 연대 차이가 많이 난다. 이를 표로 정리해 보면 다음과 같다.

	『삼국사기』	『속고승전』	『수이전』
유학	진평 11(589년)	25세에 도중(渡中), 오월(吳越)에서 공부를 마치고 589년 수(隋)의 서울로 감.	34세(589년)
귀국	×	×	45세(진평 22 : 600년)
사망	×	99세 ①건복 58(636년) ②정관 14(640년)	84세(639년)
생년 (추정)	×	①536년 ②541년	556년

이 표에 따르면 그가 태어난 해와 죽은 해는 세 가지로 나뉜다. 누린 해도 99세와 84세로 두 가지이며, 99세가 되는 해에 대해 또 두 가지 설이 있다. 심지어는 정관 4년을 『삼국유사』에서 일연이 14년으로 고쳐 놓고 있지만, 그래도 다르기는 마찬가지이다.

결론은 정확하지 않다는 것이다.

심지어 일연조차 마지막에 "정관(貞觀) 연간에 나이 80여 세로 돌아가셨다"는 두루뭉술한 표현으로 마감하고 만다.

이런 와중에 『화랑세기』의 기록이 새로운 논란을 불러일으켰다. 뜻밖에 이 책은 원광의 아주 자세한 출생담을 남겨 놓았다. 원광은 바로 『화랑세기』의 저자 김대문의 큰 증조 할아버지인 것이다.

김대문의 집안은 제1대 풍월주 위화랑으로부터 화려한 화랑 집안의 전통을 만들었다. 이에 대해서는 앞서 김대문을 소개하며 자세히 설명하였다. 여기서는 원광의 탄생을 중심으로 좀 더 살펴보기로 한다.

위화랑의 아들 이화랑은 준실부인이 낳았다. 준실부인은 수지공의 누이이고 자비왕의 외손으로 얼굴이 예쁘고 문장을 잘하였다. 부인은 처음에 법흥왕의 후궁이 되었다. 그러나 아들이 없었다. 결국 왕을 떠나 위화랑과 결혼하였다. 거기서 낳은 아들이 이화랑이다. 이런 결혼이 성립할 수 있는지 우리로서는 자세히 알 길이 없다. 지금 우리가 보고 있는 『화랑세기』를 진짜로 믿고 신라 왕실의 특이한 결혼 풍속을 확인할 뿐이다.

이화랑 또한 얼굴이 잘생기고 문장을 잘하였다. 그래서 지소태후가 총애하여 항상 곁에서 모시고 있게 하였다. 지소태후는 법흥왕의 부인이다. 태후에게는 숙명공주라는 딸이 있었다. 이 딸이 이

화랑을 좋아하여 둘이 함께 도망하여 아들을 낳았다. 이이가 바로 원광이다. 그러므로 원광은 바람난 공주의 아들인 셈이다. 또 다른 아들이 보리공인데, 김대문의 증조(曾祖)이다. 그러니까 원광은 김대문의 큰 증조가 된다.

여기까지는 위화랑에 대한 기록에서 뽑은 것이다. 이화랑 대목에 가면 우리는 바람난 공주의 보다 자세한 정황을 알 수 있다.

숙명공주는 본디 진흥왕에게 시집을 갔다. 태후의 후견을 업고 왕의 총애를 받았는데, 그것을 믿고 제멋대로 굴더니 태자를 낳아 황후로 봉해지자 더욱 꺼리는 바가 없었다. 그런데 공주의 눈길이 그만 이화랑에게 꽂히고 말았다. 남몰래 이화랑과 자주 만나더니 덜컥 아이를 가졌다. 왕이 숙명공주의 침실에 간 적이 없었는데도 임신하였으므로 누구의 아이인지는 자명했다. 드디어 숙명공주는 이화랑과 함께 도망하였던 것이다.

진흥왕으로서는 차라리 잘된 일이었다. 사실 숙명공주를 향한 그의 마음은 진정한 사랑이 아니었기 때문이다.

어머니의 바람기로 태어난 아들 원광, 그의 출가는 이런 출생의 비밀과 왠지 이어져 보인다.

생각을
푸른 하늘에 두고

생몰연대 등은 불명확하지만 원광이 유학한 때는 기록마다 차이를

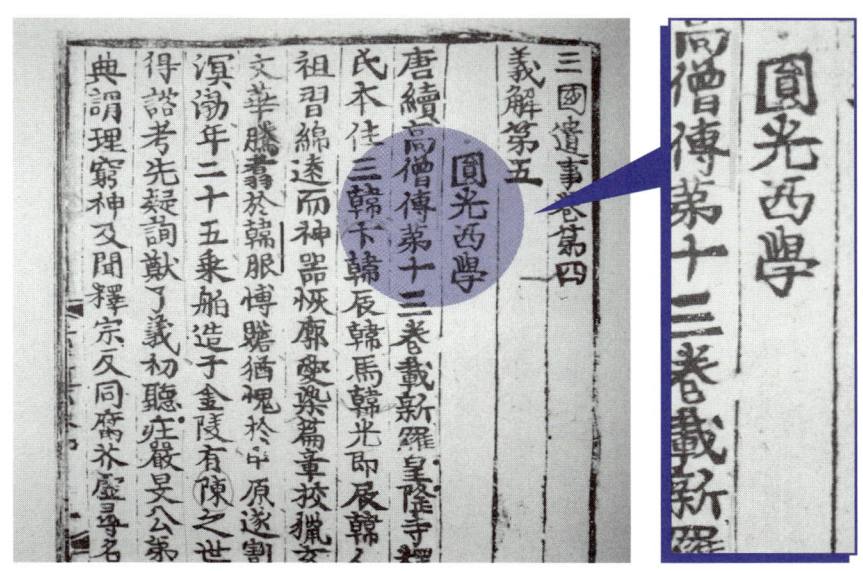

「삼국유사」원광서학 원광은 "평소 세상의 경전에는 익숙해 이치를 궁구하는 데는 신통하다는 말을 들었지만, 불교 공부를 하자 도리어 썩은 풀 같았다"고 말한다.

보이지 않는다. 『삼국유사』가 말한 진평왕 11년(589년)을 기준 삼을 수 있으며, 이때의 나이는 『수이전』에서 말한 34세가 근사할 것 같다. 『속고승전』에서는 25세에 진(陳)에 도착하였다고 하나, 이어 남쪽 지방인 오월(吳越)에서 공부를 마치고 589년 북쪽 지방의 공부를 하기 위해 수(隋)의 서울로 왔다고 했는데, 589년을 34세로 보아 무리가 없을 듯하다.

원광의 공부는 화려하기 그지없다. 그는 먼저 도교와 유교를 두루 섭렵하고, 경전과 역사서를 함께 연구하여, 명성이 벌써 유학하기도 전에 신라에서는 높았다. 그러나 학문의 본토로 가고 싶었다. 스스로 우물 안 개구리라 여겼던 것이다. 그런데 장엄사(莊嚴寺) 민공(旻公)의 제자에게 공부하면서 원광은 근본적인 변화를 보인다. "평소 세상의 경전에는 익숙해 이치를 궁구하는 데는 신통하다는 말을 들었지만, 불교 공부를 하자 도리어 썩은 풀 같았다"는 것이다. 그는 불교에 귀의한다.

> 『성실론(成實論)』과 『열반경(涅槃經)』을 터득해 쌓은 것을 마음속에 두고, 삼장(三藏)의 불교론을 두루 찾아 탐구하였다. …… 염정(念定)을 이어 나가고 각관(覺觀)을 잊지 않아 …… 4함(含)을 두루 섭렵하고 8정(定)에 공을 들여, 세상의 선함을 쉽게 풀이하고 정직한 마음에 어그러짐이 없었다.
>
> 「의해」편, '원광서학'조에서

이는 원광이 공부한 차례이다. 가장 기본적인 경전의 공부에서부터 수행에 이르기까지 빠짐이 없다.

염정은 정념(正念)과 정정(正定)을 합친 말이다. 참된 지혜로 정도를 생각하고 산란해지지 않는 상태들이다. 각관의 각(覺)은 총체적인 사고, 관(觀)은 분석적인 사고를 이른다. 그리고 4함은 4아함경의 준말이다. 아함경은 일체의 소승불경이다. 8정은 팔선정(八禪定)의 준말이다. 색계의 4선정과 무색계의 4공정(空定)을 합친 것이다.

이만한 공부가 이루어졌으니 생각을 푸른 하늘 위에 두고 세상일에서 멀리 떠나고자 했다. 아예 귀국하지 않고 중국에서 살려 결심했다.

그러나 해야 할 공부를 모두 마치자 제 나라에 가서 도를 펼쳐야겠다고 생각을 바꾸었다. 특히 본국에서도 멀리 소문을 듣고 귀국을 재촉했다. 그가 유력한 왕족이기에 그 같은 요구는 더 강했으리라 보인다. 원광이 여러 해 만에 돌아오자 노인 아이 모두 기뻐하고, 왕이 만나 보고 마치 성인을 대하듯 경건히 우러러 모셨다고, 『삼국유사』는 쓰고 있다. 원광은 적어도 1년에 두 번씩 강설해 후학들을 양성했고, 시주받은 재물은 모두 절 짓는 데 쓰게 했다. 남은 것은 오직 가사와 바리때뿐이었다. 위대한 스승의 최후이다.

그런데 원광과 관련하여 가장 흥미로운 이야기는 『수이전』에 실려 있다. 지금 이 책은 없으나, 『삼국유사』에 인용된 것을 통해 접할 수 있는데, 원광이 설(薛)씨라 하고, 그의 나이 34세에 겪은 일 하나를 소개하였다.

한 비구가 원광이 있는 곳에서 멀지 않은 곳에 따로 암자를 짓고 주술(呪術)을 닦고 있었다. 그런데 문득 신(神)의 목소리가 원광을 불렀다. 비구의 행실과 수행이 나쁘니 거처를 옮기라고 전해 달라는 것이었다. 원광이 그대로 따랐더니 비구는 '지극히 수행한 사람도 마귀의 현혹에 걸리는군. 법사는 어찌 여우 귀신의 소리에 걱정하시는가?'라고 하며 들은 체도 않았다. 도리어 원광이 수모를 당한 꼴이었다.

이에 대한 신의 형벌은 가혹했다. 밤중에 벼락같은 소리가 나더니, 날이 밝아 살펴보자 산이 무너져 내려 비구가 살던 암자를 덮어 버렸다. 대체 이 신의 정체는 무엇일까? 의아해 하는 원광에게 신은 자신이 세상에 산 지 거의 3,000년이요 신령스런 술법이 한창이라 말한다. 그러면서 '자리(自利)만 행하고 이타(利他)의 공이 없으면, 지금에는 높은 이름을 떨치지 못할 것이요, 나중에는 좋은 결과를 얻지 못할 것'이라며, 중국에 가서 더 공부하고 큰 공덕을 쌓으라고 말한다. 사실 그것은 원광이 바라던 바였다. 그러나 당시 신라로서는 백제와 고구려가 막고 있어 중국 유학이 쉽지 않았다. 신은 원광에게 그 방법을 자세히 가르쳐 주었다.

결국 원광의 중국 유학은 이 신의 도움 덕분이었다. 다시 묻거니와 이 신은 누구일까? 적어도 불교의 신인 것 같지는 않다. 이는 신라의 고유 신앙과 불교의 접목을 절묘하게 설명하는 이야기 속에 나오는 신라 특유의 캐릭터 아닐까. 거기에 신라 불교의 특징이 오롯이 담겨 있다.

일연은 "당나라와 우리나라의 두 전기의 글에서, 성씨가 박(朴)과 설(薛) 그리고 출가(出家)가 우리나라와 중국으로 나와 마치 두 사람처럼 보인다. 분명히 정할 수 없어서 두 가지 모두 둔다"라고 하였다. 나 또한 이 차이점에 대해 분명히 밝힐 수 없어 그대로 두자 한다. 분명하기로는 "원광의 다음에는 발꿈치를 밟으며 서쪽으로 공부하러 간 이가 많이 나왔다. 곧 원광이 길을 연 것이다"는 일연의 마지막 언급이다.

원광에 대해 한마디로 '길을 연 사람'이라는 평가를 내리고 있다. 길을 연 민족의 스승 원광이다. 일연은 이런 원광을 자신의 롤 모델로 삼았다.

광종의 국사제도 운영
그 빛과 그림자

승려가 스승의 자리에 들어선 다음 더욱 발전하기로는 고려에 와서였다. 왕사와 국사제도가 그것의 하나이다.

이규보(李奎報)는 "대개 왕사라는 것은 다만 한 임금이 본받는 것이요, 국사라는 것은 곧 한 나라가 의지하는 것이다"라는 말을 했다. 이것이 왕사와 국사에 관한 가장 일반적인 뜻이라 할 수 있다.

이규보의 이 말은 불교의 틀이 완전히 갖춰지고 국가 종교로서 기능을 수행하는 고려에 와서야 가능하다. 신라 때에도 왕사니 국사라는 말을 쓴 것처럼 보이나, 이는 고려에 와서 신라의 불교나 역사를 정리하면서, 고려가 만든 개념의 용어를 소급해서 적용했다고 보아야겠다.

화쟁(和諍)국사는 원효요, 원교(圓敎)국사는 의상이고, 선각(先覺)국사는 도선이다.

물론 중국에 왕사와 국사의 제도가 있었으므로, 신라 또한 일찍 감치 이 용어를 가져다 쓰기는 했지만, 용어를 쓰는 만큼 제도적으로 완비된 체계를 갖추지는 못했다. 도와 덕이 높은 승려에게 존경의 뜻으로 국사라 하거나, 왕의 개인적인 필요성에 의해 스승으로 모시는 뜻에서 왕사라 하는 경우가 신라에서는 일반적이었다.

제도적인 정비는 고려에 들어서도 제4대 광종(光宗) 대에 와서야 이뤄졌다.

원종(元宗)대사라고 부른 찬유(璨幽)가 광종 9년까지, 법명을 잘 모르는 혜거(惠居)국사가 19년에서 25년까지, 법인(法印)이라는 시호를 받은 탄문(坦文)이 26년부터 국사를 지냈다.

그러므로 제도가 만들어진 다음 고려의 최초의 국사는 찬유스님이었다. 드디어 우리나라에서도 승려가 국사라는 이름의 최고 스승 자리에 본격적으로 서기 시작하였다.

광종은 여러모로 중요한 의미를 갖는 고려 초기의 왕이다. 그는 제도를 갖추는 데 남다른 능력을 발휘했다.

먼저 손에 꼽히는 것이 과거제도의 실시이다.

문무 양반 제도를 받아들인 고려 정부는 신라의 골품제 같은 계급의 단절을 없앴다. 육두품은 성골과 진골의 영역으로 진입할 수 없는 것이 신라 골품제의 가장 큰 특징이었다. 그러나 고려는 종9품 가장 말단에서 정1품 최상급까지 트여 있었다. 물론 이것이 현실로 실현되지는 않았다. 종9품으로 시작한 하급 관리가 죽기 전에 정1품까지 올라가기란 거의 불가능했다. 그러나 어쨌건 이론적으로는 열려 있었다.

여기에 과거제도를 통해 관리를 뽑는 객관적인 기준을 마련하였다. 과거는 집안으로 계급이 세습되는 것을 근본적으로 막는 제도이다. 과거의 합격 여부와 그 성적에 따라 처음 계급이 주어졌다.

물론 음서제도를 두어, 급격한 변화에서 오는 기존 세력의 불만을 막는 장치가 있기는 하였다.

결론적으로 과거제도는 기득권층의 권력이 자동적으로 세습되는 것을 막고, 왕의 통치 범위를 확대하려는 의도에서 시행되었다고 보아야 한다. 대단히 정치적인 제도이다.

국사 가운데 한 사람 보조국사 지눌의 영정. 그는 살아서 국사에 오르지 않았으나 죽은 뒤 추증되었다.

같은 선상에서 국사제도를 설명할 수 있다.

고려는 불교 국가였고, 승려의 지위와 집단 파워는 상당하였다. 왕으로서는 이에 대한 적절한 통제가 필요했다. 이것이 제도 마련의 현실적인 목적이었다. 과거제를 통해 관료 집단의 통제 틀을 마련했다면, 국사제는 승려 집단에 대한 같은 기능을 가진 제도였다.

고려 시대에 임명된 국사의 이름을 표로 보이면 다음과 같다. 모두 18명의 국사 가운데 일연이 열한 번째이다.

법명	시호	종파	재위 기간
찬유(璨幽)	원종(元宗)대사	선종	광종 ?~광종 9년
지□(智□)	혜거(惠居)국사	선종	광종 19년~광종 25년
탄문(坦文)	법인(法印)	화엄종	광종 26년
?	홍법(弘法)	선종	목종
법경(法鏡)	대지(大智)국사	유가종	덕종 1년~?
결응(決凝)	원융(圓融)국사	화엄종	문종 1년~문종 7년
정현(鼎賢)	혜소(慧炤)국사	유가종	문종 8년
해린(海麟)	지광(智光)국사	유가종	문종 12년~문종 24년
담진(曇眞)	혜조(惠照)국사	선종	예종 9년~?
덕연(德緣)		유가종	인종 1년~?
일연(一然)	보각(普覺)국존	선종	충렬왕 9년~충렬왕 15년
혜영(惠永)	홍진(弘眞)국존	유가종	충렬왕 18년~충렬왕 20년
경의(景宜)	원혜(圓慧)국통	천태종	충렬왕 21년~?
정오(丁午)	무외(無畏)국통	천태종	충숙왕 1년~충숙왕 5(?)년
미수(彌授)	자정(慈淨)국존	유가종	충숙왕 11년~충숙왕 14년
천희(千熙)	진각(眞覺)국사	화엄종	공민왕 16년~공민왕 20년
보우(普愚)	원증(圓證)국사	선종	공민왕 20년~우왕 8년
혼수(混修)	보각(普覺)국사	선종	우왕 9년~태조 1년

왕사와 국사가 지닌
정치적 의의

왕사와 국사는 구체적으로 어떤 일을 하였는가. 고려 전기에는 왕사가 실질적인 업무를 맡고, 국사는 상징적인 의미를 띠는 자리였다. 보통은 왕사로 임명되어 일하다가, 국사의 자리에 오르면 대부분 하산하고 있다. 그러나 고려 후기는 국사가 더 실질적인 활동을 하였다. 인각사에 하산하여 있으면서도 구산문도회(九山門都會)를 두 번씩이나 연 일연이 그 좋은 예이다.

통상 왕사는 국왕의 명령으로 법회를 주관하고, 축수, 기우제, 치병의 의례 그리고 과거시험에서 승과(僧科)를 주재하도록 했다.

특히 기우제에 대한 여러 기사가 눈에 띈다.

해린(海麟)은 문종 10년(1056년)에 왕사가 되고, 12년에 국사로 봉해졌다. 왕사가 되기 전이었는데, 가뭄이 심하자 궁궐에서 법화경을 읽어 비가 오게 했다는 이야기가 있다. 신이한 이이다. 그가 세상을 떠난 해는 문종 24년이었다.

기우제를 맡는 왕사의 역할이 얼마나 중요했던가는 이규보의 다음과 같은 글을 통해 잘 확인된다.

> 희종 4년(1208년)에 가뭄이 심하였다. 임금이 지겸(志謙)을 내도량(內道場)에 맞아들여 설법하게 하였는데, 5일이 되도록 비가 오지 않았다. 스님이 발분하여 부처에게 기도하기를, "불법은 스스로 행해지

는 것이 아니고 모름지기 국주(國主)에 의지해야 합니다. 지금 만약 비가 오지 않으면 영묘한 감응은 어디에 존재하겠습니까"라고 하였다. 얼마 안 있어 단비가 퍼부으니 이때 '화상우(和尙雨)'라고 하였다.

이규보, 「정각(靜覺) 국사 비명」에서

농사가 가장 중요하던 때, 비는 풍흉(豊凶)을 가르는 절대적인 조건이다. 그러나 가물어 비가 필요할 때 그 기우제를 왕사가 담당했다는 것이 특이하다. 나아가 왕사 또한 거기에 불교의 성패마저 걸고 있다. 왕과 왕사 사이에 맞아떨어질 어떤 이익이 깔려서 아닌가.

지겸은 왕사로 있다가 죽었고, 국사로는 추증(追贈)된 이이다. 그에게 따라 붙은 '화상우(和尙雨)'라는 말 속에 저간의 모든 복잡한 사정이 다 들어 있다. 한마디로 왕사의 정치적 의의와 역할이다.

그 의의와 역할을 좀 더 풀어서 설명해 보면 다음과 같다.

가뭄 같은 재해가 계속될 경우 국왕은 정치적 부담을 안게 된다. 이럴 때 왕사가 기우제를 지내고 때마침 비가 오게 되면 그 공로는 국왕에게까지 파급되어 정치가 다시 잘 되고 있다고 선전할 수 있을 것이다. 반면 왕사들의 기우제에도 불구하고 비가 오지 않는 경우는 그 실패 원인이 왕사의 약한 법력으로 돌려지게 되고 국왕이 짊어져야 하는 책임을 분담 또는 전가시켰을 것이다.

박지윤, 『고려 시대 왕사·국사 연구』에서

기우제라는 행사 하나만을 통해서도 이런 설명이 가능하다. 기우제는 다만 비를 비는 행사에서 그치는 것이 아니라, 왕의 통치 행위에서 중요한 보조 수단으로 활용된다. 이는 왕사나 국사의 역할이 그만한 비중을 차지하고 있다는 반증이기도 하다.

물론 왕사나 국사를 정치적으로 활용하는 주도권은 왕이 쥐고 있었다. 이는 특히 왕사와 국사를 임명하는 과정에서 분명히 드러난다.

앞서 예를 든 해린이 국사가 될 때 화엄종의 난원(爛圓)이 왕사에 책봉되었다. 해린은 유가종 소속이었다. 이때는 그간 융성했던 유가종에 대항하여 화엄종이 다시 붐을 일으키고 있었다. 그래서 새로운 왕사에 화엄종 승려를 임명한 것이다.

무신의 난이 터진 후의 상황은 한층 복잡하였다. 실권을 잃은 왕은 스스로 왕사를 임명하지 못하고 무신 집권자의 눈치만 보았다. 무신이 집권하였지만 그간 불교계의 세력을 크게 가지고 있었던 교종 계열은 무신정권에 끈질기게 항쟁하였다. 그들이 주도한 최충헌의 암살 기도가 좋은 예이다. 설상가상 무신 집권자들은 불교계 안에 아직 대안세력을 가지고 있지 못하였다. 그래서 무신 집권 초반기에 왕사나 국사의 임명이 거의 없다.

왕사와 국사의 정치적 역학 관계를 가장 잘 보여 주는 이가 보우

(普愚)이다. 그는 공민왕 5년에 왕사로 책봉되었다가 공민왕 15년에 물러난다. 국사로 올라간 것도 아니다. 바로 신돈(辛旽)의 전횡이었다. 이 자리를 선현(禪顯)이 잇는데, 그는 신돈과 친하였다.

그러나 거기서 끝이 아니었다. 공민왕 20년 신돈이 죽은 다음, 보우는 드디어 국사에 올랐다. 왕사로 있던 선현이 물러난 것은 말할 것도 없고, 공민왕 16년 국사에 책봉되었던 천희(千熙)도 하산한 것 같다.

이쯤 되면 국사나 왕사가 무슨 사고파는 물건처럼 보일지 모르나, 정치적 변수에 따라 그만큼 예민하게 반응하는 자리라고 이해하는 편이 좋겠다.

승려들 안에서도 이 자리를 두고 빚어지는 갈등이 있었다. 어느 한 승려가 국사가 되면 그의 가르침을 받지 않은 자는 설 자리를 잃었다. 절에서 문도들이 배척하여 더불어 이야기를 할 수 없었고, 하룻밤도 유숙하지 못했다는 말이 나올 정도이다. 나아가 국사나 왕사가 될 만한 힘 있는 승려에게 억압당해 억지로 제자가 되기도 하였고, 이를 거부하였다가 지방 사원으로 쫓겨나기도 하였다.

고려 시대에 국사는 승려로서는 최대의 영광이었다. 선망까지는 아니라 하더라도 그 영예를 다른 무엇과 바꾸기 어려웠다.

나라에서는 그만큼 대우해 주었다.

먼저 토지와 봉급을 준 것은 국사가 일반 관직과 같은 국가 조직의 일원임을 나타낸다. 여기에 부(府)를 설치해 주는데, 이는 국사로서 임무를 해 나가기 위한 하부 조직이다. 이것이 실질적인 대우라면 이보다 더 상징적이면서 영예스러웠던 것은 부모에 대한 추증(追贈)과 연고지의 승격이었다.

일연의 경우, 그의 비문에 따르면 아버지는 특별한 벼슬을 하지 않았으나 좌복야로 추증되었고, 어머니는 낙랑군부인을 받았다. 좌복야는 정2품에 해당하는 고위관직이다. 군부인(郡夫人)은 정2품의 부인에게 주는 호칭인데, 일연이 국사가 되었을 때 어머니는 살아 있었으므로, 추증이 아니라 봉(封)이었다.

연고지의 승격은 한 마을 전체가 국사로 인해 얻는 영예이다. 일연의 고향은 장산군이었는데, 군(郡)을 현(縣)으로 올려 주었다. 그래서 충숙왕 4년, 장산군은 경산현이 되었다.

3

지혜로운 여왕과 늙은 할미
—선덕여왕의 경우

두 명의 남자에게
세 번 시집간 여왕

일연의 정치적 감각을 알아보는 첫 번째 예는 선덕여왕(善德女王) 이야기로 시작하려 한다.

    읽어 볼 자료는 『삼국유사』와 『삼국사기』에 쓰여 있는 선덕여왕 관련 기사이다. 같은 인물을 두고 일연과 김부식은 각각 어떤 시각에서 바라보고 있는가. 아울러 어떤 기술방법을 가지고 얼마만큼 설득력 있는 글쓰기가 이루어졌는지도 확인하기로 한다.

    그에 앞서 흥미로운 것이 『화랑세기』의 선덕여왕 기사이다. 여기에는 여왕이 두 사람과 세 번 결혼했다고 적혀 있다.

두 사람이란 용수(龍樹)와 용춘(龍春) 형제이다.

이들은 모두 25대 진지왕의 아들인데, 아버지가 죽고 사촌인 진평왕이 26대 왕으로 즉위한 뒤, 형인 용수는 진평의 딸 천명공주와 일찍감치 결혼하였고, 용춘은 진평의 후계로 거의 결정된 다음의 덕만공주 곧 선덕여왕과 결혼하였다.

사실 용수를 사위로 맞을 때 진평은 그에게 왕위를 물려주려 했었다. 그러나 선덕이 자라면서 '용봉(龍鳳)의 자태와 천일(天日)의 위의를 지녀' 천명에게 용수가 왕에 오르는 것을 양보하라 명령하였던 것이다.

용춘과 선덕 사이에는 아이가 없었다. 그래서 용춘은 스스로 물러났다. 이때 진평왕은 용수에게 선덕을 모시라고 하였다. 이미 천명과 결혼했는데도 말이다. 선덕의 두 번째 결혼이다. 그러나 용수와의 사이에도 아이가 생기지 않았다.

용수는 일찍 세상을 마감하였다. 그는 죽으면서 천명공주와 아들을 용춘에게 부탁한다. 이 아들이 바로 김춘추이다.

선덕은 왕으로 즉위하자 다시 용춘을 남편으로 맞아들인다. 도합 세 번째, 같은 사람과는 두 번째 결혼이다. 그런데도 아이가 없어 용춘은 다시 한 번 스스로 물러났는데, 그 뒤 선덕이 또 결혼을 했는지는 『화랑세기』에도 기록이 없다.

비록 용봉과 천일 같은 여자로 우리나라 역사상 최초의 여왕이 되었지만 선덕에게 남편 복과 자식 복은 없었던 것 같다.

용수와 용춘에 대해서는 기록에 따라 엇갈린다. 『삼국사기』에서

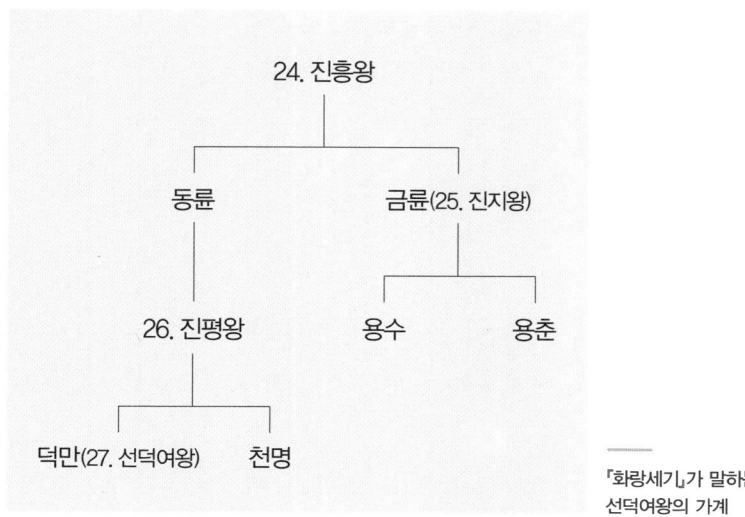

『화랑세기』가 말하는 선덕여왕의 가계

는 각기 다른 사람으로 나오는 경우가 세 군데이고, 한 군데는 같은 사람이라 하였다. 『삼국유사』에서는 한 사람으로 보았다. 『화랑세기』의 기록을 믿는다면, 용수가 죽으며 용춘에게 부인과 아들을 맡겼으므로, 김춘추를 기준으로 후대 사람들에게 두 사람이 같은 이처럼 보이게 된 것이 아닐까 싶다. 다른 한편, 『삼국유사』에서는 왕력 편에 선덕여왕의 배필이 음갈문왕(飮葛文王)이라 써놓고 있다. 아마도 용춘을 그렇게 부른 것 같다.

그렇다면 선덕은 자신의 오촌 당숙인 진지왕의 두 아들과만 결혼한 셈이다.

진지왕은 형인 동륜태자가 일찍 죽자 왕위에 오를 수 있었는데, 행실이 좋지 않고 나랏일을 잘 보지 못한다 하여, 불과 이십대 후반의 나이에 왕위에서 쫓겨나 죽은 이이다. 이런 비극적인 아버지를 둔 이들이 용수와 용춘이다. 아마도 그들이 아직 어린 나이에서였을 것이다.

사실 일찍 아버지를 여읜 용수·용춘 형제야말로 비극적인 운명을 타고 태어났다. 그런 그들을 사촌인 진평왕은 어떻게 보았기에, 왕위를 물려줄 만큼 믿는 딸 선덕의 사위로 차례차례 삼았을까. 더구나 용수는 처음에 천명에게, 다음에는 다시 선덕에게까지 장가들이면서 말이다.

성골이라는
아리송한 제도

신라가 골품제를 신분제로 가지고 있었으며, 그것은 골과 품으로 나뉘고, 골과 품은 건널 수 없는 신분의 벽으로 막혀 있었다는 사실만큼은 잘 알려져 있다. 골은 다시 성골과 진골로 나뉘며, 품은 1에서 6두품까지 있는데 육두품이 기중 위이다. 이 또한 잘 알려진 사실이다.

가장 문제가 되는 것은 성골과 진골을 나누는 기준이다. 이 기준에는 아직 학계에 정설이 없다.

지금까지는 흔히 성골은 부계와 모계가 모두 왕족이고, 진골은 한쪽만이 왕족인 것으로 구별하였다. 그러나 김춘추는 양계가 다 왕족인데도 진골이라 부른다. 진골로서 최초의 왕이라는 것이다.

그렇다면 그는 왜 진골일까? 가야 출신인 김유신의 동생 문희와 혼인하여 성골의 자격을 박탈당했기 때문이란다. 그러나 이것은 본인의 문제이지 부모의 문제가 아니다. 그러므로 양계 혈통만으로 성골과 진골의 차이를 설명할 수 없다.

성골은 진평왕 때에 와서야 성립된 개념이라는 주장이 있다.

진지왕은 형이 죽자 형의 아들이 있음에도 불구하고 왕에 올랐다. 그러나 4년 만에 폐위된다. 그러자 형의 아들이 비로소 적자 자격으로 왕에 오른다. 바로 진평왕이다. 진평왕은 이후 왕위 계승에서 자신의 직계에게 힘을 실어 주려고, 직계를 중심으로 하는 울타리를 성골이라는 개념으로 튼튼히 쳤다는 것이다. 이는 장자 세습이라는 제도가 서 있지 않은 상황에서 왕위 계승의 안정화를 꾀하려는 노력의 하나로 볼 수 있다.

그러나 진평왕 대에 시작했다는 점에 문제가 있다고 보아, 같은 개념이기는 하나 그 범위를 좀 더 넓혀 보는 주장이 나오기도 하였다.

곧 신라 왕실이 안정화되는 법흥왕 때부터, 왕과 함께 왕궁에 사는 지근간의 왕족만 성골로 보게 되었다는 것이다.

그림에서 보는 것처럼, 새 왕이 즉위하면 그를 중심으로 3~4촌 이내의 왕족만을 성골이라 부르고, 나머지는 강등되어 진골이라는 이름을 가진 채 왕궁 밖으로 거처를 옮긴다. 이를 족강(族降)이라 부른다.

예를 들어 김춘추는 할아버지인 진지왕이 폐위되고 진평왕이 즉

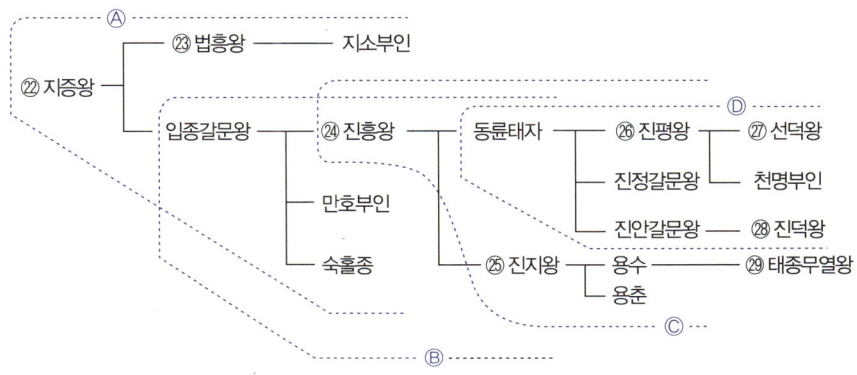

〈보기〉 Ⓐ 법흥왕 대의 성골집단, Ⓑ 진흥왕 대의 성골집단, Ⓒ 진지왕 대의 성골집단, Ⓓ 진평왕 대의 성골집단

이종욱, 「신라의 역사」에서

위하자, 새 왕과 5촌간이 되어 진골로 내려앉았다.

그런데 여기서 한 가지 의문이 인다. 김춘추의 아버지인 용수 또는 용춘이 진평왕의 부마가 되었는데도 족강을 당하는 것일까? 아버지를 기준으로 하면 춘추는 진평과 5촌이 된다. 그렇다면 족강될 만하다. 그러나 어머니를 기준으로 하면 외손자가 된다. 3촌 이내에 해당하는 가까운 촌수가 되지 않는가.

그래서 성골은 아직까지 우리가 잘 모르는, 참 아리송한 제도이다.

선덕여왕은 신라의 첫 여왕이다. 성골의 정확한 개념이 무엇이든 간에, 성골로만 왕위를 이어야한다는 강력한 분위기가 신라 왕실의 첫 여왕을 탄생시켰음은 분명하다.

더욱이 선덕은 『화랑세기』에서 '용봉(龍鳳)의 자태와 천일(天日)의 위의'를 지녔다 했고, 『삼국사기』에서 '성품이 너그럽고 어질며 총명하고 민첩'한 이라 하였다. 나라 사람들은 '성조황고(聖祖皇姑)'라고까지 했다. 시대의 분위기와 하늘로부터 받은 자질을 두루 갖춰 왕이 되는 기회를 잡은 셈이다.

사실 여성으로서 선덕의 왕정 수행은 평탄하지만 않았다. 왕이 된 지 11년 곧 642년에 백제와 벌인 대야성(大耶城) 싸움은 위기 중의 위기를 불러들였다.

이 전쟁에서 김춘추의 사위인 품석(品釋)과 딸이 죽는다. 상대가 의자왕이었다. 급기야 선덕여왕은 다음 해 당나라에 사신을 보내 도움을 요청한 바, 당 태종은 세 가지 방책을 제시하는데, 그 가운데 세 번째에는 "여왕이 재위하고 있으므로 이웃나라가 깔본다. 내 종친 한 사람을 보내 국왕을 삼고 군대를 파견하겠다"는 말까지 나온다. 사신은 신라 국정에 큰 파문을 일으킬 사안이므로 아무 대답도 하지 못한 채 물러 나왔다.

비담(毗曇)을 상대등에 임명한 것이 선덕여왕 15년, 하지만 이듬해, 믿었던 상대등이 도리어 모반을 일으키고, 그 와중에 선덕은 최후를 맞는다.

　선덕의 죽음과 비담의 난이 직접적으로 연결되는지는 알 수 없다. 그러나 전후사정으로 보아 이 난이 선덕의 죽음을 재촉했을 것으로 보는 데는 무리가 없다. 여기까지는 『삼국사기』가 전해 주는 선덕여왕의 통치이다.

　그런데 『삼국유사』에서 일연은 이런 기록은 일체 생략하고, 지혜의 여왕으로 선덕을 부각시킨다. '선덕왕지기삼사(善德王知幾三事)'라는 제목을 단 바로 그 조이다. 이 제목은 '선덕왕이 기미를 알아차린 세 가지 일'이라는 뜻이다.

　우리는 여기서 일연 특유의 정치적 감각을 엿보게 된다.

선덕여왕의
지혜 세 가지

선덕여왕이 기미를 알아차린 세 가지 일이라 했지만, 이 셋 가운데 두 가지는 『삼국사기』에도 실려 있다. 그러나 약간의 차이가 난다. 그렇다면 먼저 이 두 가지부터 정리해 보자.

　첫 번째가 모란 이야기이다. 당나라 태종이 붉은색·자주색·흰색의 세 가지 색깔로 된 모란 그림과 그 씨앗을 세 되 보내 주었다. 선덕이 그림을 보더니, 꽃에 향기가 없을 것이라 했고, 뜰에 씨앗을 심어 꽃이 피고 열매 맺기까지 기다리자 과연 그 말과 같았다. 이 일을 『삼국사기』에서는 선덕이 아직 공주로 있을 때라고 못 박

부인사 선덕여왕 대구 팔공산의 부인사에는 선덕여왕을 모시는 숭모전(왼쪽)이 있다. 전각 안에는 최근에 그린 선덕여왕의 초상(오른쪽)이 걸려 있다.

은 점이 다르다. 그렇다면 627년에서 631년 사이의 일이다.

두 번째는 옥문지(玉門池) 사건이다. 영묘사의 옥문지에서 겨울인데, 한 떼의 개구리들이 모여 사나흘 동안 우는 것이었다. 나라 사람들이 괴상스레 여겨 왕에게 물었다. 왕은 급히 각간 알천(閼川)과 필탄(弼呑) 등에게, "잘 훈련받은 병사 2,000명을 뽑아, 빨리 서쪽 교외로 가라. 여근곡(女根谷)을 물어, 거기 반드시 적병이 있을 것이니, 잡아 죽여라"고 명령하였다. 과연 여근곡이 있고, 백제 병사 500명이 거기 와서 숨어 있었다. 모두 잡아 죽였다. 이 사건에 대해서도『삼국사기』는 약간 다르게 적혀 있다.

이제『삼국사기』와『삼국유사』가 밝히는 저간의 사정을 정리해 보면서 차이점을 살펴보도록 한다.

	『삼국사기』	『삼국유사』	비고
모란 이야기	대개 여자가 지극히 어여쁘면 남자가 따르고, 꽃에 향기가 있으면 나비와 벌이 따르는 까닭.	꽃을 그리면서 나비가 없으니 거기 향기가 나지 않음을 알지요. 이는 곧 당나라 황제께서 내가 배우자 없이 지냄을 놀린 것.	박색 : 독신
옥문지 사건	옥문지에 개구리가 울므로 옥문곡을 찾아가라.	서쪽 교외로 가, 여근곡을 물어라.	옥문곡(玉門谷) : 여근곡(女根谷)

　모란 이야기의 경우, 『삼국사기』나 『삼국유사』에서 향기가 없다는 결과는 같지만, 그 까닭을 자연의 이치에 맞추어 일반화한 『삼국사기』에 비해, 『삼국유사』에서 선덕은 독신이라 자신을 놀리는 것으로 보다 개인화해서 해석했다. 물론 박색에게는 남자가 따르지 않는다 하여, 선덕 자신이 박색임을 암시하는 것은 개인화의 차원에서 비슷하지만, 후자가 왠지 더 극적이다.

　옥문지 사건의 경우, 옥문곡과 여근곡은 어휘의 뉘앙스에서 같다고 볼 수 있겠다. 그러나 『삼국유사』는 그 구체적인 위치까지 알려 주고 있어 이 또한 차이가 난다.

　여기까지는 비록 세밀한 면에서 차이가 있을지언정, 선덕을 지혜로운 왕으로 보자는 데에 『삼국사기』와 『삼국유사』가 다르지 않다. 그 지혜로 그나마 16년간 왕위를 지킬 수 있었을 것이다.

　그러나 결정적인 순간에 두 책은 결정적인 차이를 보인다. 『삼국유사』에서는 『삼국사기』에 쓰지 않은 또 다른 지혜로운 일을 소개하였다. 그의 최후와 유언에 관하여서이다.

여왕은 여러 신하에게 자신이 죽거든 도리천(忉利天) 가운데 묻어 달라 말한다. 신하들이 그곳이 어딘지 모른다며 장소를 묻자, '낭산(狼山)의 남쪽'이라고 하였다. 신하들은 선덕이 죽은 뒤 그 유언대로 따라하였다.

그 뒤 문무왕이 선덕왕의 무덤 아래에 사천왕사(四天王寺)를 지었다. 그때가 정확히는 문무왕 19년(679년)이므로 선덕이 죽은 646년으로부터 33년 뒤의 일이다.

불교에서는 '사천왕천 위에 도리천이 있다'라고 말한다. 사천왕천을 상징하는 사천왕사가 지어졌으므로, 그 바로 위인 선덕의 무덤은 도리천이 되는 것이다.

문무왕이 사천왕사를 건립한 저간의 사정은 다음에 소개할 『삼국유사』「기이」편의 '문무왕 법민'조에 잘 나타나 있다. 한마디로 문무왕 때에 사천왕사를 지은 까닭은 선덕여왕의 유언이나 맞춰주려는 한가한 목적이 아니었다. 신라가 고구려를 멸망시킨 다음 드디어 당나라와 분쟁이 터졌을 때, 문무왕의 동생 김인문은 당나라의 옥에 갇히고, 당은 군사 50만 명을 동원하여 신라를 치려고 하였다. 이 국가적인 위기를 극복하기 위해 만들어진 절이 사천왕사였다.

이 이야기는 『삼국사기』에 없다. 다분히 불교적인 이 이야기 끝에 일연만이 선덕을 영험하고 성스러운 왕이라고까지 치켜세웠다.

선덕여왕을 보는
김부식과 일연의 차이

사실 일연이 선덕의 일생을 세 가지 지혜로운 일로 정리하고 있는 것 또한 의도된 바이다. 비록 정세가 불안한 가운데 왕위를 이었지만, 다른 모든 일을 제외하고 이 세 가지 사건만 기술하여, 일연은 선덕의 특징을 한마디로 지혜의 왕이라 규정지은 것이다. 마지막에 선덕이 첨성대를 건립하였음을 붙여 적은 것도 같은 맥락이다.

선덕의 모란을 가지고 여왕의 과민반응이라 말하기도 한다. 본디 모란에는 꽃과 나비를 그려 넣지 않는 법, 더욱이 당나라 황제쯤 되는 이가 어찌 작은 나라 여왕 하나 놀려먹으려 그런 짓을 했겠는가, 그래서 이것은 혼자 사는 여자 선덕의 제 발 저리기 아니면 그림 그리는 법을 모르는 일연의 실수라는 것이다.

그러나 이 이야기의 해석에 그림 그리는 법을 끼워 넣어서 안 되고, 당과 신라라는 나라의 크기를 말해서 안 된다.

급박한 외교전이 펼쳐지노라면 하찮은 글자 하나라도 예리하게 판단해야 할 때가 있다. 이것이 작은 나라의 비운일지 모르지만, 큰 적을 대항하여 이기는 지혜이다. 일연은 선덕에게서 그 점을 높이

샀을 뿐이다. 일연의 정치적인 감각은 이런 데서 극명히 드러난다.

　선덕이 여성이라는 점에서 일말의 시비도 붙이지 않았고, 당 황제의 놀림을 당차게 반박하는 모습을 긍정적으로 그렸다. 불교 사회로의 연착륙을 시도하는 선덕에게서 시대를 앞서 읽는 가능성까지 엿본다. 그의 선덕에 대한 시각은 개방적·진취적이었다.

　김부식은 달랐다. 연대기로 서술되는 본기에서는 서두에 성품이 관인(寬仁)하고 명민(明敏)하다고 하면서, 예의 모란 이야기와 옥문지 사건 등을 긍정적으로 소개하였다. 그러나 김부식의 개인 의견이 다분히 반영된 것으로 보이는 사론(史論)은 사뭇 다른 태도이다.

　사실은 다른 정도가 아니다. 논리의 파탄이 나고 헛다리를 짚었다고 해도 지나친 말이 아니다.

　중국 고대의 신화적인 인물 여와씨도 복희씨를 도운 데서 그치고, 측천무후도 스스로 왕이라 부르지 않았는데, 남자는 높고 여자는 낮은 음양의 이치를 선덕여왕은 거슬렀다고 말한다. 이 지독한 남존여비(男尊女卑).

　마지막에 아예 선덕여왕에 대해 지극히 부정적으로 돌변하였다.

　　어찌 늙은 할미로 하여금 규방에서 나와 국가의 정사를 재단하게 하였는가. 신라는 여자를 붙들어 세워 왕위에 있게 했으니 진실로 난

세의 일이며, 이러고서도 나라가 망하지 않은 것이 다행이다.

　　　　　　　　　　　　　　　　김부식, 『삼국사기』에서

　냉정하다. 무릇 역사의 평가는 그럴 수 있다지만, 이것은 냉정이 아니라 비하처럼 보여 읽기가 씁쓸하다.
　이는 분명 김부식의 정치관이면서, 유교적 정치이념이 자리 잡아가는 당대의 인식을 반영한 것이었다. 12세기 고려에 벌써 유교적 인식이 이렇듯 고착되었는지, 놀라울 따름이다. 그래야만 유교에 충실하다 생각했는지 모른다.
　그렇기에 역으로 김부식은 아직 초보적인 수준의 유교주의자였다고 해야 옳을까.
　더욱 큰 문제는 본문에서 선덕의 지혜로운 측면을 일껏 부각해 놓고도, 결론에 와서는 늙은 할미로 격하시킨 것이다. 이는 글쓰기의 측면에서 하는 말이다. 세계와 의식의 설익은 관점이 일관성을 잃은 서술의 파탄으로 이어졌다.
　이에 비해 일연은 처음부터 끝까지 선덕의 지혜로운 면을 부각시켰다. 여성이라 비하하려는 의도도 없었다. 일연의 서술이 얼마나 치밀하고 안정적인지 알 수 있는 대목이다.

4
역사의 주인공 아닌 주인공
—김춘추의 경우

'태종 춘추공'조의 첫 대단락

일연이 쓰는 김춘추의 일대기는 특이하다. 『삼국유사』 「기이」 편의 '태종 춘추공'조는 그의 일생을 그린 것이지만, 뜻밖에도 이 조 전체에서 춘추는 주인공이 아닌 주인공으로 등장한다. '주인공이 아닌 주인공'—이것은 일연이 보는 춘추의 생애이다.

「기이」 편에서도 꽤 긴 분량을 가지고 있는 '태종 춘추공'조는 크게 세 단락으로 나누어 읽을 수 있다. 첫째, 춘추가 김유신의 누이동생 문희와 결혼하는 이야기를 중심으로 한 세 가지(A). 둘째, 『삼국사기』에서 인용한 백제 정벌 이야기를 중심으로 한 일곱 가지(B).

셋째, 기타 서적 4종에 나타난 정벌 이후의 이야기 여섯 가지(C).

조금 번거로우나 이를 대단락 별로 나누어 본문을 전부 인용하고 표로 정리해 보기로 한다.

● **A 제1 대단락**

내용	출전	비고
①소개	「신라본기」 무열왕	
②김춘추와 문희의 결혼	미상	제1 대단락의 핵심화소이면서, 전체적으로도 가장 특징적인 부분. 「신라본기」 문무왕 서두에 간추려져 나옴.
③총평	「신라본기」 진덕왕 2년	춘추와 당 태종의 상면 부분. 나머지는 「신라본기」와 기타 자료를 이용한 일연의 창작으로 보임.

A-① 제29대 태종대왕(太宗大王)의 이름은 춘추(春秋)이고 성은 김(金)이다. 문흥대왕으로 추봉된 용수(龍樹) 각간의 아들이며, 어머니는 진평대왕의 딸 천명부인, 왕비는 문명황후인 문희 곧 김유신 공의 막내동생이다.

A-② 처음에 문희의 언니 보희가 꿈을 꾸었다. 서쪽 산에 올라 오줌을 누었는데, 서울 성안을 가득 채웠다. 동생에게 꿈 이야기를 해 주

었더니, 문희가 이를 듣고 말하였다.

"내가 이 꿈을 살까요?"

"어떤 선물을 줄래?"

"비단 치마를 팔면 되겠어요?"

"좋아."

동생은 옷깃을 풀어 주었다. 그러자 언니가 말했다.

"어젯밤 꾼 꿈을 네게 붙여 주마."

동생은 비단 치마로 값을 치렀다.

열흘쯤 지난 다음이었다. 김유신이 김춘추와 정월의 오기일(午忌日)에 유신의 집 앞에서 축국(蹴鞠)을 하였다. 춘추의 치마가 밟혀 옷깃 여민 곳이 찢어지자 유신이, "우리 집에 들어가 꿰매자"라고 하였다. 춘추가 따라 들어가니, 유신이 아해에게 바느질을 하라고 시켰다.

"어찌 자잘한 일로 귀공자에게 함부로 가까이 갈 수 있겠어요."

아해는 극구 사양했다. 그러자 아지에게 시켰다. 춘추는 유신의 속뜻을 알아차리고 드디어 가까이 했는데, 그 후 자주 내왕을 하였다.

유신은 동생이 임신한 사실을 알고 꾸짖었다.

"네가 어찌 부모에게 알리지도 않고 임신을 하였다는 말이냐?"

그리고서 온 나라 안에 그 누이를 불태우리라고 말을 퍼뜨렸다. 하루는 선덕왕이 남산에 행차하여 노는 날을 기다렸다가, 뜨락에 나무를 쌓아 불을 피우니 연기가 피어올랐다. 왕이 멀리서 보고 신하들에게 물었다.

"웬 연기인가?"

"아마도 유신이 누이를 불태우려는 것인가 합니다."

"왜 그러지?"

"누이가 지아비도 없이 아이를 가졌다 합니다."

"이게 누구 짓인고?"

그때 춘추가 곁에서 모시다 왕 앞에서 얼굴빛이 크게 변했다. 왕이 말했다.

"이것이 네 짓이로구나. 급히 가서 구하여라."

춘추가 명을 받들어 말을 달려 왕의 명령을 전하면서 막았다. 그 후 혼례를 치렀다.

A-③ 진덕왕이 돌아가시자, 영휘(永徽) 5년은 갑인년(654년)인데, 김춘추가 왕위에 올라 8년을 다스렸다. 용삭(龍朔) 원년 신유년(661년)에 돌아가셨으니 59세의 수를 누린 것이다. 애공사 동쪽에 장례를 지냈고 비석이 있다.

왕은 유신과 함께 신묘스런 계책을 세워 힘으로 삼한을 통일하고, 사직에 커다란 공을 세웠으므로, 묘호는 태종이라 하였다. 태자인 법민(法敏) 각간·인문(仁問) 각간·문왕(文王) 각간·노차(老且) 각간·지경(智鏡) 각간·개원(愷元)을 모두 문희가 낳았다. 그때 꿈에 나타난 징조를 사들여 현실에서 이루어졌다고 하였다.

서자는 개지문(皆知文) 급간·차득(車得) 영공·마득(馬得) 아간과 딸까지 다섯 사람이다.

왕은 하루에 쌀 석 되로 밥을 짓고 수꿩 아홉 마리를 잡아 식사를 하였다. 경신년(660년) 곧 백제가 멸망한 다음부터 점심식사를 없애고 단지 아침과 저녁만 먹었다. 그러나 셈해 보면 하루에 쌀 여섯 되, 술 여섯 되, 꿩이 열 마리쯤 되었다. 성안의 저자에서 베 한 필(疋)이면 조(租) 30석이나 50석을 샀다. 백성들이 모두 태평성대라고 하였다.

　동궁에 있을 때였다. 고구려를 정벌하고자 군사력을 빌리려 당나라에 들어갔다. 당나라 황제가 그 풍채를 칭찬하면서 신성한 사람이라고 추켜세웠다. 굳이 머물러 곁에서 지내라 하였으나 애써 청하여 돌아왔다.

첫 번째 대단락은 A-②의 춘추와 문희의 결혼 이야기가 중심이다. 춘추 자신이 당사자이므로 당연 주인공이라 하겠으나, 여기서도 실제 주인공은 김유신과 문희 남매에 가깝다. 남매의 '김춘추 꼬이기 성공담'이라고나 할까. 문희는 언니가 꾼 꿈을 비단 치마를 줘가며 사고, 김유신은 춘추와 축국을 하다가 옷깃을 밟아 찢어 놓는데, 두 남매가 짜놓은 각본 속의 인물처럼 춘추는 움직이고 있다. 물론 결과는 춘추에게 '좋은 일'로 맺어지지만.

「백제본기」에서 인용하는 두 번째 대단락

왕이 된 춘추가 백제를 정벌하는 B에 오면 더욱 이상한 현상이 벌어진다. 일연은 이 대목에서 B-⑥만 제외하고 전적으로 『삼국사기』를 인용하였는데, 신라의 백제 정벌 대목을 춘추가 주인공인 「신라본기」에서가 아니라 의자왕이 주인공인 「백제본기」에서 따왔다. 그러다 보니 승자인 춘추보다 패자인 의자왕이 주인공처럼 등장한다. B-④에는, "태종은 백제의 나라 안에 괴변이 많다는 소문을 들었다. 5년 경신년(660년)에 아들 인문을 당나라에 사신으로 보내 군사를 청했다"는 대목을 슬쩍 집어넣어, 마치 춘추의 입장에서 쓰고 있는 것처럼 꾸미고 시작하였다. 그러나 이것은 일연이 글쓰기의 과정상 중간에 집어넣은 것일 뿐 곧이어 「백제본기」로 다시 돌아가고 있다. 왜 그랬을까? 번연히 「신라본기」가 있음을 아는 일연이 애써 이를 외면한 까닭은 무엇이었을까?

● B 제2 대단락

내용	출전	비고
①의자왕의 실정(失政), 성충의 간언과 유배	「백제본기」 의자왕 16년 (656년)	
②백제의 해괴한 일들	「백제본기」 의자왕 19년(659년), 20년(660년)	
③만월(滿月) 논쟁	「백제본기」 의자왕 20년	
④나당연합군의 침공과 백제의 대응	「백제본기」 의자왕 20년	
⑤계백의 5천 결사	「백제본기」 의자왕 20년	

⑥소정방과 까마귀	미상	「신라본기」 '무열왕 7년 7월 12일'조에, "정방은 꺼려지는 바가 있는지 앞에 나서지 못하는데, 유신이 설득해 두 나라 군사가 용감하게 네 갈래로 일제히 떨쳐 나갔다"는 구절이 보임.
⑦사비성 함락과 사후 처리	「백제본기」 의자왕 20년	소정방의 간단한 이력에 대해서는 일연의 서술.

B-① 그때 백제의 마지막 왕 의자(義慈)는 곧 무왕(武王)의 큰아들이었다. 용맹하여 담력이 있고, 부모에게 효도하며 형제간에 우애스러워, 해동의 증자(曾子)라고 불리었다.

정관(貞觀) 15년은 신축년(641년)인데, 왕위에 올라 주색에 깊이 빠져버려 정치가 어지럽고 나라가 위태하게 되었다. 좌평 성충(成忠)이 간곡히 말렸으나 듣지 않고, 옥중에 가두어 바짝 말라죽게 하였다. 그가 글을 올렸다.

"충신은 죽더라도 임금님은 잊지 않습니다. 한마디 말씀이라도 하고 죽으렵니다. 제가 일찍이 시절을 살피건대, 반드시 전쟁이 일어날 듯 합니다. 무릇 군사를 쓰려거든 그 장소를 살펴 골라야 합니다. 상류에 자리잡고 적을 맞닥뜨려야 보전할 수 있습니다. 만약 다른 나라 군사가 육로로 오면 탄현(炭峴)을 넘지 못하게 해야 하고, 수군이면 기벌포(伎伐浦)를 들어오지 못하게 해야 합니다. 험하고 좁은 곳에 머물러 막은 다음에야 이길 수 있을 것입니다."

왕은 살피지 않았다.

B-② 현경(現慶) 4년은 기미년(659년)인데, 백제의 오회사(烏會寺)에서 크고 붉은 말이 밤낮으로 나타나 여섯 차례 절을 돌고 가버렸다. 2월에는 여러 마리 여우들이 의자왕의 궁중에 들어와, 그 가운데 한 마리 흰여우가 좌평의 책상 위에 앉았다. 4월에 태자궁에서 암탉과 뱁새가 교미를 하였다. 5월에 사비강 기슭에 큰 물고기가 나와 죽었는데, 길이가 세 자나 되었고, 그것을 먹은 사람들이 모두 죽었다. 9월에 궁중에서 홰나무가 우는데 마치 사람소리 같았고, 밤중에는 귀신의 울음소리가 궁의 남쪽 길 위에서 들렸다.

5년은 경신년(660년)인데, 봄 1월 왕도의 우물에서 핏빛이 나타나고, 서해 바닷가에서 작은 고기들이 나와 죽었으나, 백성들이 그것을 다 먹지 못하였다. 사비수에 핏빛이 나타났다. 4월에 개구리 떼 수만 마리가 나무 위에 모여들었고, 서울의 시민들이 까닭 없이 놀라 마치 잡으려는 듯이 뛰어다니다가 엎어져 죽은 이가 100여 명이었고, 재물을 잃어버린 이가 수도 없었다. 6월에 왕흥사(王興寺)의 승려들이 모두 돛대가 큰물을 따라 절의 문안으로 들어오는 듯한 광경을 보았고, 들판의 사슴만큼 큰 개가 서쪽으로부터 사비수의 기슭에 이르러 왕궁을 바라보고 짖다가 곧 어디로 갔는지 알 수 없었다. 또 성안에서 개들이 길 위에 떼로 모여 짖는 듯 우는 듯하다 시간이 지나자 흩어졌다.

B-③ 귀신 하나가 궁중에 들어와 크게 외쳤다.

"백제는 망한다. 백제는 망한다."

곧 땅속으로 들어가 버렸다. 왕이 괴이하게 여겨 사람을 시켜 땅을 파보게 했더니, 깊이가 세 자쯤 되는 곳에서 거북이 한 마리가 나왔는데, '백제는 둥근 달이요 신라는 새로 돋는 달'이라는 글귀가 새겨 있었다. 무당에게 물었다.

"둥근 달은 가득 찬 것입니다. 찼으니 이지러지지요. 새로 돋는 달이라는 것은 차지 않은 것입니다. 차지 않았으니 점점 차 오르지요."

왕은 화가 나 죽였다. 어떤 이가 말했다.

"둥근 달은 번성한 것이요 새로 돋는 달은 미미합니다. 아마도 우리나라는 번성하고 신라는 매우 미미하다는 뜻이겠지요."

왕은 기뻐하였다.

B-④ 태종은 백제의 나라 안에 괴변이 많다는 소문을 들었다. 5년 경신년(660년)에 아들 인문을 당나라에 사신으로 보내 군사를 청했다.

고종이 좌무위대장군(左武衛大將軍) 형국공(荊國公) 소정방(蘇定方)을 신구도(神丘道) 행군총관(行軍摠管)으로 삼아, 좌위장군 인원(仁遠) 유백영(劉伯英)과 좌무위장군 풍사귀(馮士貴)와 좌무위장군 방효공(龐孝公) 등을 거느리고 13만 명을 통솔해 치게 했다. 신라왕 춘추는 우이도행군총관(嵎夷道行軍摠管)을 삼아 그 나라 군사를 거느리고 함께 힘을 모으게 했다.

정방이 군사를 이끌고 성산에서 바다를 건너 신라 서쪽 덕물도에 이르렀다. 신라왕이 장군 김유신을 보내 정병 5만 명을 거느리고 달려가게 했다.

의자왕은 이를 듣고 여러 신하를 모아 싸우고 지킬 계책을 물었다. 좌평 의직(義直)이 나와서 말했다.

"당나라 군사는 바다를 건너왔으나 이곳 물에는 익숙하지 못합니다. 신라 사람들은 대국의 원병을 믿어 적국을 가볍게 여기는 마음이 있습니다. 만약 당나라 사람들이 불리하다 싶으면 반드시 의구심이 생겨 감히 날쌔게 전진하지 못할 것입니다. 그러니 먼저 당나라 사람들과 맞서 싸우는 것이 옳습니다."

그러자 달솔(達率) 상영(常永) 등이 말했다.

"그렇지 않습니다. 당나라 군사는 멀리서 왔기 때문에 빨리 싸우려고 할테니 그 예봉을 막아내기가 어렵습니다. 그러나 신라 사람들은 우리 군사에게 여러 차례 패했습니다. 이제 우리 군사들의 기세를 보기만 해도 두려워하지 않을 수 없습니다. 오늘의 계책은 마땅히 당나라 사람의 길을 막아 그 군사가 지치기를 기다리면서 먼저 한편의 군사로 신라를 치게 해 예봉을 꺾은 다음, 틈을 엿보아 힘을 합해 싸우는 것이 좋습니다. 그렇게 하면 군사를 잃지 않고도 나라를 지킬 수가 있습니다."

왕은 머뭇거리면서 어떤 말을 따라야 할지 몰랐다.

이때 좌평 흥수(興首)가 죄를 얻어 고마미지지현(古馬彌知之縣)에 귀양가 있었는데, 왕이 사람을 보내 물었다.

"일이 급하니 어찌하면 좋겠는가?"

"제 의견은 대체로 좌평 성충의 말과 같습니다."

대신들은 그 말을 믿지 않고 말했다.

"흥수는 귀양가 있는 중이어서 임금을 원망하고 나라를 사랑하지 않습니다. 그의 말을 들을 수 없습니다. 당나라 군사로 하여금 백강(白江)에 들어와 물살을 따라 내려오게 하면 배를 부리지 못할 것입니다. 신라 군사로 하여금 탄현에 올라 오솔길로 오게 하지요. 말을 나란히 타고 지나지 못할 만큼 좁은 길입니다. 이 때 군사를 놓아 친다면, 마치 바구니 속에 든 닭이나 그물에 걸린 물고기와 다름없을 것입니다."

왕도 그렇게 여겼다.

B-⑤ 그러나 당나라와 신라의 군사가 이미 백강과 탄현을 지났다는 소식을 들었다. 장군 계백(階伯)을 보내 결사대 5,000명을 거느리고 황산으로 나가게 했다. 그는 신라 군사와 네 차례 싸워 모두 이겼다. 하지만 군사가 적은 데다 힘마저 다해 마침내 패하고 계백도 죽었다.

B-⑥ 군사를 전진시켜 두 나라가 힘을 합한 다음, 강나루 어귀에 닿아 강가에 주둔시켰다. 갑자기 까마귀가 소정방의 병영 위를 날아다녔다. 사람을 시켜 점치게 했다.

"반드시 소 원수가 다칠 것입니다."

소정방이 두려워서 군사를 끌어들이고 싸움을 그만두려 했다. 그러자 유신이 정방에게 말했다.

"어찌 나는 새 한 마리의 괴이한 짓거리를 가지고 하늘이 준 기회를 어길 수 있겠소. 천명에 응하고 인심에 따라 지극히 어질지 못한 자를 치는 마당에 어찌 상서롭지 못한 일이 있겠소."

곧 신검을 뽑아 그 새를 겨누었다. 그러자 새가 찢어져 그들 앞에 떨어졌다. 그제야 소정방이 왼쪽 기슭으로 나가 산을 둘러 진을 치고 싸웠는데, 백제 군사가 크게 패했다.

B-⑦ 신라와 당의 군사가 밀물을 타고서 꼬리에 꼬리를 물고 전선을 몰아 북을 울리며 진격했다. 소정방은 보병과 기병을 거느리고 도성 삼십 리 밖까지 와서 머물렀다. 성안에서는 군사를 다 동원해 항거했지만, 패해 죽은 자가 1만여 명이나 되었다. 당나라 사람들이 이긴 여세를 몰아 성에 다다르자, 왕은 함락을 면치 못할 것을 알고 탄식했다.

"성충의 말을 듣지 않아 이 지경에 이르렀구나. 후회스럽다."

왕은 드디어 태자 융(隆)과 함께 북쪽 변방으로 달아났다. 소정방이 그 성을 둘러싸자, 왕의 둘째 아들 태(泰)가 스스로 왕위에 올라 뭇 백성을 거느리고 굳게 지켰다. 태자의 아들 문사(文思)가 태를 두고 말했다.

"왕께서 태자와 함께 나갔는데 숙부가 마음대로 왕이 되셨다. 만약 당나라 군사가 에워싼 것을 풀고 돌아가면, 우리들이 어찌 안전할 수 있겠는가?"

문사도 주변 사람들을 거느리고 밧줄을 타 넘어 도망갔다. 백성들이 모두 따라갔지만, 태가 막을 수 없었다.

소정방이 군사들에게 성채에 올라가 당나라 깃발을 꽂게 하자, 태가 궁지에 몰려 마침내 문을 열고 목숨을 빌었다. 그러자 왕과 태자 융, 왕자 태와 대신 정복(貞福) 등이 여러 성과 더불어 항복했다. 소정방이 의자왕과 태자 융, 왕자 태, 왕자 연(演) 및 대신과 장사 88명, 백성 1만 2,807명을 당나라 서울로 보냈다.

백제는 본디 5부 37군 200성 70만 호가 있었다. 이때 당나라는 웅진·마한·동명·금련·덕안 다섯 도독부를 나누어 두고, 우두머리를 뽑아 도독과 자사로 삼아 다스리게 했다. 낭장 유인원에게는 도성을 지키게 하고, 좌위낭장 왕문도(王文度)를 웅진도독으로 삼아 남은 백성들을 무마하게 했다.

소정방이 포로들을 이끌고 황제를 알현하자, 황제가 포로들을 꾸짖기는 했지만 곧 놓아 주었다. 백제왕이 병으로 죽자, 금자광록대부(金紫光祿大夫) 위위경(衛尉卿)의 작위를 주고, 옛 신하들이 조문하는 것을 허락하였으며, 조서를 내려 손호(孫皓)와 진숙보(陳叔寶)의 무덤 곁에 장사지내게 하였다. 아울러 비석도 세우게 했다.

고종 7년은 임술년(662년)인데, 소정방을 요동도 행군대총관으로 삼았다가 곧 평양도 행군대총관으로 고쳤다. 그가 고구려 군사를 대동강에서 깨고, 마읍산(馬邑山)을 빼앗아 병영을 만들더니, 드디어 평양을 에워쌌다. 그러나 마침 큰 눈이 내렸으므로 포위를 풀고 돌아갔다.

그는 양주 안집대사(安集大使)로 제수되어 토번(吐蕃)을 평정했다. 건봉(乾封) 2년(667년)에 그가 죽자, 황제가 슬퍼하며 좌효기대장군(左曉騎大將軍) 유주도독(幽州都督)의 벼슬을 내리고, 시호를 '장'(莊)이라 했다.

후일담으로 이뤄진 세 번째 대단락

기타 서적 4종에서 인용한 정벌 후의 이야기인 C는 더욱이 춘추가 주인공이 아니다. 춘추는 백제 정벌을 막 끝낸 바로 그해 세상을 떠났다. 그 이후의 일에 개입할 여지가 없다. 심지어 C-③은 3천 궁녀 이야기이다. 마지막의 사후담인 C-⑥에서 다시 춘추가 등장하지만, 이것은 전체 이야기를 마무리하는 역할에 지나지 않는다.

● C 제3 대단락

내용	출전	비고
①문무왕과 부여융의 맹약	『신라별기』	무열왕 사후
②김유신의 당군 원병	『고기』	무열왕 사후
③타사암	『백제고기』	
④당교	『신라고전』	무열왕 사후
⑤김유신의 성부산 신술	『신라고전(?)』	무열왕 사후
⑥'태종'이라는 시호	『신라고전(?)』	무열왕 사후

C-① 『신라별기(新羅別記)』에서는 이렇게 말한다.

"문무왕이 즉위한 지 5년은 을축년(665년)인데, 가을 8월 경자일에 왕이 몸소 대병을 이끌고 웅진성에 거동해, 가왕(假王) 부여융(扶餘隆)을 만나 단을 짓고 백마를 잡아 맹세했다. 먼저 천신과 산천의 신령들에게 제사 드린 다음, 말의 피를 입에 바르면서 글을 지어 맹세했다.

'지난 날 백제의 선왕이 거역하면서 순종하는 도리에 어두워 이웃나라를 잘 사귀지 못하고, 친척에게 화목하지 못했으며, 고구려와 결탁하고 왜나라와 통하면서 잔악한 짓을 일삼았다. 신라에 침입해 고을을 짓밟고, 성을 도륙해 편안한 해가 거의 없었다.

천자께서 물건 하나라도 제자리에 있지 못하는 것을 민망히 여기고, 백성들이 피해 입는 것을 불쌍히 여겨, 자주 사신을 보내 화해하라고 달랬지만, 저들은 땅이 험하고 길이 먼 것만 믿고 천자의 경륜을 업신여겼다. 그래서 황제가 노하고 그 백성을 불쌍히 여겨 왕을 정벌하였다. 깃발이 향하는 곳마다 한번 쳐서 크게 평정했다.

이제 그 궁궐을 연못으로 만들고 집을 헐어 자손에게 경계하되, 근원을 막고 뿌리를 뽑아버려, 후손들에게 교훈을 남겨 주는 것이 마땅하다. 그러나 유순한 자는 포용하고 반역한 자는 치는 것이 선왕들의 훌륭한 전범이요, 망한 자를 일으켜 주고 끊어진 자를 이어주는 것이 성인들이 세운 떳떳한 법이다. 일은 반드시 전적에 전해 오는 것을 본받아야 할 것이다.

그러므로 전 백제왕 사가정경(司稼正卿) 부여융을 웅진도독으로 세워 그 선대의 제사를 받들게 하고, 그 고장을 보전하게 한다. 신라에 의지해 길이 나라에 보탬이 되며, 저마다 묵은 감정을 풀고 화친을 맺어, 삼가 조명(詔命)을 받들고 길이 번방(藩邦)으로 복속하여라.

이에 우위위장군(右威衛將軍) 노성현공(盧城縣公) 유인원을 사신으로 보내 직접 살피고 권유하되 격식을 갖춰 베푼다. 그대들은 혼인을 약속하고, 거듭 맹세하여 짐승을 잡아 피를 바르고, 처음과 끝을 함께 돈독히 하라. 재앙을 같이 나누고 환난을 도우며 은혜를 형제와 같이 하라.

천자의 말을 공경히 받들어 감히 떨어뜨리지 말며, 맹세한 다음에는 함께 절조를 지켜라. 만약 이를 어겨 신의를 한결같이 하지 않으며, 군사를 일으키고 백성을 움직여 변방을 침범한다면, 신명께서 굽어 보사 온갖 재앙을 내릴 것이다. 자손을 기르지 못하고 사직을 보전하기 어려우며, 제사마저 끊어지고 남은 씨가 없게 될 것이다.

그러므로 금서철계(金書鐵契)를 만들어 종묘에 간직해 두고, 자손 만대에 아무도 감히 침범하지 못하게 하라. 신께서 들으시고 흠향하시고 복도 내리소서.'

피를 바른 뒤에 폐백을 신단 북쪽에 묻고 「맹문(盟文)」은 대묘(大廟)에 간직했다. 「맹문」은 대방도독 유인궤(劉仁軌)가 지었다."

C-② 또 『고기(古記)』에서는 이렇게 말한다.

"총장(總章) 원년은 무진년(668년)인데, 신라에서 청한 당나라 군사가 평양 교외에 주둔하고, '급히 군량을 보내라'고 통고했다.

왕이 여러 신하들을 모아놓고 물었다. '적국에 들어가 당나라 군사가 주둔한 곳까지 이르려면 그 형세가 위태로울 것이다. 그렇다고 해서 우리가 청한 천자의 군사에게 군량이 떨어졌다는데 보내 주지 않는 것 또한 마땅치 못한 일이다. 어찌하면 좋겠는가?' 김유신이 아뢰었다. '신 등이 군량을 수송하겠으니 대왕께서는 염려하지 마소서.'

이에 유신과 인문 등이 수만 명을 거느리고 고구려 국경에 들어가 군량 2만 섬을 보내주고 돌아왔다. 왕은 크게 기뻐하였다.

또 군사를 일으켜 당나라 군사와 만나려고, 유신이 먼저 연기(然起)와 병천(兵川) 두 사람을 보내 만날 기일을 물었다. 당나라 장수 소정방이 종이에다 난새와 송아지를 그려 돌려보냈다. 신라 사람들이 그 뜻을 알지 못해 사람을 시켜 원효 법사에게 물어보았다. 원효는, '빨리 군사를 돌려보내시오. 송아지와 난새를 그린 것은 둘이 끊어졌음을 말한 것이오'라고 풀었다. 이에 유신이 군사를 돌려 대동강을 건너면서, '뒤처진 자는 목을 베겠다'라고 군령을 내렸다. 그랬더니 군사들이 앞을 다투어 건넜다.

절반쯤 건넜을 때에 고구려 군사가 공격해 와, 미처 건너지 못한 자들을 죽였다. 이튿날 유신이 고구려 군사를 도로 추격해 몇 만 명을 잡아 죽였다."

C-③ 『백제고기(百濟古記)』에서는 이렇게 말한다.

"부여성 북쪽 모퉁이에 큰 바위가 강물을 굽어보고 서 있다. 옛부터 전해 오는 말로, 의자왕이 여러 후궁들과 더불어 죽음을 면치 못할 것을 알고, '차라리 자살할지언정 남의 손에 죽지는 않겠다'면서, 서로 이끌고 여기까지 와서 강에 빠져 죽었다고 한다. 그래서 세상에서는 이 바위를 '타사암(墮死岩)'이라 한다."

그렇지만 이는 잘못된 속설이다. 궁녀들만 떨어져 죽었을 뿐이다. 의자왕이 당나라에서 죽었다는 것은 『당사』에 명백히 기록되어 있다.

C-④ 또 『신라고전(新羅古傳)』에서는 이렇게 말한다.

"소정방이 이미 고구려와 백제 두 나라를 치고 나서 또 신라를 칠 생각으로 한동안 머물러 있었다. 그러자 유신이 그 꾀를 알고, 당나라 군사에게 잔치를 베풀어 독주를 먹이고 모두 죽여 구덩이에 묻었다. 지금 상주 근방에 당교(唐橋)가 있으니 바로 당나라 군사를 묻은 곳이다."

C-⑤ 당나라 군사가 백제를 평정하고 돌아간 뒤에, 신라왕이 여러 장수들에게 백제의 잔적들을 쫓아가 잡도록 명했다. 신라 군사가 한산성에 주둔했는데, 고구려와 말갈 두 나라 군사들이 와서 에워싸고, 5월 11일부터 6월 22일까지 번갈아 공격하며 풀지 않아 매우 위급해졌다. 왕이 듣고서 여러 신하들과 의논했다.

"장차 어찌해야 좋겠는가?"

머뭇거리며 결단치 못하고 있는데, 김유신이 달려와 아뢰었다.

"일이 급해져 사람의 힘으로는 할 수 없습니다. 오직 신술(神術)로나 구할 수 있을 것입니다."

그래서 곧 성부산(星浮山)에 단을 짓고 신술을 닦았다. 그랬더니 갑자기 큰 항아리만 한 광채가 단 위로부터 나타나 별처럼 북쪽으로 날아가 버렸다. 한산성에 있는 군사들은 구원병이 오지 않는다고 원망

하면서, 서로 바라보며 울고 있을 뿐이었다. 적병이 그들을 치려고 하자, 갑자기 광채가 남쪽 하늘로부터 와서 벼락을 내려 30여 군데의 포석(砲石)을 때려 부쉈다.

적군의 활과 화살 그리고 창은 부서지고 모두 땅에 쓰러졌다. 얼마 뒤에 적군들이 깨어나자 모두 분주히 달아나고 신라 군사는 돌아왔다.

C-⑥ 태종이 처음 즉위했을 때였다. 어떤 자가 머리 하나에 몸뚱이가 둘 그리고 다리가 여덟이나 달린 돼지를 바쳤다. 이 돼지를 놓고, "이것은 반드시 천지사방을 통일할 상서로운 징조입니다"라고 말하였다.

이 왕의 시대에 비로소 중국의 의관과 아홀(牙笏)을 썼다. 자장(慈藏) 법사가 당나라 황제에게 청해 가지고 와서 전한 것이다.

신문왕 때에 당나라 고종이 신라에 사신을 보내 말했다.

"짐의 아버지께서는 어진 신하 위징(魏徵)과 이순풍(李淳風) 등을 얻어, 마음을 합하고 덕을 같이해 천하를 통일했으므로 '태종 황제'라고 했다. 그러나 너희 신라는 해외의 작은 나라로서 '태종'이라는 시호를 가지고 참람하게 천자의 이름을 일컬으니, 그 뜻은 불충에 있는 것이다. 빨리 그 시호를 고쳐라."

신라왕이 표(表)를 올렸다.

"신라는 비록 작은 나라이지만 성신(聖臣) 김유신을 얻어 삼국을 통일했으므로 '태종'이라고 봉한 것입니다."

황제가 그 표를 보면서, 아직 태자로 있을 때에 하늘에서 울리던 소리가 생각났다.

"33천 가운데 한 사람이 신라에 내려와 김유신이 되었다."

그때 책에 기록해 두었었다. 그 책을 꺼내 찾아보고 놀라고 두려워 마지 않았다. 그래서 다시 사신을 보내 태종이라는 시호를 고치지 말라고 허락했다.

결론적으로 '태종 춘추공'조에서 춘추는 주인공 아닌 주인공이 되어 있다. 그 이름을 내세운 조인데 그는 왜 중심에 있지 않을까? 물론 이 조에서 춘추가 주변인물이라는 말은 아니다. '태종 춘추공'조는 주인공이 중심에 있지 않으면서, 그렇다고 주변인물이라고도 말할 수 없는 위치의 절묘한 글쓰기로 이룩되었다. 춘추가 있지 않고서는 성립할 수 없는 이야기이기에 주인공의 역할을 하면서도, 기묘하게 주변을 어슬렁거리는 주인공일 뿐이다. 그래서 주인공이 아닌 주인공이라 말했다. 여기서 우리는 일연의 독특한 글쓰기 방법을 설명할 수 있다.

진나라의 역사에서 찾으려는 교훈

일연이 인용하고 있는 『삼국사기』는 정작 신라의 백제 정벌 전쟁을 전체적으로 어떻게 기술하고 있는가. 일연의 글쓰기 방법을 설명하기 전에 짚고 넘어갈 필요가 있다.

승자인 신라에게나 패자인 백제에게나 『삼국사기』는 나란히 각각의 본기에서 이 전쟁의 기록을 해주어야 했다. 그래서 「신라본기」와 「백제본기」에서 같은 전쟁을 두 나라의 입장에 따라 기술하였다. 일연의 『삼국유사』와는 체재가 다르므로 벌어지는 현상이다.

태종 무열왕 김춘추의 재위는 654년에 시작하였다. 이해는 백제 의자왕 13년, 그러니까 이때부터가 두 왕이 겹치는 기간이다. 그것은 의자왕이 사비성을 버리고 도망한 20년(660년)까지 7년간인데, 신라와 백제의 전쟁이 벌어지는 659년과 660년의 두 해를 중심으로 비교해 볼만 하다. 이를 표로 나타내 보면 다음과 같다.

	「신라본기」	「백제본기」	비고
656년 (무3/의16)	• 김인문의 군주 임명 • 김법문의 견당(遣唐)	• 의자왕의 실정(失政), 성충(成忠)의 간언과 유배	
659년 (무6/의19)	• 4월, 백제의 변경 침략 • 9월, 공주의 큰 물고기 출현 사건 • 10월, 태종에게 나타난 장춘(長春)과 파랑(罷郎)	• 2월, 여우 떼 출몰 • 4월, 태자궁의 괴변 • 5월, 사비하의 큰 물고기 • 8월, 여인의 시체 • 9월, 궁궐의 홰나무가 울고, 귀신이 곡함.	• 「신라본기」 9월과 「백제본기」 5월은 같은 사건인 듯함.
660년 (무7/의20)	• 봄, 김유신의 상대등 임명 • 3월, 소정방군 출발 • 5월, 신라군 출발 • 7월 9일, 김유신과 계백이 황산에서 합전(合戰). 관창의 죽음을 계기로 신라군 승리	• 2월, 왕도와 사비하의 물빛이 핏빛으로 변함. • 4월, 두꺼비 출현, 왕도의 소동 • 5월, 느닷없는 비바람의 피해	• 계백과의 합전, 의자왕의 출분(出奔)은 양쪽 모두 기술됨.

660년 (무7/의20)	・이때 기벌포에서 신라군과 당군 간의 충돌이 생김. ・7월 12일, 나당군 사비성 공격 ・7월 13일, 의자왕의 출분 (出奔) ・7월 18일, 의자왕의 항복 ・8월 2일, 나당군 위로회 ・8월 26일, 임존성 공격 ・9월 23일, 백제 잔병이 사비성 역습 ・10월 9일, 무열왕이 이례성 공격 ・11월 1일, 고구려가 칠중성을 공격 ・11월 22일, 무열왕이 전공에 따라 상을 주고, 백제인도 중용 조치	・6월, 왕흥사에 나타난 돛배. 짖어대는 개들 ・만월(滿月)논쟁 ・당나라 군대의 출동. 백제 왕실의 대응 논란 ・계백의 5천 결사 ・의자왕의 출분(出奔) ・사비성이 소정방에게 함락됨. ・사후 조치	・「신라본기」는 7월 이후의 상황을 자세히 기록함.

표로 정리한 『삼국사기』 「신라본기」와 「백제본기」의 겹치는 시기 기록의 특징을 세 가지로 요약해 본다.

첫째, 앞서 말한 것처럼 『삼국유사』의 '태종 춘추공' 조의 제2 대단락(B)은 위 표의 「백제본기」에서 인용하였다. 백제 의자왕의 실정을 '의자왕 16년' 조에서 인용하며 시작하였고, 큰 물고기가 출현하는 「신라본기」 9월과 「백제본기」 5월은 같은 사건인 듯한데, 이 또한 「백제본기」 쪽을 가져다 썼다. 계백과의 합전(合戰), 의자왕의 출분(出奔) 역시 마찬가지이다.

둘째, 전쟁이 본격화된 660년 7월 이후의 기록은 「신라본기」 쪽이 상세하나 '태종 춘추공'조의 B-⑦은 「백제본기」의 간단한 기록으로 채웠다. 「신라본기」가 날짜까지 밝힌 자세한 기록이었음에도 이를 외면한 것은 상황을 「백제본기」에서 일관되게 인용하려는 일연의 의도로 보인다. 이야말로 일연이 「백제본기」를 인용하는 속내를 은근히 보여 주는 대목이다.

셋째, 이긴 쪽과 진 쪽의 기록이라는 특징을 지니는 「신라본기」와 「백제본기」에서 진 나라 쪽을 택한 것은 진 나라의 역사에서 찾는 교훈을 중시한 결과로 보인다.

그렇다면 일연은 이긴 자보다 진 자에게서 무엇을 찾으려 했을까? 기실 당대 일연은 전쟁에서 진 나라의 승려였다. 바로 고려의 몽골과의 전쟁을 말한다. 전쟁은 그의 나이 20대에서 시작하여 40대초까지 이어졌는데, 전쟁을 피해 피난 다니며 간신히 살아간 그로서, 진 쪽이 가져야 할 각성은 뼈저렸다.

고려의
비굴한 사대 외교

1238년 윤4월에 황룡사 탑이 불탄 다음이었다. 연말인 12월에 고려는 급히 몽골에 사신을 보냈다. 전쟁은 이미 고려가 감당할 수준이 아니었다. 오직 최씨무신정권은 자신의 정권을 지켜야만 했다.

몽골에 보낸 표문(表文)은 비굴하기 짝이 없었다.

―스스로 생각하건대, 궁벽하고 누추한 작은 나라는 반드시 큰 나라에 의탁하여야 할 것이온데, 하물며 시운(時運)에 응하여 일어난 우리의 성군(聖君)이 바야흐로 관대하게 대해 주시오니, 편방을 지키는 신하로서 감히 정성껏 복종하지 않으리오.

성군은 물론 몽골의 황제를 이르는 말이다. 복종의 도리를 다하고자 했으나 뜻밖의 여러 사정이 그 뜻을 어긋나게 했다는 변명이 이어진다.

―백성이 정착하지 못하고, 농사를 때맞추어 거둬들이지 못하니, 풀이 무성한 곳에서 나는 것이 무엇 있겠습니까. 생각건대, 이 포모(包茅)의 공물(貢物)을 진상할 방도가 없어 이러지도 저러지도 못하고 있으니, 황공함이 이를 데 없습니다.

고려로서는 슬피 호소하는 길밖에 없었다. 가련한 왕을 앞세워 무신정권은 강화도에 웅크리고 있었다. 말은 결사항전이라 했다. 외적을 향한 이 굳은 결의를 오늘날의 사람 가운데도 칭송하는 이가 없지 않다. 그러나 본토의 백성이 다 죽어나가도 정권만은 내줄 수 없다는 것이 무신정권의 속내 아니었던가.
　표문은 '메마른 땅의 토산물을 다 긁어 미신(微臣)의 간절한 뜻'을 바친다면서 다음과 같이 맺는다.

―엎드려 바라건대, 다만 군사의 위엄을 더 하지 마시어 옛 풍속을 그대로 지니게 하여 주시면, 비록 약소한 해산(海山) 방물(方物)이나마 해마다 바치지 않겠습니까. 지금에만 그칠 것이 아니라 영원하도록 기약하겠습니다.

일연은 이런 표문을 올리는 나라의 백성이었다.

1238년이라면 일연의 나이 32세, 바로 1년 전 삼중대사(三重大師)에 올라 있었다. 과거에 합격한 선종 계열의 승려는 대사―중대사―삼중대사―선사―대선사로 진급하였었다. 삼중대사라면 중간쯤 되는데, 과거에 합격한 지 10년쯤 지난 뒤 오른 자리이므로, 그로서는 무척 빠른 편이었다.

전쟁의 참화를 피해 가며 비슬산 골짜기에 숨어 지내는 동안이었지만, 세상의 소식은 바람을 타고라도 산중에 전해졌다. 비굴한 표문이 중국으로 향하는 시대였다.

'태종 춘추공'조는 단순히 김춘추의 생애를 그리는 데서 그치지 않았다. 일연은 그의 시대에서 바라본, 전쟁의 승패가 주는 역사의 교훈을 찾자는 데 그 궁극의 목적을 두지 않았나 싶다.

사실 『삼국유사』가 완성되었을 것으로 보이는 시기는 일연이 국사의 자리에 오르기 전후였다. 국사로서 그는 역사의 교훈을 당대인에게 알려 주어야 할 필요가 있고, 패전과 사후 처리로 만신창이 (滿身瘡痍)가 된 나라에서 그것이 국사의 정치적인 임무라고 생각했던 것 같다. 전황을 알기로야 「신라본기」 쪽이 자세했지만, 일연의 관심은 전쟁 자체보다 전쟁에 임한 진 자의 허점을 분명히 밝혀야겠다고 생각한 것은 아니었을까. 곧 패자에게서 찾는 대안(對案)의 서사였다.

이것이 곧 일연의 정치적 감각 아래 이루어진 글쓰기이기도 하다.

파란만장한 김춘추의 생애를 그리자면

그렇다고 일연이 '태종 춘추공' 조에서 역사의 교훈만을 쓰기로 목적한 것은 아니었다고 보인다. 그 특유의 필력은 이 조에서도 춘추의 면모를 입체적으로 조망하는 데 유감없이 발휘된다.

이 조가 『삼국사기』를 비롯해 여러 책에서 인용되어 치밀하게 편집된 것은 앞의 표로 보였다.

그런 가운데 유독 A-②와 B-⑥만큼은 인용처가 없다.

전자는 춘추의 문희와의 결혼 장면, 후자는 머뭇거리는 소정방을 김유신이 윽박지르는 장면이다. 그런데 이렇게 인용처를 밝히지 않은 이야기가 『삼국유사』답다. 그것은 일연 스스로 채록한 구비전승에 힘입은 바였을 것이다.

이렇듯 치밀한 서술을 통해 일연은 춘추의 생애를 정리하였다.

춘추는 간단히 처리할 인물이 아님을 그 또한 잘 알았다. 일연이 읽었을 『삼국사기』에서 춘추의 생애는 화려함 그 자체였기 때문이다.

『삼국사기』를 따라 거슬러 올라가 보면, 신라 24대 진흥왕에게는 역사의 전면에 등장하는 두 아들이 있었다. 첫째가 동륜, 둘째가 금륜이다.

동륜은 왕 27년(566년) 태자에 책봉되었으나, 33년(572년)에 일찍 세상을 뜬다. 『삼국사기』에서는 동륜이 죽은 소식을 전할 뿐 까닭을 밝히고 있지 않다. 그러나 『화랑세기』에서는 태자가 진흥왕의 후궁 보명궁주를 만나러 그 궁에 가서 담을 넘다 개에 물려 죽었다고 하였다. 이때 그의 아들 백정은 다섯 살 어린아이였다. 금륜은 형을 이어 태자에 책봉되고 드디어 진흥 사후 왕위를 잇는다. 25대 진지왕이 바로 그이다. 그런데 불과 4년 뒤, 황음(荒淫)에 빠진 그를 나라 사람들이 폐위시키는 일이 벌어진다. 이때 그에게 용춘이라는 아들이 있었다. 하지만 왕위는 동륜의 아들 백정이 잇는다. 26대 진평왕이다.

이렇듯 진흥왕이 죽은 다음 벌어지는 두 아들과 그 후손의 왕위 교차 계승은 결코 평화로운 이어달리기가 아니었다. 그리고 진평왕의 등극에서 이 달리기가 끝난 것도 아니었다.

진지왕이 폐위되는 바람에 아들 용춘 이하는 성골에서 진골로 내려앉는 족강(族降)을 당한 것으로 보인다. 그런데 아들을 두지 못한 진평왕이 딸을 용춘에게 시집보낸 것은 뜻밖이었다. 왕위가 용춘에게 갈 수 있다는 전제였다. 그렇다면 이어달리기는 다시 동생

진평왕릉 딸인 덕만에게 왕위를 이으려는 진평왕의 노력은 집요했다. 능력이 문제이지 아들 딸 가르는 편견을 가지지 않았으니 요즘 세상의 귀감이다. 봄빛 좋은 날, 왕릉에 나온 모녀들의 산책이 한가롭다.

집안 진지왕 쪽으로 넘어가는 것일까?

그러나 여기서 형 집안 진평왕의 야망은 작렬한다. 성골 집단을 더욱 공고히 하여, 왕위 계승은 비록 딸이라 할지라도 이 안에서 이루리라는 각오를 한 것이었다. 용춘을 사위로 삼은 것은 만약에 있을지 모르는 동생 집안의 모반을 사전에 차단하려는 목적에 지나지 않아 보인다.

이런 와중인 진평왕 23년(603년)에 춘추는 태어났다. 성골에 매우 가까운 진골의 아들이었다.

진평왕의 집념은 이루어졌다. 춘추가 태어난 29년 뒤, 진평은 딸인 덕만으로 왕위를 이었다. 선덕여왕이다. 선덕이 죽은 다음에는

제3장 | 정치적 감각 **243**

그의 사촌언니가 왕위를 잇는다. 진덕여왕이다. 이러는 사이 춘추의 나이는 어언 44세가 되어 있었다. 그렇게 왕위계승 이어달리기는 교차가 아닌 한 집안의 일방적인 것으로 굳어지는 듯했다.

　　춘추의 아버지 용춘은 튀지 않고 묵묵히 일했다.
　　화랑 출신으로 진평왕 51년에는 고구려로 출정하여 낭비성 전투에서 공을 세워 각간이 되었다. 7년 뒤인 선덕여왕 4년에는 왕의 명령으로 지방을 순무했다.
　　더 이상의 자세한 기록은 보이지 않으나, 왠지 그에게서 권력싸움의 비정한 늪으로 빠져드는 모습은 보이지 않는다.
　　이것은 아들 춘추를 지키는 울타리였을까.
　　춘추가 역사서에 전면 등장하기로는 선덕여왕 11년(642년)이다. 나이 서른아홉이 되는 해, 대야성의 도독 김품석과 그의 아내가 백제군에 죽음을 당하는 그 비극적인 사건에서이다. 품석의 아내가 춘추의 딸이다.
　　춘추는 이 사위와 딸의 죽음을 보고받고, 백제에 대한 원한을 갚기로 하고 고구려로 군사를 청하러 간다.
　　이때 김유신과는 이미 손가락을 깨물어 피를 머금고 맹세할 만큼 절친한 사이가 되어 있었다. 김유신의 누이동생 문희와 결혼을 한 다음일 것이다. 그러나 춘추의 고구려 외교는 성공하지 못했다.

다만 이 같은 실패가 춘추로 하여금 자신의 앞길에 대해 보다 깊은 성찰을 하게 했다. 특히 진골로서 자신이 힘을 받기 위해서 제3의 세력을 적극적으로 받아들여야 한다는 사실도 알았을 것이다. 김유신의 가야 세력과의 연합은 여기서 이루어졌다고 보인다. 이를 바탕으로 춘추는 선덕왕 16년(647년)에 일어난 상대등 비담(毗曇)의 반란을 진압하였다. 춘추로서는 매우 뜻 깊은 승리였다.

반란의 와중에 선덕여왕이 죽었다. 정치적 실권을 장악한 김춘추·김유신으로서는 차제에 왕위까지 노릴 수 있었다. 그러나 그들은 한 번 더 짚어가기로 한다.

춘추는 새로 즉위한 진덕여왕의 절대적인 신임을 등에 업고, 당나라와의 관계강화를 위해 친당정책을 추진하였다. 이때 당 태종으로부터 백제공격을 위한 군사지원을 약속받았다. 또 한 번의 성과가 아닐 수 없었다. 탄력을 받은 춘추는 귀국 후에 왕권강화를 위한 일련의 내정개혁을 주도하였다. 중조의관제(中朝衣冠制)의 채택(649년), 왕에 대한 정조하례제(正朝賀禮制)의 실시(651년), 품주(稟主)의 집사부(執事部)로의 개편 등이 그것이다. 다분히 중국화 정책이라 불러야 할 이 같은 제도의 시행은 후진적인 신라의 정치문화를 극복하고자 한 춘추의 노력으로 보아 주어야겠다. 더불어 언젠가 다가올 자신의 왕정시대를 대비한 것이었으리라.

할아버지인 진지왕은 폐위되었으며, 자신은 진골로 떨어진 최악의 상황을 딛고, 춘추에게는 이제 왕의 길이 다가왔다. 큰 집안 진평왕 쪽으로 이어지던 왕위가 작은 집안 진지왕 쪽으로 무려 80여

년 만에 돌아온 것이다. 물론 춘추가 왕위에 오른 51세는 결코 적은 나이가 아니었다. 그러나 그만큼 오래 준비된 왕이었다.

다만 일할 시간이 그다지 많이 남아 있지 않다는 것도 짐작했으리라. 설마 그렇게 빨리 올 줄 몰랐겠지만 실로 춘추의 통치는 8년 만에 끝났다.

다행히 그를 안심시킨 것은 김유신의 상대등 임명, 660년 정월의 일이었다. 이해 3월에 바로 신라가 백제에 대한 정복전쟁을 시작하지 않았던가. 춘추의 비원이 이뤄지는 순간이다.

김춘추의 기술에서 보는
일연의 정치적 감각

이렇듯 김춘추의 생애가 파란만장하게 펼쳐지는 『삼국사기』를 보며, 일연은 자기 나름의 관점을 세웠다. 그것은 주인공이 아닌 주인공으로서 춘추를 그리는 필법이었다. 무척 우회적인 방법이다.

그렇다면 일연은 왜 우회적인 방법으로 춘추의 생애를 써 내려갔던가.

일연의 붓길을 따라가다 보면 춘추는 선수가 아니라 코치로 보인다. 훌륭한 선수를 많이 키우고, 적절히 경기에 투입하는 감독 같다.

왕이 되기 위해 춘추가 가장 크게 준비한 것은 사람이었고, 왕이 되어서 그가 가장 잘 한 것은 사람을 쓰는 일이었다. 그것이 그를 위대한 왕으로 기억하게 할 가장 중요한 요소였다. 일연은 그 점을 간파했다.

　문희와의 결혼 장면을 이야기의 처음에 드라마틱하게 서술하면서 이를 상징적으로 나타냈다. 그러면서 춘추는 늘 뒤에서, 또는 누군가의 도움으로 일을 성취해 나가는 것처럼 썼다. 이것이 곧 일연의 정치적 감각일 수 있다.

　춘추는 아랫사람을 거룩하게 보고, 나라를 위해 충성을 다하다 죽은 이 앞에서 눈물을 흘리는 왕이었다. 왕이라고 다 그런 것이 아니고, 왕의 그런 면을 누구나 잘 알아보는 것도 아니다.

　이 같은 일연의 정치적 감각은 크게 두 가지 배경에서 형성되었을 것이다. 하나는 그가 불승(佛僧)이었다는 점이다. 선덕여왕의 예에서처럼, 불교적 세계관이 정치화 되는 과정은 불교적인 사건으로 마무리 짓고 있음을 보았다. 그것은 단순히 불교에 대한 우호적인 태도라기보다 세계에 대한 인식의 틀이었다.

　불교는 신라가 선진화 되는 경로 속의 그것이었고, 이에 대한 평가를 인색하게 할 필요가 없었다.

　다른 하나는 국사라는 자리가 지닌 일정한 정치적 부하(負荷)이다. 스스로 정치적이기를 원하건 원하지 않건 국사는 정치적 기제 속에서 탄생하였다. 그는 국사로서 세상의 모든 권력에 맞서 창조적인 삶을 지속시키는 노력을 게을리하지 않아야 했다.

5
더 큰 활력의 구축
—문무왕의 경우

잘 나가는
나라의 든든한 버팀목

잘난 아버지를 두고 똑똑한 아들이 뒤를 받쳤으니 문무왕은 겉으로 보면 행복하기 그지없는 사람이었다.

  아버지 무열왕 김춘추는 그의 할아버지 진지왕이 폐위되는 바람에 성골에서 강등되어 진골이 되었고, 영영 왕위와는 인연이 없을 줄 알았다가 천신만고 끝에 그 자리에 오른 의지의 사나이였지만, 그것은 의지만이 아닌 본인의 타고난 탁월한 능력 때문이기도 했다. 문무왕은 그렇게 잘난 아버지의 뒤를 잇기가 쉽지만 않았을 것이다.

그러나 아버지가 제 뜻을 다 펴기에 너무 짧은 나이로 세상을 뜬 다음, 아버지가 일으킨 일의 실질적인 마무리를 다 해냈으니, 사실 문무왕은 아버지보다 더한 능력을 타고나 그것을 십분 발휘했다고 보아야 옳다.

문무왕은 실로 태자 시절부터 벌써 아버지 이상의 눈부신 활약을 한 사람이다.

아버지가 왕위에 오르기도 전인 진덕여왕 때 당나라에 사신으로 다녀오기도 하고, 늦어서야 왕위에 오른 아버지를 도와 병부령(兵部令)의 자리에서 나라의 기강을 잡았다. 아버지는 신라와 당의 연합군이 사비성을 함락한 승전보 속에 생애를 마쳤지만, 아들은 계속되는 백제의 부흥운동을 제압하고, 고구려를 쳐서 멸망시킨 다음 당나라 군사마저 쫓아내기까지 과중한 임무를 맡아야 했다. 삼한 통합의 과정에서 무열왕의 업적은 화려한 서곡에 불과했다. 본론에서 마침표까지 찍은 이는 문무왕이었다.

문무왕의 이름은 법민(法敏)이었다. 아들인 신문왕의 이름은 정명(政明)인데, 법민과 정명을 다시 한 번 짜 맞추기 해 보면 법정(法政)·민명(敏明)이다. 문무와 신문 2대에 걸쳐 법과 정치가 민첩하고 밝게 이루어지길 소원한 이름이다.

그 시절 신라는 정말 그런 나라였다.

문무왕은 즉위하던 해인 661년부터 한시도 쉴 날 없는 정복 전쟁을 수행하여야 했다. 『삼국사기』의 기록을 중심으로 그가 재위했던 기간의 중요한 활동을 정리해 보자.

먼저 백제 부흥군을 물리치고자 김유신 등 28명의 장군과 함께 당나라에서 파견된 손인사(孫仁師)의 증원병과 연합해 부흥군의 본거지인 주류성을 비롯한 여러 성을 함락하였다. 이 전쟁은 665년 백제 왕자였으며 웅진도독인 부여융(扶餘隆)과 화맹(和盟)을 맺으며 일단락된다.

이어 문무왕은 666년부터 고구려 정벌에 나섰다. 이세적(李世勣)이 이끄는 당나라 군대와 연합해 평양성을 공격하여 668년에 함락시켰다. 그러나 당나라는 점령지의 지배를 위해 평양의 안동도호부를 중심으로 9도독부, 42주, 100현을 두고 통치하였다. 이때부터 신라와 당나라간의 전쟁이 시작되었다.

문무왕은 고구려 부흥 운동과 연결해 당나라 및 당나라와 결탁한 부여융의 백제군에 대항하였다. 670년 백제의 63성을 공격해 빼앗았으며, 671년에는 가림성을 거쳐 석성(石城) 전투에서 당나라 군사 3,500명을 죽이는 큰 전과를 올렸다. 그러자 당나라는 672년 이후 대군을 동원해 한강에서부터 대동강에 이르는 각지에서 신라와 전투를 벌였다.

한편 당나라는 674년 유인궤(劉仁軌)를 계림도대총관(鷄林道大摠管)으로 삼아 신라를 치는 한편, 문무왕의 동생 김인문을 일방적으로 신라의 왕에 봉하였다. 문무왕에 대한 불신의 뜻이었다.

전쟁은 675년 그 절정에 이르렀다. 이해에 설인귀(薛仁貴)가 장수가 되어 쳐들어왔는데, 신라 쪽에서는 문훈(文訓)을 내보내 이에 대항하였다. 신라는 당나라 군사 1,400명을 죽이고 병선 40척, 전마 1,000필을 얻는 전과를 올렸다. 전세는 신라에 유리하게 돌아갔다.

결국 당나라도 더 오래 전쟁을 끌고 가기가 벅찼다. 드디어 676년 안동도호부를 평양에서 요동성으로 옮겼다. 문무왕이 왕위에 오른 지 15년 만에, 길고 긴 전쟁이 끝나는 순간이었다.

물론 신라의 삼국통일은 많은 아쉬움을 남겼다. 통일이라고는 하나 본디 세 나라가 가진 영토를 다 확보하지 못했으니 당연하다.

그러나 대동강부터 원산만에 이르는 이남의 영토에 대한 지배권을 장악한 정도에서나마 한반도를 통일한 일은 이후 한민족의 정체성을 만들어가는 데 획기적인 사건이라 아니할 수 없다. 이 일의 거의 전부가 문무왕의 수고로 이루어졌다 해서 지나친 말이 아니다.

나라를 효과적으로 다스리기 위한 중앙과 지방의 행정조직의 개편 또한 문무왕의 업적에 들어간다.

특히 진흥왕 때부터 설치한 소경(小京)을 확충한 것이 눈에 띈다. 678년의 북원소경, 680년의 금관소경의 설치가 대표적이다. 경주는 한반도 전체로 보아 지나치게 동남쪽에 치우쳐 있었다. 소경은 이 때문에 생기는 비효율성과 불편함을 극복하는 데 활용되었다. 이는 신문왕 때에 와서 5소경제(小京制)로 완성되었다.

한마디로 문무왕은 신라를 신라답게 만든 장본인이었다.

일연은
문무왕의 무엇에 주목하였나

장황한 『삼국사기』의 문무왕대 기록에 비해 일연이 쓰는 '문무왕 법민'조는 단순명료하다. 그나마 대표적인 사건 하나로 한 왕대를 정리한 다른 조에 비해서는 긴 편이다. 자잘한 사건을 제외하면 에피소드는 다음과 같이 크게 네 가지이다.

① 사천왕사를 창건하여 당나라 군대를 물리침
② 지의법사에게 용으로 다시 날 것이라 말함
③ 성 쌓기와 의상의 충언
④ 차득공의 등용

앞서 김춘추의 경우와 달리 일연은 『삼국사기』에 나오는 역사적인 사건을 부분적으로만 인용하면서 위 예화를 전개하였다. 『삼국사기』의 인용은 사건의 경과를 가늠하기 위한 보조 장치 정도이다. 내용의 중심은 어디에서 인용하였는지 모르나, 『삼국유사』에서만 나온다.

문무왕에게 주어진 역사적인 임무는 무엇이었을까? 일연의 그에 대한 관점은 여기서 잡힌다. 문무왕 스스로 고백하듯이, "풍상을 무릅쓰다 보니 마침내 고질병이 생겼으며, 정무에 애쓰다 보니 더욱 깊은 병에 걸리고 말았다"는 대목은 단지 그만의 고통이 아니었다. 삼한 통합의 전쟁은 나아가 나당전쟁으로 이어졌고, 수십 년간의 혼란은 나라와 백성을 지치게 만들었다. 문무왕은 전쟁을 종식시키고 평화와 안정을 찾아와야 하는 의무 앞에 서 있었다.

스피노자에게 권력을 추구하는 자들은 무력한 자들, 즉 활력 없는 자들이다. 이들은 자신들에게 활력이 없기 때문에 다른 사람의 슬픔(활력의 감소)을 바탕으로 힘을 구축한다. 스피노자에게 정치는 특이한 몸(활력)들이 모여서 더 큰 몸(더 큰 활력)을 구축하는 문제이며, 따라서 기쁨(활력의 증가)의 정치이다. 그렇기에 스피노자적인 '더 큰 하나 됨'은 '국민'으로 통합되는 것(주권적 권력에 의한 통합)도 아니고 심지어는 일반적인 의미의 계급으로 통합되는 것(이해관계의 일치)도 아니다. 그 반대로 '자유주의적으로' 그냥 뿔뿔이 흩어지는 것도 아니다.

정남영, 「이시영의 시와 활력의 정치학」, 『창작과 비평』 146에서

스피노자의 정치관을 적용해 보자면 문무왕은 활력을 모아 더 큰 활력을 구축해야 했다. 그래서 일연의 붓끝은 사천왕사를 통해 혼란을 그치게 하고, 나아가 불교적인 의의의 임종으로 희망을 불러일으킨 문무왕을 그렸다.

사천왕사는 지금 경주시 배반동의 낭산 아래에 터만 남아 있다.

바로 위는 선덕여왕릉이다. 낭산 아래가 도리천이라는 선덕여왕의 유언은 바로 이 절이 생겨서 이룩되지 않았는가.

그러나 문무왕 때에 사천왕사를 지은 까닭은 선덕여왕의 유언이나 맞춰 주려는 한가한 목적이 아니었다. 신라가 고구려를 멸망시킨 다음 드디어 당과 싸움을 벌이던 때, 문무왕의 동생 김인문은 당나라의 옥에 갇히고, 당은 군사 50만 명을 동원하여 신라를 치려고 하였다. 이 국가적인 위기를 극복하기 위해 만들어진 절이 사천왕사였다.

당나라 군대의 침략 소식을 신라에 전한 사람은 의상 스님이었다.

왕은 급히 신하들에게 방책을 묻는다. 각간 김천존이 명랑 스님을 천거하고, 용궁에 들어가 비법을 전수하여 왔다는 명랑은, '낭산 남쪽 기슭에 신유림이 있으니, 이곳에 사천왕사를 창건하고 도량을 열면 좋을 것'이라고 하였다.

그런데 절 지을 만한 틈이 없었다. 이미 당나라 군사를 실은 배가 신라 국경에 다가와 있었던 것이다.

그러자 명랑은 채색 명주를 가지고 임시로 절을 짓자고 말한다. 채색 명주로 절을 꾸미고, 풀을 가지고 동·서·남·북과 중앙의 다섯 방위를 맡는 신상이 만들어졌다. 전무후무한 특이한 절이었다.

명랑은 밀교승이다. 그가 이 절에서 다른 밀교승과 함께 문두루(文豆婁)의 비법을 쓰자, 갑자기 바람과 물결이 거세게 일어 당나라 배가 모두 침몰되었다. 의상의 귀국연도를 감안하면 이때는 670년 전후이다.

명랑의 신통술은 여기서 그치지 않았다. 671년에 한 번 더 당나라 군대가 쳐들어오자 비법을 베풀었는데, 전과 마찬가지로 배가 침몰되었다. 『삼국사기』에서도 확인이 가능한 이 전투의 승리가 『삼국유사』에 따르면 사천왕사와 명랑의 덕분이었다는 말이 된다.

이것을 일연의 단순한 불교우호적인 기술로만 보아서는 안 될 것 같다. 이야기의 핵심은 그 다음에 이어지기 때문이다.

막강한 군대를 가졌다고 자부하던 당나라가 연전연패하자 그 까닭을 따지는데, 당나라 고종에게 잡혀 있던 신라의 신하들이 "윗나라의 은혜를 두터이 입어 삼국을 통일했으므로, 그 덕을 갚기 위해서 새로 천왕사를 낭산 남쪽에 창건하고, 황제의 만년수를 빈다고 합니다"라고 둘러댔다. 고종은 기뻐서 악붕귀라는 신하를 신라에 보내 그 절을 살피게 했다.

문무왕은 이제 당나라 사신이 올 것이라는 소식을 듣고, 이 절을 보여 주는 것이 마땅하지 않다고 생각했다.

그래서 그 남쪽에다 따로 새 절을 짓고, 악붕귀에게는 거기로 안내하였다. 그런데 눈치 빠른 악붕귀가 곧이들으려 하지 않았다. 문무왕의 마지막 수단은 뇌물이었다. 황금 1,000냥을 악붕귀에게 주었다. 뇌물은 필요악이다. 악붕귀는 제 나라로 돌아가 천연덕스럽게 보고하였다. 신라 사람들이 황제의 장수를 빌고 있었다고 말이다.

문무왕은 그런 사람이었다. 힘과 지혜로, 그도 저도 아니면 뇌물을 써서라도, 나라에 도움이 되고 백성을 안정시킬 일을 주저하지 않았다. 사천왕사를 짓고 남에게 섣불리 내보이지 않는 이 이야기를 실어 일연은 문무왕이 왕으로서 얼마나 처절히 나라를 지켜냈는가 설명하고 있다. 일연이 문무왕에게서 주목하는 부분이다.

6

정치적 발언으로서의 적개심
— 김제상의 경우

같은 사건
다른 이야기

박제상은 신라의 충신으로 가장 대표적인 사람이다. 이름이 박제상으로 알려져 있지만, 어쩐 일인지 『삼국유사』에서는 김제상이라 하여 논란이 되는 그 사람이다.

다르기로는 이름만이 아니다. 각각 고구려와 일본에 볼모로 잡혀간 내물왕(356~401년)의 두 아들을 제상이 구해 온다는 것, 구출은 성공하지만 끝내 제상이 일본에서 죽음을 당한다는 것만 같을 뿐, 두 아들의 이름 또한 다르고, 볼모로 가고 돌아오는 해도 다르다. 무엇보다 다른 것은 볼모로 간 계기며 구출하는 과정이다.

볼모로 잡혀간 이는 내물왕의 둘째와 셋째 아들이다. 큰아들은 나중의 눌지왕(417~457년)이다. 먼저 두 책의 차이점을 표로 정리해 보자.

둘째 아들

	이름	볼모로 간 해	돌아온 해	간 곳
『삼국사기』	복호	실성왕 11년(412년)	눌지왕 2년(418년)	고구려
『삼국유사』	보해	눌지왕 3년(419년)	눌지왕 9년(425년)	고구려

셋째 아들

	이름	볼모로 간 해	돌아온 해	간 곳
『삼국사기』	미사흔	실성왕 1년(402년)	눌지왕 2년(418년)	일본
『삼국유사』	미해	내물왕 36년(391년)	눌지왕 9년(425년)	일본

이 표에서 가장 큰 차이는 두 아들이 잡혀간 해이다. 『삼국사기』는 둘 다 실성왕 때라고 하였다.

실성왕(402~416년)은 누구인가. 내물왕의 조카로 왕위에 오른 이이다. 그런데 그에게는 삼촌인 내물왕에 대한 해묵은 원한이 있었다. 바로 자신의 세자 시절에 내물왕이 자신을 고구려에 볼모로 보낸 일 때문이다.

이렇게 앙심을 품고 있다가 왕위에 오르자 그에게는 조카가 되는 내물왕의 두 아들을 볼모로 보내게 된 것이다.

물론 볼모는 신라가 고구려와 일본 두 나라에게 펼치는 외교관계의 일환이기도 하였다. 『삼국사기』에 따르면, 내물왕 37년, 왕은 조카인 실성을 고구려에 볼모로 보냈다. 이때 고구려는 광개토왕 2년이다. 바야흐로 전성기를 맞은 고구려에 대해 신라는 매우 조심스럽게 외교정책을 펼쳐야 했다.

실성은 10년 만에 돌아와 왕위에 올랐다. 이 일로 실성왕이 삼촌인 내물왕에 대해 앙심을 품었다는 것이다.

실성왕은 즉위하자마자 일본과 우호조약을 맺고 그 증표 삼아 내물왕의 셋째 아들 미사흔을 볼모로 보냈다. 아울러 10년 뒤에는 고구려의 요구를 받아들여 둘째 아들 복호를 보냈다. 다분히 실성왕의 고의성이 엿보인다. 제아무리 실성의 치밀한 외교 전략으로 보자 해도 말이다.

그에 비해 『삼국유사』는 볼모의 원인을 다르게 썼다. 우선 이 볼모 사태에서 실성왕은 전혀 나오지 않는다. 셋째 아들은 아버지 때인 내물왕 36년에 일본으로, 둘째 아들은 형인 눌지왕 3년에 고구려로 갔다. 실성왕은 없다. 그러므로 당연히 볼모 사태를 전개하는 흐름 또한 다를 수밖에 없다. 실성왕의 앙심 따위는 끼어들 여지가 없다.

이 점을 먼저 따져 보는 것이 중요하다. 왜 달라졌을까. 다르다면 『삼국유사』는 무엇을 말하려는 것이었을까.

유교적 전범과
처절한 죽음

먼저 『삼국사기』로 가 보자. 박제상은 신라의 시조 혁거세의 후손이요, 파사왕의 5세손이며, 할아버지는 아도 갈문왕이었고, 아버지는 물품 파진찬이었다. 파진찬은 신라 귀족의 위로부터 네 번째에 해당하는 고위급이다. 제상은 빛나는 귀족의 후예인 것이다.

그런 제상이 고구려에 인질로 간 내물왕의 둘째 아들 복호를 데리러 간다. 고구려의 왕에게 신라 왕의 간절한 소망을 말하면서, "만약 대왕이 고맙게도 그를 돌려보내 주신다면, 이는 마치 구우일모(九牛一毛)와 같아 대왕에게는 손해될 것이 없으나, 우리 임금은 한없이 대왕의 덕 있음을 칭송하게 될 것입니다"라고 맺었다. 상대의 입장을 한껏 치켜세우면서 실리를 찾는, 영리하기 짝이 없는 논변이다. 이 정도인데 고구려의 왕이 허락하지 않을 수 없었겠다.

임무를 완수하고 돌아온 제상에게 왕은 일본에 잡혀간 막내 동생 미사흔마저 데려와 줄 것을 은근히 요구한다.

제상은 왕에게, '비록 재주 없고 둔하나 이미 몸을 나라에 바쳤으니, 끝까지 왕의 명령을 욕되게 하지 않겠다'라 하고, 부인에게는, '왕의 명령을 받들고 적국으로 들어가는 것이다. 다시 만날 기대일랑 하지 말라'고 말한다. 전형적인 충신의 모습이다.

사실 『삼국사기』가 박제상을 「열전」에 넣어 소개한 것은 바로 이 때문이었다. 유교적 이데올로기의 전범을 만들고자 했던 김부식의 관점에서 박제상은 너무나 훌륭한 소재였다. 그의 행적 가운데 다른 무엇보다도 이 점을 강조해마지 않아야겠다고 생각했을 것이다.

제상이 치밀한 계획을 세워 미사흔 탈출에 성공하는 이야기가 이어지지만, 그것은 오히려 후일담에 불과하다. 끝내 일본 왕이 제상을 섬으로 유배시켰다가, 얼마 지나지 않아 장작불로 온 몸을 태운 뒤에 목을 베었다는 처형 소식은, 끔찍하기는 할지언정 그다지 구체적이지 않다. 소식을 전해들은 신라의 왕이 '애통해하며 대아찬이라는 벼슬을 내려 주고, 그의 식구들에게 많은 물건을 보내 주었다'는 대목이, 자상한 군주의 모습을 그리는 데에 봉사하고 있을 뿐이다.

요컨대 『삼국사기』에서 박제상의 이야기는 몸을 버리기까지 충성하는 신하와, 그 충성을 갸륵하고 애통하게 받아들이는 군주의 이중창으로 들린다.

이에 비해 『삼국유사』에서 김제상의 이야기는 강조하는 점이 다르다. 『삼국사기』와의 기본적인 차이점은 앞서 정리한 대로이다. 그 가운데 실성왕이 전혀 나타나지 않는다는 점을 주목했었다. 실성왕 없는 이야기이므로 실성왕의 앙심 같은 것은 문제가 되지 않는다고도 했다.

『삼국사기』에서 실성왕이 고구려에 볼모로 간 때는 내물왕 37년

가마쿠라 일연의 시대에 일본은 가마쿠라 막부가 설치되어 있었다. 막부로서는 처음. '동쪽의 나라(奈良)'라 불리는 이곳은 이제 아름다운 전원도시이다.

이었다. 그런데 『삼국유사』에서 내물왕의 셋째 아들 미해가 일본으로 가는 것이 이 왕 36년이다. 실성왕과 미해의 출국 연도가 1년밖에 차이나지 않지만, 같은 미해를 두고 『삼국유사』의 내물왕 36년과 『삼국사기』의 실성왕 1년 사이에는 10년 이상 벌어져 있다.

이에 대해 우리는 한두 가지를 추측해 볼 수 있다.

내물왕 36년을 전후하여 신라는 고구려와 일본과의 우호관계를 위해 이렇듯 적극적인 볼모 정책을 썼다고 볼 수 있을까. 아니면 『삼국사기』의 실성왕이 고구려에 간 사건을 『삼국유사』는 미해가 일본에 간 사건으로 고쳐 놓은 것일까. 후자라면 『삼국유사』가 이 이야기에서 실성왕을 빼놓으려는 적극적인 의도로도 읽힌다.

제상이 고구려와 일본에서 두 왕자를 구출하는 우여곡절은 『삼국사기』와 『삼국유사』가 크게 다르지 않다. 신라에 배신하고 도망쳤다는 각본으로 일본 왕을 속이고, 오래지 않아 왕자를 빼돌린 다음, 제상 자신만 체포되는 과정 또한 크게 다르지 않다.

그러나 『삼국사기』에 없는, 『삼국유사』만이 그리고 있는 제상의 최후가 아연 눈에 띈다.

(일본 왕이) 제상을 가두고 물었다.

"너는 어찌하여 몰래 네 나라 왕자를 보냈느냐?"

"저는 신라의 신하요 왜 나라의 신하가 아닙니다. 이제 우리 임금의 뜻을 이루려 했을 따름이오. 어찌 감히 그대에게 말을 하리요."

왜나라 왕이 화를 내며 말했다.

"이제 네가 나의 신하가 되었다고 했으면서 신라의 신하라고 말한다면, 반드시 오형(五刑)을 받아야 하리라. 만약 왜 나라의 신하라고 말한다면, 높은 벼슬을 상으로 내리리라."

"차라리 신라 땅 개 돼지가 될지언정 왜 나라의 신하가 되지는 않을 것이오. 차라리 신라 땅에서 갖은 매를 맞을지언정 왜 나라의 벼슬은 받지 않겠노라."

왜나라 왕은 정말 화가 났다. 제상의 발바닥 거죽을 벗겨낸 뒤, 갈대를 잘라놓고 그 위로 걷게 했다. 그러면서 다시 물었다.

"너는 어느 나라의 신하냐?"

"신라의 신하다."

또 뜨거운 철판 위에 세워놓고 물었다.

"어느 나라의 신하냐?"

"신라의 신하다."

왜나라 왕은 굴복시킬 수 없음을 알고, 목도(木島)에서 불태워 죽였다.

「기이」편, '내물왕 김제상'조에서

다시 말하건대 이 대목은 『삼국유사』에만 나온다. 그 가운데 특히 "차라리 신라 땅 개 돼지가 될지언정 왜 나라의 신하가 되지는 않을 것이오. 차라리 신라 땅에서 갖은 매를 맞을지언정 왜 나라의 벼슬은 받지 않겠노라.(寧爲鷄林之犬豚, 不爲倭國之臣子, 寧受鷄林之荊楚, 不受倭國之爵祿)"는 구절이 하이라이트이다. 그리고 처절한 죽음의 묘사가 이어진다.

일연은 왜 이 대목에서 '발바닥 거죽을 벗겨낸 뒤, 갈대를 잘라 놓고 그 위로 걷게' 한다든지, '뜨거운 철판 위에 세워놓고' 신문(訊問)하는 장면을 집어넣었을까. 더욱이 이는 『삼국사기』를 인용한 대목이 아니다. 일연은 뭔가 다른 자료를 보고 있다.

유교적 전범을 강조하는 『삼국사기』와 적에게 잡혀 처절히 죽어간 현장을 묘사하는 『삼국유사』—.

이 차이에서 우리는 일연의 일정한 정치적 발언을 감지하게 된다. 제상을 잡아 죽인 적이 바로 일본이기 때문에 그렇다.

김제상의 탄생

충성스러운 신하의 눈물겨운 나라 사랑이 절절한 이 대목은 크게 보아 『삼국사기』의 그것과 다를 바 없어 보인다. '장작불로 온 몸을 태운 뒤에 목을 베었다'는 『삼국사기』의 처형 소식을 좀 늘려놓은 데 불과하다 볼 수도 있다. 그러나 이토록 세밀하게 그리는 『삼국유사』 저자의 의도에 대해서 조금은 다른 해석이 필요하다.

먼저 『삼국유사』의 제상 이야기에 실성왕이 빠졌다는 사실을 상기하자.

실성이 빠지므로 내물왕―실성왕―눌지왕 3대에 걸친 볼모 사태는 왕실 내부의 감정싸움처럼 된 『삼국사기』와는 완연히 달라졌다. 결국 신라와 주변 나라와의 외교에 얽힌 한 신하의 장렬한 죽음에 초점이 맞추어지는데, 『삼국사기』는 그것을 충신의 전범으로 한정하였지만, 『삼국유사』는 거기서 나아가 일본의 흉악한 처사에 무게 중심을 이끌어갔다고 할 수 있다. 왜 그랬을까.

일연이 『삼국유사』를 쓸 무렵 고려는 일본원정을 앞두고 있었다. 원정군을 독려하기 위해 충렬왕은 경주에 내려와 있었고, 일연은 왕의 처소로 불려간다.

고려는 앞서 원나라와의 전쟁에서 졌고, 일본 원정도 원의 강압에 따른 것이었다. 전쟁은 치러야 하지만 왕의 심정은 착잡했다. 그러므로 왕이 일연을 부른 것은 당대 고승으로서 그에게 심란한 마음의 한쪽을 털어놓고 위로 받자는 목적이었다. 그런데 일연으로서는 이 목적에만 봉사한 것 같지 않다.

일연은 경주에 머무는 기회를 계기로 박제상을 다시 생각했다. 성이 김(金)인 제상의 다른 이야기도 취재 했으리라. 출진(出陣)을 앞둔 병촌(兵村)에서, 애꿎은 군사를 사지(死地)로 보내는 고승이 해야 할 일은 얄궂게도 이들에게 싸워야 할 의욕을 고취시키는 것이었다. 그 의욕만이 그들이 죽지 않고 살아 돌아올 길이었다. 전쟁터에서 적개심(敵愾心)만큼 중요한 것은 없다. 그래서 이제껏 충성스러운 신하로만 그려지던 박제상은 '발바닥 거죽을 벗겨낸 뒤 갈대를 잘라놓고 그 위로 걷게' 해도 끝내 굴복하지 않는 기개의 김제상으로 다시 태어났다. 이 순간만큼 불승(佛僧) 일연은 적군을 앞에 둔 장수의 심정으로 바뀌어 있다.

적개심은 정치적 발언의 하나이다. 승려의 입장에서 사해중생(四海衆生) 누구 하나 귀하지 않은 생명이 없건만, 현실로 닥친 일연의 눈앞에 제도(濟度)할 중생은 보다 구체적이 된다. 모진 공포의 세월을 견뎌온 동시대의 동족에게 일연은 공허한 자비의 잣대만 댈 수 없었으리라.

이것이 일연의 정치적 감각의 하나이다. 세상의 모든 권력에 맞서서 창조적인 삶을 지속시키는 노력이다.

천·천·히·읽·기 ■

제상은 김씨인가 박씨인가

제상에 대해 『삼국유사』와 『삼국사기』가 각각 김씨와 박씨를 고집하는 바람에 성이 다른 한 사람을 두고 오늘날 많은 이들이 헛갈려 한다. 이런 예는 원광에게서도 찾을 수 있다. 자료에 따라서는 원광 또한 김씨라 하는가 하면 박씨라고도 한다. 이 까닭을 신라의 이중계보 때문이라 말하는 학자가 있다. 왕족간의 근친혼이 성행했던 그들로서는 친가와 외가 가운데 어느 계보에 맥을 잇느냐에 따라 성이 달라질 수 있다. 부계와 모계가 서로 뒤섞여 있으므로 생기는 현상이다. ■

7

일연이 꿈꾸었던 나라

일연의 글쓰기에서 정치적인 감각

국사도 당대의 권력이라면 권력이었다. 아니 권력의 핵심 가운데 하나였다. 그러나 일연은 그런 권력마저 놓아두고 낙향했으며,『삼국유사』의 편찬은 그때부터 본격화된 듯하다. 여든 살을 바라보는 노승에게 평생의 경험은 자연스럽게 정치적인 감각으로 자리 잡아 있었다. 무신간의 권력 투쟁, 몽골과의 전쟁이 그의 생애 내내 계속되었다. 그런 와중에 국사의 자리에까지 올랐으니, 그 또한 정치적 흐름 속의 한 부분을 차지했다. 그래서 만들어진 정치적인 감각은 그의 '『삼국유사』쓰기'에 모종의 역할을 하고도 남았다.

앞서 몇 가지 예를 들어 그런 정치적 감각에 대해 말했다.

먼저 선덕여왕의 경우—. 이에 대해서는 『삼국사기』와 견주어 살폈다.

일연은 일관되게 선덕의 지혜로움에 초점을 맞추었다. 선덕이 여성이라는 점에 시비를 붙이지 않았고, 당 황제의 놀림을 당차게 반박하는 모습을 긍정적으로 그렸다. 불교 사회로의 연착륙을 시도하는 선덕에게서 시대를 앞서 읽는 가능성까지 엿본다. 그의 선덕에 대한 시각은 개방적·진취적이었다.

다음으로 김춘추를 그리는 일연의 서술방법은 참으로 독특했다.

춘추가 백제를 정벌하는 대목에서 일연은 거의 전적으로 『삼국사기』를 인용하였는데, 신라의 백제 정벌 대목을 춘추가 주인공인 「신라본기」에서가 아니라 의자왕이 주인공인 「백제본기」에서 따왔다. 그러다 보니 승자인 춘추보다 패자인 의자왕이 주인공처럼 등장한다.

물론 이 조에서 춘추가 주변인물로 밀려나 있지는 않다. '태종 춘추공'조는 주인공이 중심에 있지 않으면서, 그렇다고 주변인물이라 말할 수 없는 절묘한 글쓰기로 이룩되었다. 춘추가 있지 않고서는 성립할 수 없는 이야기이기에 주인공의 역할을 하면서도, 기묘하게 주변을 어슬렁거리는 주인공일 뿐이다.

그래서 주인공이 아닌 주인공이라 말했다. 여기서 일연의 독특한 글쓰기 방법을 설명할 수 있었다.

일연은 '태종 춘추공'조에서 단순히 김춘추의 생애를 그리는 것으로 만족하지 않았다. 그의 시대에서 바라본, 전쟁의 승패가 주는 역사의 교훈을 찾자는 데 그 궁극의 목적을 두지 않았나 싶다. 국사로서 그는 역사의 교훈을 당대인에게 알려 주어야 할 필요가 있었기에, 전황을 알기로야「신라본기」쪽이 자세했지만, 일연의 관심은 전쟁 자체보다 전쟁에 임한 진 자의 허점을 분명히 밝혀야겠다고 생각한「백제본기」를 택했다.

이것이『삼국유사』안에서 일연의 정치적 감각 아래 이루어진 가장 극적인 글쓰기였다. 주인공이 아닌 주인공으로서, 춘추는 일연의 시대인 고려 말의 상황을 객관적으로 일러 줄 가장 훌륭한 거울이 되었다.

한편 문무왕은 활력을 모아 더 큰 활력을 구축하는 인물로 써 간다.

일연은 사천왕사를 통해 혼란을 그치게 하고, 나아가 불교적인 의의의 임종으로 희망을 불러일으킨 문무왕을 그렸다.

문무왕은 힘과 지혜로, 그도 저도 아니면 뇌물을 써서라도, 나라에 도움이 되고 백성을 안정시킬 일을 주저하지 않았다. 사천왕사를 짓고 남에게 섣불리 내보이지 않는 이 이야기를 실어 일연은 문무왕이 왕으로서 얼마나 처절히 나라를 지켜냈는가 보여주고 있다.

이 같은 일연의 정치적 감각은 그가 불승(佛僧)이었다는 점과, 국사라는 자리가 지닌 일정한 정치적 짐에서 형성된 것이었다.

정치적 감각의
절정

일연의 '『삼국유사』 쓰기'는 세상과 권력에 대해 보내는 메시지였다. 사실『삼국유사』의 곳곳에는 그가 바라는 이상적인 정치의 모습이 그려져 있다. 권력으로서 정치가 아닌, 권력에 맞선 창조적인 삶의 지속으로서 정치이다.

일연이 그린 흔적을 찾아가 보자.

[A] 환웅(桓雄)이 자주 하늘 아래에서 사람이 사는 세상을 찾아가고자 하였다. 아버지가 자식의 뜻을 알고, 아래로 세 봉우리가 솟은 태백산을 굽어보니, 널리 인간을 이롭게 할 만하였다.

[B] 졸본주에 이르러 비로소 도읍을 정하였으나, 궁실을 지을 겨를은 없어, 다만 비류수(沸流水) 위편에 띠 집을 짓고 머물렀다.

건국신화에 나오는 예이다. [A]는 환웅의 홍익인간이다. 널리 세상을 이롭게 하자는 환웅의 신시는 시대를 초월하는 정치 이념의 기초이다.

[B]는 주몽이 고구려를 세울 때의 상황이다. 금와의 아들들이 해치려 하자 주몽은 졸본으로 피해 와 그를 따르는 백성을 모아 나라를 열었다. 위엄찬 궁실을 짓기보다 띠 집을 짓고라도 백성과 함

께 하는 왕이 되고자 했다. 왕의 권위는 궁실에서 생기는 것이 아니다.

무엇이 삶의 지속으로서 정치요 권력인가를 보여 주는 일연의 의식은 여기 잠재해 있다.

일연의 의식은 의상 스님의 입을 통해서도 잘 드러난다.

통일 전쟁을 마친 문무왕은 무리하게 토목공사를 벌였다. 남산에 큰 창고를 만들고, 부산성(富山城)을 쌓기 시작해 3년 만에 마쳤고, 안북하(安北河) 가에다 철성을 쌓았다. 그러고도 서울에 성곽을 쌓으려고 이미 명이 관리들에게 내려졌다. 그때 의상이 왕에게 진언하였다.

―왕의 정치와 교화가 밝으면, 비록 풀이 가득 덮인 언덕에 금을 그어 '이게 성곽이다'라고 하더라도 백성들이 감히 함부로 넘지 못할 것이고, 재앙을 소멸시키며 복을 불러들일 수 있습니다. 그러나 왕의 정치와 교화가 밝지 못하면, 아무리 장성이 있더라도 재해가 사라지지 않을 것입니다.

왕이 밝으면 띠 집 아니라 언덕에 금을 그어도 권위는 선다. 의상의 이 충언은 일연이 지닌 정치적 감각의 절정이다. 등장인물의 입을 통해 일연은 뒤에서 발언하고 있다.

좀 더 뒤로 가서 신라 경문왕 때의 예를 하나 더 들어 보자.

왕의 이름은 응렴(膺廉)인데, 열여덟 살에 국선(國仙)이 되었다. 스무 살이 되자 헌안대왕(憲安大王)이 불러 궁중에서 연회를 베풀어주며 물었다.

"낭(郞)이 국선이 되어 사방을 돌아다니며 어떤 재미있는 일을 보았느냐?"

"좋은 일 세 가지를 보았나이다."

"그 이야기를 들어보자."

"높은 자리에 있으면서 낮은 사람들보다 겸손하게 사는 이가 첫째요, 큰 부자이면서 검소하게 옷을 입는 이가 둘째요, 본디 귀하고 힘이 있으면서 그 위세를 쓰지 않는 이가 셋째이옵니다."

왕은 그 말을 듣고 그의 어진 성품을 알았다. 눈물이 떨어지는 지도 모른 채 일렀다.

"내게 딸이 둘 있거니와 그들이 수발을 들도록 하겠노라."

「기이」 편, '48 경문대왕'조에서

응렴은 신라 제48대 경문왕이 된다. 선왕인 헌안왕이 그의 어떤 점을 높이 사 후계자로 정했던가, 일연은 그 점에 주목하고 있다.

응렴의 입은 곧 일연의 입 같다. 응렴의 이 대목을 쓰면서 일연의 입은 얼마나 근질거렸을까. 겸손한 이, 검소한 이, 위세부리지 않는 이―. 그것이야말로 이상적인 정치의 실현을 가능하게 하는 분자들이다. 응렴은 그런 좋은 일 세 가지를 말하지만, 곧 그 자신이 이를 실천할 사람임을 왕 앞에서 브리핑하는 것과 같다.

눈물이 떨어지는 줄도 모르고 감격한 이는 헌안왕뿐만이 아니었다. 다름 아닌 일연 그 사람이다.

일연이 그린 이상적인 정치상

일연은 보다 직접적으로 이상적인 정치 현실 자체를 그렸다. 그 가운데 첫 번째가 탈해왕의 경우이다.

[C] 우리는 본디 용성국(龍城國)의 사람들입니다. 우리나라에서 일찍이 28용(龍)이 사람으로 태어나 5~6세부터 왕위에 이어 올라 만백성들이 성명(性命)을 바르게 닦도록 하였습니다. 여덟 단계의 성골(姓骨)을 가졌는데, 차별을 두지 않고 모두 왕위에 올랐지요.

탈해가 신라의 동해 바닷가에 도착하여 박혁거세의 고기잡이 어미라는 의선을 만나 하는 말이다. 자기 나라 용성국의 정치체제를 설명하는 이 대목은 사실 신라의 초기 정치체제를 닮아 있다. 화백제도와 골품제 말이다.

그런데 용성국의 체제는 신라보다 훨씬 인간적이다. 차별을 두지 않고 모두 왕위에 올랐다는 대목이 그렇다. 마치 그리스의 민주정치를 연상하게 한다. 이는 탈해 설화를 채록하여 집어넣은 것이지만, 무심한 인용 속에 일연의 속내가 담긴 것 아니냐는 주장을 여기서도 똑같이 하겠다.

　백제를 말하는 대목에 오면 이는 아주 소박하면서도 따뜻한 정치의 모습으로 바뀐다.

　〔D〕또 호암사에 정사암(政事巖)이 있다. 나라에서 재상의 선임을 의논할 때에 뽑힐 만한 사람 서너 명의 이름을 써서 함 속에 넣고 봉해 이 바위 위에 둔다. 얼마 뒤에 떼 보아서 그 이름 위에 도장이 찍힌 자를 재상으로 삼았다. 그래서 정사암이다.

　〔E〕또 부여군에는 산이 셋 있다. 일산(日山)·오산(吳山)·부산(浮山)이 그것이다. 백제의 전성기에 그 위에 각각 신인(神人)이 살고 있었는데, 서로 날아다니면서 아침저녁으로 왕래가 끊이지 않았다.

　〔F〕또 사비수 언덕에 열댓 명이 앉을 만한 바위 하나가 서 있다. 백제의 왕이 예불하러 왕흥사에 거둥할 때에 먼저 이 바위 위에서 부처를 바라보고 절하였다. 그러자 바위가 저절로 따뜻해졌다. 그래서 이 바위를 돌석(埃石)이라 했다.

　위는 '남부여 전백제' 조에 나오는 예이다. 〔D〕의 정사암, 〔E〕의 세 산에 사는 신인, 〔F〕의 돌석이 백제만의 풍취를 풍기며 다가온다.
　백제는 고구려에서 갈라져 나온 집권세력이 남쪽의 지역 부족을 하나하나 정복하면서 발전하였다. 백제의 중심 활동지역은 전반과

낙화암 백마강 우리가 알고 있는 따뜻한 나라 백제는 그 후반기에 와서 만들어진 이미지이다. 일연은 백제의 이런 측면을 고맙게 보았다. 정사암이나 돌석은 대표적인 예이다.

중반의 기간 동안 한반도의 중부 지방이었다. 이른바 한성백제시대이다.

기실 이 기간의 백제는 '짝퉁 고구려'라고 해도 지나치지 않다. 자신만의 특성보다는 고구려의 정치와 문화를 옮겨 놓은 듯하다. 통치그룹이 거기서 왔으니 어쩔 수 없다.

그러나 도읍을 공주에서 그리고 부여로 옮겨 산 후반 160여 년간은 다르다. 집권 세력조차 남쪽의 따뜻한 기후만큼이나 달라져 간다. 중국의 남부 지방과 교류하며 그 영향 또한 크게 받았다. 서산의 마애불은 가장 대표적인 경우이다. 이제야 백제만의 특징이 오롯이 드러난다. 온화하고 부드러운 문화국이다.

그러므로 우리가 알고 있는 따뜻한 나라 백제는 그 후반기에 와서 만들어진 이미지이다.

일연은 백제의 이런 측면을 고맙게 보았다. 뒤늦게 만들어진 백제의 인상이 백제를 백제로 받아들이게 했다. 백제는 신라나 고구려와 다른 변별력을 갖추었다.

'남부여 전백제'조에 일연은 이를 집중적으로 부각시켰다. 정사암(政事巖)이나 각각 신인(神人)이 사는 산, 그리고 돌석(堗石)은 그가 지닌 이상적인 나라의 모습이 아닐 수 없다.

제4장 균형 감각

…… 사실 앞에서 논리를 양보하는 너그러움이나, 큰 것을 읽어내는 투시력이 소중하다. 너그러움과 투시력으로서의 글쓰기는 평온하다. 이 평온한 마음의 상태를 나는 균형 감각이라 말하고 싶다. 글쓰기 방법이 없으면 세련되게 쓸 수 없고, 얽매이면 자유스럽지 못하다. 방법과 자유스러움 사이에 균형은 찾아온다. 일연은 이 균형에 공고히 발을 딛고 있었다.

I

균형 감각에 대하여

평온한
마음의 상태

균형의 감각에 대해 말하자니 다시 한 번 김훈의 소설을 떠올리게 된다.

…… 세상에는 증명할 수 없는 것이 있고, 논리와 사실이 부딪힐 때가 있고, 미리 설정된 사유의 틀 안에 세상을 강제로 편입시키려 하는 경우가 있으며, 틀 안으로 들어오지 않는 세상의 무질서를 잘라서 내버리기도 하고, 가깝고 작은 것들 속에서 멀고 큰 것을 읽어내지 못한다…….

그럴 때 그럴 경우 사람은 어떻게 하는가. 떼를 쓰고 억지를 부린다.

말로는 그렇게 할 수 있다고 치자. 한번 흘러가 버리면 그만이니까. 그러나 글을 써서 그런 모습을 보였을 때가 문제이다. 글은 영원히 남기 때문이다.

그래서 사실 앞에서 논리를 양보하는 너그러움이나, 큰 것을 읽어내는 투시력이 소중하다.

너그러움과 투시력으로서의 글쓰기는 평온하다. 이 평온한 마음의 상태를 나는 균형 감각이라 말하고 싶다. 그러므로 균형 감각은 글쓰는 이가 갖추어야 할 필수적인 조건이다.

> 저 맑은 거울과 둔탁한 쇠가 원래 두 물건이 아니요, 휘몰아치는 파도와 고요한 호수가 함께 한 근원에서 나오느니, 그 근본은 같으나 끝이 달라지는 것은 연마하고 연마하지 않거나 움직이고 움직이지 않는 데 있을 따름이다. 여러 부처와 중생의 성품 또한 이와 같으니 다만 미혹함과 깨달음으로 구별되는 것이다.
>
> 민지(閔漬), 「보각국존 일연 비문」에서

미혹과 깨달음의 차이를 거울과 호수를 끌어들여 말한 이 대목은 기실 일연의 높은 깨달음의 경지를 말하려는 것이다. 그러나 이것은 곧 평온한 마음의 상태와 다르지 않다. 일연의 그 같은 상태를 민지는 잘도 표현해 냈다.

여덟 살 때 집을 떠나 절에서 공부를 시작한 일연은 어린 나이에도 불구하고 '때로 반듯이 앉아 저녁시간을 다 보내니' 그런 그를 '사람들이 기이히 여겼다'고 쓰고 있다.

균형감은
어디로부터 오는가

흔히 당해 봐야 안다는 말을 한다. 다시 한 번 객쩍은 내 경험담 하나를 풀어놓기로 한다.

아래로 일찍 죽은 동생 하나와, 이역 멀리 떨어져 사는 다른 동생 하나뿐이던 아버지는, 그래서였을까, 자식을 많이 두고 싶어 했고 그렇게 실천하였다. 아버지에게는 그럴 힘이 있었다. 자식을 낳을 힘과 키울 힘이 동시에 말이다. 일을 좋아했고, 다만 돈을 아주 많이 벌지 못한 점만 빼면 아버지는 정주영의 생애와 무척 닮은 이였다.

아니다. 또 한 가지 다른 점이 있기는 하다. 아들 가운데 어쩌다 나처럼 문학을 하는 별종을 두었다는 것이 그렇다.

장사야말로 세상에서 가장 값어치 있는 일이라 생각한 아버지에게, 그래서 문학을 하겠다는 아들이 마뜩찮아 보인 것은 당연하였다. 그런 마련해선 아들 또한 아버지에게 존경한다거나 살갑게 사랑한다거나 하는 감정을 가지고 있지 않았다.

그런 아들로 나는 아버지와 41년을 함께 살았다.

아버지는 세상을 뜰 때까지 자연 치아였다. 그가 얼마나 건강한 남자였는가는 이 하나로도 설명이 족하다. 뜻밖의 병이 찾아오지만 않았다면 너끈히 백 살을 넘기리라 누구도 의심하지 않았었다. 나도 그렇게 생각했기에, 내가 마흔한 살 되던 해 아버지를 여의면서, 아버지의 죽음을 실감할 수 없었다. 마흔 넘은 나이가 어지간하련만, 나는 아이 같았고 아버지의 최후를 먼 훗날의 일로만 생각하고 있었다. 장례를 치르는 사흘 내내 눈물 한 방울 나지 않았다.

그런 아버지가 새롭게 다가온 것이 내 나이 마흔여섯 살 때였다.

> 올해 바로 내 나이에
> 아버지는 나를 낳았다
> 지금부터 나는 늦둥이를 얻은 아버지의 마음이 되어
> 헤아리기로 한다. 이제야 나는
> 아버지와 같은 연대(年代)이다
>
> 졸시, 「늦둥이」에서

'올해 바로 내 나이'란 마흔여섯을 가리킨다. 이 나이에 아버지는 일곱 번째 아들인 나를 얻었다. 그러므로 '아버지와 같은 연대'의 기준은 내가 태어난 해이다. 나를 낳던 해 아버지의 그 나이에 이르러, 나는 아버지라는 한 남자를 생각했던 것이다.

흔히 당해 봐야 안다는 말을 한다.

당신에게는 예술적인 재능이 있었는데, 시조창으로는 거의 전문가적인 수준에 이르렀었고, 나는 아버지의 그런 재능을 물려받지 않았나 싶다. 내가 장사와는 아주 딴판의 길을 걷겠다고 판단했을 때, 아버지가 그것을 굳이 말리지 않은 것도 재능의 상당 부분이 당신에게서 나왔음을 인정했기 때문이었던 것 같다. 물론 흔쾌해하지는 않았었다. 그래서 그런 아버지에 대해 나는, 비록 적대적이지 않았지만, 그렇다고 우호적이지도 않은 쪽이었는데, 미움이나 사랑보다 못한 이런 무심함은 아버지와 내게 반반의 책임이 있다 생각하고 말았었다.

내가 마흔여섯이 되어서야, 그 나이에 나를 낳은 아버지가 시야에 잡혔다. 그래서 아버지와 같은 연대가 되었다 생각한 것이다. 나를 낳았던 그해의 아버지로부터, 아버지가 보았을 내가 구체적으로 느껴졌다. 그런 상황을 "내 안에는/마흔여섯 살의 아버지와/한 살의 나와/그리고 마흔 여섯 살의 내가/함께 살아간다"(「늦둥이」 2연)라고 썼다.

이 삼각관계에 한 가지만 더 추가되면 완벽했다. 나도 마흔여섯에 자식을 하나 더 낳았더라면 말이다. 그러면 훨씬 더 실감 났을지 모르겠다. 그러나 그럴 만한 용기가 내게는 없었다. 그 점에서 먼저 나는 아버지에게 1패—.

대신 이미 낳은 아이들의 어린 시절을 돌아보며 나는 마치 복기하듯 아버지의 심정을 헤아려 보았다.

그래서 알게 될까

내가 이해하는 것과 이해해야 할 것과
남이 이해하는 것과
남을 이해시켜야 할 것들

아버지는 이해했을까
이해해야 할 것과
남을 이해시켜야 할 것들 모조리 다 하고 갔을까

졸시, 「늦둥이」에서

문제는 여기에 있었다. 내가 자라면서 답을 내보려 했던 것들, 아이들을 키우면서 궁리했던 것들, 아마도 그것의 핵심은 세상과 인생에 대한 이해였고, 이해의 바탕에서 살아내려 한 생애였을 것이다. 새삼 아버지의 생애가 내게 다가온 것은, 어머니와는 다른, 한 남자로서 같이 경험하는 세상의 논리가 결부되었기 때문이다.

하여튼 당해 봐야 안다. 당해 보면 알게 되는 것, 그것이 균형 감각의 또 다른 수입처 아닌가.

표현의 혁신
사상의 혁신

일연이 아는 신라를 『삼국유사』에 바로 구현하는 데는 그의 균형 잡힌 글쓰기가 일조하였다. 시선을 약간 돌려 구체적인 증명 하나 찾아야겠다.

그가 남긴 또 다른 저작이 『중편조동오위』이다. 이 책에서 글쓰기와 언어미학과 관련된 주요한 용어를 추출하고 개념을 정리해 볼 수 있다. 물론 이는 어디까지나 『중편조동오위』를 대상으로 분석한 것이다. 다만 『삼국유사』와 관련된 균형의 시각에 보완할 수 있다.

어느 시대건 혁신을 요구하지만 일연의 시대는 그것이 더 절박했다. 고려의 불교가 출발 단계에서는 교종 중심이었다가, 대각국사 의천을 지나면서 교종과 선종의 합일을 시도하고, 중기 이후에는 선종이 분위기를 바꾸어 놓는다. 그런데 선종조차도 어록이나 선시를 짓는 일이 구태의연해진다. 이를 극복해야 하는 단계에 일연은 살았다.

이것은 표현의 혁신이다. 그런데 표현의 혁신은 내적인 사상의 혁신 없이 불가능한 것이었다.

일연은, "근래에 도를 말하는 자들은 왕왕 명수(名數)에 사로잡혀서 옛사람이 말한 묘처를 잘못 이해하는 일이 많다"라고 말하였다. 명수

민영규 선생이 발굴한 일연의 「중편조동오위」 일본으로 건너가 다시 출판된 일연의 『중편조동오위』가 발굴된 것은 지난 1980년대 초반이었다. 이제는 번역본까지 나왔다.

에 사로잡혀 있다는 말은 관습화되고 고정화된 관념에 머무르고 있다는 의미이다. (중략) 혁신성을 갖추기 위해서는 사상의 혁신도 꾀해야 하겠지만, 무엇보다도 표현에서의 혁신이 요구되었다.

정천구, 「중편조동오위와 삼국유사」에서

혁신은 표현과 사상에서 균형을 맞추어야 했다. 나아가 글쓰기 방법에 매이면 공교하게 쓸 수는 있으나, 그것은 집착이어서 자유자재한 것이 아니라고 하였다. 여기서는 또 다른 균형을 요구한다. 집착과 자유 사이이다.

글쓰기 방법이 없으면 세련되게 쓸 수 없고, 얽매이면 자유스럽지 못하다.

  방법과 자유스러움 사이에 균형은 찾아온다. 집착을 벗어난 자유자재의 글쓰기를 실현하고자 한 일연이었다고 한다면, 사물과 사건에 대한 그의 태도는 균형의 거기에 공고히 발을 딛고 있었다고 말할 수 있다.

일연의 기반과 반대편

이제 일연의 글쓰기에 나타난 균형의 감각을 말하려 한다. 대상과 사건에 대한 균형의 유지를 일연은 전면적으로 고민하였다.

  가령 불교와 민간신앙이 극심히 교차한 신라 사회를 일연은 어떻게 바라보았는가.

  일연은 불승(佛僧)이었다. 불교가 국가종교인 고려에서 국사를 지낸 고승(高僧)이었다. 그래서 『삼국유사』 전편에도 불교가 차지하는 비중은 막대하지만, 다른 한편 신라를 온전히 그리자면 불교만으로 가능하지 않다는 사실 또한 잘 알고 있었다. 신라를 넘어 단군조선부터 시작하는 민족의 생활사를 쓰자면 더 말할 나위 없다.

  이것은 자신의 기반과 반대편과의 조율의 문제이다. 균형 감각의 핵심이다.

  다시 말하지만 일연의 기반은 불교였다. 그가 살았던 고려 사회의 불교는 국가종교였다. 승려에 대한 대우는 두터웠다. 일연은 그

가운데서도 승과(僧科)에 장원 급제한 엘리트였다. 승려 또한 진급이 있었거니와, 일연은 늘 선두주자였다. 승려로서 일연의 자부심은 결코 적지 않았으리라 보인다.

그냥 넘어간다면 자신의 기반인 불교로 신라를 거둬들이기란 어렵지 않았다. 신라 사회의 중심이 불교에 가 있었기 때문이다.

그럼에도 불구하고 『삼국유사』에 나타난 그의 시선은 불교 하나가 아니다. 자신이 기반하고 있는 반대편의 상황에 대해 눈 감거나 거부하지 않았다. 불교 이전의 민간신앙, 불교 이후에도 지속되는 사회적 관습의 반복을 충실히 담았고, 때로 불교의 폐해를 비판하는 시각조차도 그대로 받아들였다.

그러나 불교의 법을 섬기면서 그 폐단을 알지 못하였다. 마을마다 탑이 즐비하게 서고, 여러 백성들이 중의 옷을 입고 숨자, 군대와 농업은 점차 줄어들어 나라가 나날이 쇠약해졌다. 어찌 어지러워 망하지 않으리오.

「기이」편, '김부대왕'조에서

일연은 '사론(史論)에서는 이렇게 논했다'고 한 다음, 『삼국사기』의 「신라본기」 가장 끝에 실린 신라에 대한 총평을 옮겨 왔다. 아마도 총평은 김부식이 썼을 것이다. 위 대목은 그 가운데 한 부분이다.

매우 엄중하면서도 날카롭게 불교의 폐단을 지적했다. 나라가 망한 원인을 온통 불교에 뒤집어씌우는 듯한 인상을 주지만, 일연은 이에 괘념하지 않고 인용하였다.

　이제 일연의 기반이 되는 것과 그 반대편, 그리고 두 편의 절묘한 균형을 유의 깊게 살펴보기로 하자.

2

일연의 기반

불교로 보는 사회
불교로 보는 역사

한반도의 동남쪽에 치우쳐 가장 후진적인 나라였던 신라가 어떻게 삼한 통일의 주역이 되었는가를 설명하는 일연의 의중은 다분히 불교적이다.

신라가 삼국 가운데 불교를 제대로 수용했을 뿐만 아니라, 국가 종교로까지 발전시켰다고 일연은 보고 있다. 그리고 그것은 곧 국력의 발전과 평행선을 간다. 제대로 수용하고 발전시킨 신라 쪽에 강조점을 찍은 것이다. 곧 불교를 발전시켰기에 나라가 발전했다고 보았다. 우리는 이를 두고 일연의 불교역사주의라고 말한다.

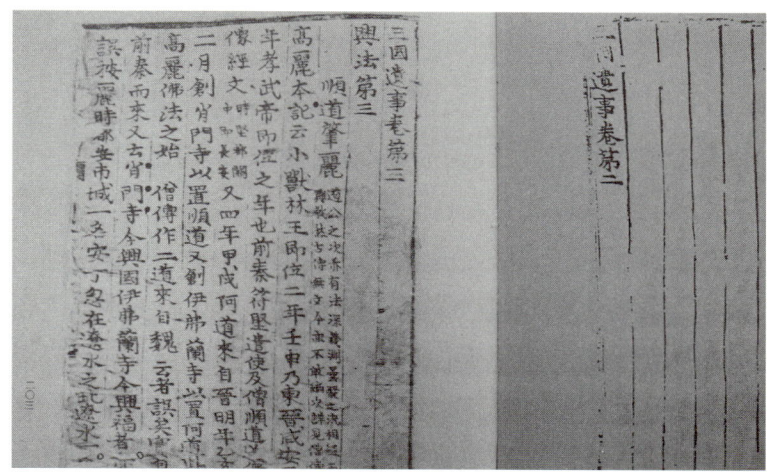

소수림왕 때 고구려의 불교 수입을 전한 『삼국유사』의 기록 소수림왕은 5세기 대국 고구려의 기반을 마련한 사람이다. 고국원왕이 백제와의 싸움에서 전사하는 절체절명의 위기 속에 왕이 되어, 불교와 유교를 받아들이고 법령을 만들었다.

이는 일연의 기반이라 말해도 좋다. 그는 불교로 사회를 보고, 불교로 역사를 본다. 거기서 벗어날 수는 없다.

신라의 반대편에는 고구려가 있다.

고구려는 가장 먼저 불교를 받아들였을 뿐만 아니라, 재빨리 격을 갖추고, 정치적인 활용 방법까지 알았다. 그랬던 왕이 소수림왕(小獸林王, 371~383년 재위)이다.

소수림왕은 5세기 대국 고구려의 기반을 마련한 사람이다. 아버지인 고국원왕이 백제와의 싸움에서 전사하자, 이 절체절명의 위기 속에 왕이 되어, 불교와 유교를 받아들이고 법령을 만들었다.

이것은 고구려의 국격을 높이는 3박자 정책이었다. 그의 고구려는 조카인 광개토왕에 와서 화려한 결실을 맺는다.

이런 소수림왕에 대해서도 일연은 단 한 번, 불교의 고구려 수입에서만 언급하고 말았다. 광개토나 장수는 그 이름조차 보이지 않는다.

절체절명의 위기 속에 왕위에 올라

소수림왕 없는 광개토왕은 생각할 수 없다. 아들 없이 죽은 소수림을 이어 그의 동생 고국양왕이 등극했고, 광개토는 고국양의 아들이었다.

그러나 이런 관계만으로 광개토의 소수림을 말하는 것이 아니다.

소수림왕이 즉위하던 371년, 고구려는 일찍이 없었던 위기에 처해 있었다. 아버지인 고국원왕은 백제와의 전쟁에서 화살에 맞아 전사하였다. 백제군이 평양성까지 쳐들어와 벌인 전투에서였다. 다행히 355년에 태자로 책봉되어 충분한 정권 이양 훈련을 받은 소수림이었다. 그렇기는 하나 남쪽으로 백제의 위협과 북쪽으로 중국의 복잡한 정치상황이 만만치 않았다. 하지만 왕위에 있었던 기간 불과 13년, 짧은 사이에 그는 이 위기를 극복했다. 광개토는 그런 바탕에서 고구려 대국의 문을 활짝 열었다.

부왕이 전쟁 중에 사망하는 절대 위기를 소수림왕은 어떻게 극복할 수 있었을까.

그에 대해서 아주 간단하게 전해 주는 역사상의 몇 가지 사실만으로 우리는 그의 시대를 구성할 수밖에 없다. 그러나 그것은 고구려의 국격이 만들어지는 무척 중요한 의미를 띠고 있다. 372년 불교 공인과 태학의 설립, 373년 율령의 반포가 그것이었다. 소수림왕은 사상과 교육과 법률의 틀을 즉위 3년 안에 발 빠르게 마무리 지었다.

서양에서 313년은 로마제국의 기독교 공인이라는 큰 사건으로 기억된다. 서방의 정제 콘스탄티누스는 밀라노에서 동방의 정제 리키니우스를 만나 자신의 동생과 결혼하게 하고, 제국의 여러 문제를 논의하는 가운데 기독교를 공인하기로 한다. 이른바 밀라노 칙령이다.

콘스탄티누스가 기독교 진흥 정책을 쓴 데에는 다분히 정치적인 이유가 있다고 말한다. 내전에 내전을 거듭하는 전쟁 끝에 권력을 잡은 콘스탄티누스에게 확고한 권력 기반은 무엇보다 필요했다. 그는 여기에 기독교의 힘을 이용하기로 한다. 황제는 교회의 권위와 하느님의 권위에 따라 임명된다는 원칙을 세웠다. 인간이 마음대로 바꿀 수 없는 것이다. 기독교 공인 10여 년 후, 콘스탄티누스는 리키니우스를 제거하고 로마제국의 유일한 최고 권력자가 되었다.

서양에서 기독교가 동양으로 오면 그 자리에 불교가 보인다. 종교의 정치적인 역할이 무엇인지 묻노라면 그것은 거의 틀림없다. 로마의 기독교 공인으로부터 꼭 60여 년 뒤, 고구려도 같은 상황을 맞고 있었다.

소수림왕이 즉위한 지 2년 되는 임신년(372년)은 곧 동진(東晉)의 함안(咸安) 2년으로 효무제(孝武帝)가 즉위한 해이다. 전진(前秦)의 부견(符堅)이 사신과 승려 순도(順道)를 통해 불상과 경전을 보내 왔다. 또 4년 갑술년(374년)에 아도(阿道)가 진(晉)나라에서 왔다. 다음 해 을해년(375년) 2월에 성문사(省門寺)를 짓고 그곳에 순도가 있게 하였으며, 이불란사(伊弗蘭寺)를 짓고 그곳에 아도가 있게 하였다. 이것이 고구려에서 불교가 비롯된 바이다.

먼저 『삼국사기』가 쓰고 『삼국유사』가 그대로 인용한 고구려의 불교 전래 사실이다. 불교의 전래가 왜 하필 소수림왕 때인가. 우리는 그 답을 로마의 기독교 공인과 비교하며 생각해 볼 수 있다.

불교의 정치적인 효용에 눈을 뜨고

이 시기의 중국은 위진남북조 시대이다. 위(魏)나라를 이어 진(晉)나라가 중국의 정통왕조를 이었으나, 북방 오랑캐에게 쫓겨 동쪽으로 달아나 동진이라 이름하고 있을 때, 장안(長安)은 전진의 부견이 차지하여 도읍을 삼고 있었다. 『삼국사기』가 거추장스럽게도 동진의 연호를 가지고 연대를 나타낸 것은 사대주의의 한 표현이지만, 중원의 실질적인 주인은 전진이었다. 바로 그 나라에서 고구려에 불교가 전래된다.

그런데 이것은 전래일까? 혹 소수림왕이 먼저 손을 내밀어 적극적으로 초빙한 것은 아닐까?

고구려는 실질적인 중국의 패자인 전진과 좋은 관계를 유지할 필요가 있었다. 앞의 왕 때에 고구려를 괴롭히던 전연(前燕)은 전진의 공격을 받아 쇠퇴하였으며, 드디어 370년 전진에 의해 멸망하였다. 이때 고국원왕은 고구려로 도망쳐 온 전연의 태부 모용평(慕容評)을 체포하여 전진에 송환시켰다. 전진과의 우호관계를 위한 조치였다. 소수림도 아버지의 이러한 정책을 충실히 지키며, 남쪽으로 백제를 경계하고 있었다.

사실 이 무렵 중국의 불교는 도약의 시기였다.

> 혼돈된 사회상은 불교로부터 해답을 요구함으로써 영혼불멸설·인과응보설·전세윤회설 등 정신적 해탈을 추구하게 하는 불교 교의가 발달하고 있었다.
>
> 정수일, 『고대문명교류사』에서

이렇게 발달한 불교를 고구려는 받아들였다. 중국과 가장 가까이 있다는 장점을 살린 것이다. 왕이 전도승(傳道僧)을 맞이해 사원을 세우고 승려와 신자들을 키웠다. 이 점이 중국 쪽에서 전파해 주는 것이 아니라 고구려가 적극적으로 받아들였다고 보는 근거이다. 그것은 불교의 교리를 원용하여 만드는 왕의 불교적 권위였다.

그러나 공식적으로 받아들여지는 이때에 고구려가 비로소 불교를 알았던 것은 아니다.

문명교류사 입장에서 종교의 전파는 초전(初傳)과 공전(公傳)으로 나뉘어 이해된다. 초전은 민중 사이에서 자연스럽게 수수되는 전파이다. 종교적 사명을 띤 전도자들의 비공식적인 전도는 상당 시간 앞서 진행된다. 이에 따라 저변에 분위기가 형성되었을 때, 그리고 정치적인 입장에서 필요하다고 판단되었을 때, 국가는 공인이라는 절차를 마련한다.

고구려에도 꽤 이른 시기에 불교가 전파되어 있었음을 알려 주는 이야기가 『삼국유사』에 실려 있다. 일연은 『삼보감통록(三寶感通錄)』을 인용해 "고구려 요동성(遼東城) 곁에 탑이 있다"라고 쓴 다음, 노인들이 말하는 신이한 이야기를 소개하였다.

옛날 고구려 성왕(聖王)이 국경을 둘러보려 이 성에 이르렀소. 다섯 색깔의 구름이 땅을 덮고 있는 것을 보고, 가서 구름을 헤치며 찾자,

한 승려가 지팡이를 짚고 서 있었지. 가까이 가면 곧 사라지고, 멀리서 다시 나타나는 것이 보였소. 그 곁에 흙으로 된 3층탑이 있었다오. 위는 솥을 덮은 것 같았으나 무엇인지 잘 몰랐소. 다시 가서 승려를 찾았지만 오직 마른 풀만 남았고, 한 길쯤 파 보니 지팡이와 신발이 나왔지. 다시 파서 산스크리트어로 쓰여 새긴 글도 발견했고. 왕을 모시던 신하가 알아보고 말했소. '이것은 부처님의 탑입니다.'

왕이 자세히 말하라고 재촉했소. '한(漢)나라 때 있었습니다. 저 이름은 포도왕(蒲圖王)입니다.' 왕은 부처님을 믿게 되어 7층 목탑을 세웠지. 뒷날 불법이 시작될 때에 이런 저런 사정을 모두 알게 되었소.

「탑상」편, '요동성 육왕탑'조에서

일연은 여기서 고구려 성왕이 누구인지 잘 모르겠다고 하였다. 포도왕은 물론 부처를 가리키는 말인데, 이 탑은 아소카왕이 온 세계에 불교를 전하려 세운 석주 가운데 하나로 보고 있다. 소수림왕이 불교를 공인하기 훨씬 이전의 일이다.

소수림왕이 독실한 불교신자였는지는 잘 모르겠다. 절을 짓고 승려를 받아들였으나, 자신의 순수한 불심에 따라 행한 일 같지는 않다. 아무래도 고구려의 불교 공인은 정치적인 목적의식이 더 뚜렷해 보인다. 불교 공인과 함께 태학을 설립한 것은 하나의 방증이 된다. 태학은 유교적 정치이념에 충실한 인재를 키워, 중앙집권적 정치제도에 적합한 관리를 배출할 목적이었다. 그렇다면 불교와 유교를 기능과 역할에 따라 함께 받아들인 셈이다. 다분히 공리적이다.

바로 다음 해인 373년, 율령(律令)을 반포하여 국가통치와 사회질서 유지를 위한 규범들을 갖춘 것은 소수림이 펼친 정책 개발의 완성이었다. 율(律)은 형법법전, 영(令)은 비형벌적 민정법전으로 중국에서 성립된 성문법이라 알려져 있다. 불교, 유교, 법령의 3박자 정책은 이렇듯 한순간에 이루어졌다.

일연이 애써 주목한 것은 이 가운데 불교이다. 그의 기반이기에 어쩔 수 없다.

소수림왕이 북쪽의 전진과 우호적인 관계를 유지하는 한편, 중국으로부터 다양한 문명을 받아들인 다음, 백제의 예봉을 꺾고 나라의 기틀을 마련한 것은 불과 30여 년이 지나지 않아 결실을 맺었다.

13년간의 소수림, 7년간의 고국양을 거쳐, 한 사람에게 조카이자 한 사람에게 아들인 광개토가 나타났다. 그가 10년 재위 만에 결실을 맺었다. 그래서 소수림왕 없는 광개토왕은 생각할 수 없다는 것이다.

나중 된 자가
먼저 된다

불교에 관한한 신라는 극심한 우여곡절을 겪었다. 곡절은 언제 처음 불교가 신라에 들어왔는지부터 시작하였다.

고구려나 백제와 달리 신라의 불교 유입을 설명하는 유력한 주장만도 세 가지나 된다. 첫째, 눌지왕(417~458년)과 비처왕(479~500년) 시대라는 『삼국사기』의 주장, 둘째, 법흥왕(514~540년) 때라는 『해동고승전』의 주장, 셋째, 미추왕(262~284년) 때라는 『수이전』의 주장이 그것이다. 이 가운데 어느 주장이 가장 합당한지 따지는 일은 뒤로 미뤄 두자. 이렇듯 여러 주장이 있다는 것만으로도 신라에게 불교가 얼마나 골치 아픈 상대였는지 말해 주는 반증이다.

왜 이다지 여러 가지 설이 나왔을까? 그것은 신라의 불교 유입 경로가 그만큼 여러 가지였고, 신라에 불교를 전파하려는 시도가 그만큼 여러 차례였음을 말한다. 실패에 실패를 거듭한 끝의 성공이었다.

우여곡절 끝에 자리 잡은 신라의 불교는 신라를 신라답게 하는 데 결정적인 역할을 하였다. 신라의 역사야말로 불교를 빼놓고 생각하기 어렵다. 찬란한 그들의 문화가 불교를 바탕으로 이루어졌으며, 정치체제의 안정이 불교를 통해 이룩되었다. 쉽게 얻은 것은 귀한 줄을 모른다. 어렵게 손에 쥔 보물을 소중히 여기고 간직하고 새로운 보물을 만들어 낸다. 신라에게 불교는 그런 것이었다.

'먼저 된 자가 나중 되고, 나중 된 자가 먼저 된다'는 말은 기독교의 『성서』에 나온다. 아이러니하게도 이 말을 우리나라 역사에 대입해 보면, 삼국의 불교 수용이 마치 그런 모양새를 하고 있다. 불교가 삼국에 들어오기는 고구려가 가장 먼저였으며, 백제가 다음을 잇고, 신라는 가장 나중이다. 그런데 불교로 한 사회의 꽃을 피우기는 신라에서였다. 신라의 불교는 나중 된 자가 먼저 된 하나의 좋은 사례이다.

고구려가 왕실 차원에서 불교를 맞아들여 절을 짓고 승려를 배출해 낸 데 반해, 신라는 승려를 마치 불법입국자처럼 대하였다.

묵호자(墨胡子)는 믿고 따르는 신도의 집에서 굴을 파고 숨어 지내다 제대로 뜻을 펴보지 못한 채 떠나야 했다. 뒤를 이어 비처왕 때 아도(阿道)가 찾아왔는데, 불법체류자 처지는 같았으나 그나마 신도 몇을 만들고 죽었다. 일연이 『삼국유사』에서 신라 불교의 처음을 아도로부터 본 것은 이 때문이었다.

일연은 김용행의 「아도본비(我道本碑)」를 들어가며 그에 대해 자세히 소개하였다.

본디 아도는 고구려 사람이었다. 어머니는 고도녕(高道寧)인데, 위나라 사람 아굴마(我崛摩)가 고구려에 사신으로 왔다가 그를 가까이 한 다음 돌아갔다. 이 때문에 임신하여 아도를 낳았다. 다섯 살 때 출가하였고, 열여섯 살에 위나라로 가서 아버지를 만난 다음, 현창 화상(玄彰和尙)의 가르침을 받아 공부했다. 열아홉 살에 귀국하여 어머니에게로 돌아가자 어머니가 신라로 갈 것을 명령하였다. 이때가 미추왕 2년(263년)이었다. 신라 불교의 미추왕 전래설은 여기서 나왔다.

그러나 일연은 아도가 미추왕 때 사람임을 부정했다. 비처왕 때(479~499년)라야 이치에 맞는다는 것이다.

다만, 아도가 공주의 병을 낫게 한 일, 비밀리에 신도를 모아 가르친 일 등은 받아들이면서, 묵호자에게도 똑같은 일화가 전하므로 아도와 같은 사람일 가능성이 높다고 했다. 묵호자건 아도건 이름을 나타내는 고유명사가 아니라 승려를 가리키는 일반명사이다. 묵호자는 검은 승복을 입은 모습에서, 아도는 아두(阿頭)라고도 하는데, 삭발한 머리 모습에서 나온 말이다.

공주의 병을 고치자 묵호자에게 많은 상을 내리려 하였지만, 잠깐 사이에 어디로 갔는지 알 수 없었고, 아도는 후원자인 왕이 죽자 사람들이 해치려고 해 자리를 피하고 말았다. 신라에서 불교가 자리 잡기는 이렇게 어려웠다.

이차돈의 죽음과
불교 공인

아도의 시대가 지나고 30여 년이 흘렀다. 그사이 비처왕에서 지증왕을 거쳐 법흥왕의 시대가 왔다.

남몰래 불도를 닦던 사람으로 성이 박(朴)이며 이름을 염촉(厭觸)이라 하는 이가 있었다. 염촉은 한자식 이름인데, 염(厭)을 신라 말로 이차(異次)라 하고, 촉(觸)은 돈(頓)이라 하여, 우리가 흔히 이차돈으로 부르는 그이이다.

아버지는 잘 모르겠으나, 할아버지 아진찬 종(宗)은 곧 습보갈문왕(習寶葛文王)의 아들이었다. 아진찬이라면 신라 17관직 가운데 4위, 진골이나 성골이 아니면 오를 수 없는 높은 자리이다. 그렇다면 이차돈의 집안이 왕족이었음을 알 수 있다. 앞서 나온 「아도본비」에는, 이차돈의 그때 나이가 스물여섯이고, 아버지는 길승(吉升), 할아버지는 공한(功漢), 증조할아버지는 걸해대왕(乞解大王)이라고 하였다. 그러나 일념(一念)이 지은 「결사문」에는 스물두 살로 나온다.

우리가 여기서 주목할 바가 '남몰래 불도를 닦던' 이차돈이라는 대목이다.

스물여섯 살의 아직 젊은 관료인 이차돈이 사실은 불교 신자였다는 것인데, 이렇듯 남몰래 불교 신자가 된 사람이 이 시기에 이미 꽤 있었다. 제아무리 탄압을 한다 해도 아도 이후 점점 신자수가 불어났던 것이다.

신라 사회가 불교에 대한 거부감이 강했던 것은 기존의 민간신앙이 그만큼 강했기 때문이었다. 신라 초기부터 민간신앙을 바탕으로 하는 제사가 성행했고, 지증왕 때에는 아예 신국(神國)을 선포

이차돈의 순교 왕의 명령을 받고 형리가 이차돈의 머리를 베었더니 흰 젖이 솟아나 한 길이나 되었다. 붉은 피가 아니라 흰 젖. 부처님의 감응을 나타내는 이야기의 절정이다. ⓒ양진

하기까지 하는데, 이는 곧 기존 집권 세력의 자기보호 행동이기도 했다. 여기에 새롭게 들어오는 불교는 민간신앙과 그 격을 달리할 뿐만 아니라, 이로 인해 새로운 세력이 형성되는 계기를 만들어 주어, 기존 세력의 경계대상이 되었던 것이다. 스물여섯 살의 젊은 관료 이차돈은 바로 이런 새로운 세력을 상징한다 할 것이다.

기존 세력이 새로운 불교세력을 경계하는 가장 큰 까닭은 왕이 그들을 비호한다는 데 있었다.

법흥왕 이후 왕실은 보다 강력한 통치체제를 만들어 기존의 귀족세력보다 큰 힘을 행사하려 했다. 불교라는 종교는 새로운 이념

을 제공해 주기에 족했다. 그들은 왕족을 부처님의 일족으로 격상시키며 신성한 권력을 만들어 나가려 했다. 법흥왕은 그런 원대한 포부를 가지고 있었다. 불교를 공식종교로 인정하고 받아들이면 왕은 부처의 신성성을 얻고 이제까지와는 다른 권위로 신하를 다스릴 수 있다. 그러므로 법흥왕의 불교 공인에는 고도의 정치적인 계산이 깔려 있었다.

문제는 기존의 세력이 만만하지 않다는 사실이었다. 새로운 젊은 세력은 아직 그들을 대항할 만한 힘을 갖추고 있지 못하였다.

비처왕 때에 궁중에서 향 피우는 일을 맡은 승려가 궁주와 내통하다 적발되어 죽음을 당한 사건이 있었다. 『삼국유사』 '사금갑(射琴匣)'조의 이야기가 그것이다. 실은 힘을 기르지 못한 새로운 세력이 기존의 세력에게 제압당한 일이었다고 할 수 있다. 법흥왕의 때에 이르자 분위기가 어느 정도 갖추어졌다. 이차돈 같은 충성스럽고 지혜로운 젊은 신하가 나왔던 것이다. 더욱이 그는 불교에 대한 믿음이 강렬했다.

이차돈의 불심은 정치적인 목적이 깔려 있는 법흥왕의 의도보다 더 높은 것이었다.

뭐라 해도 제 목숨만큼 버리기 어려운 것은 없을 것입니다. 그러나 제가 저녁에 죽어 커다란 가르침이 아침에 행해지면, 부처님의 날이 다시 설 것이요, 임금께서 길이 평안하시리다.

「흥법」편, '원종흥법 염촉멸신'조에서

그리하여 부처의 날과 임금의 평안을 위해 두 사람 사이에 시나리오가 만들어졌다. 이차돈은 '그릇되게 말씀을 전했다 하여 신에게 목을 베는 형벌을 주시라'고 왕에게 말했다. 왕의 명령에 감히 어길 수 없도록 서슬 푸른 모습을 보이고, 그 여세를 몰아 불교 공인에까지 바로 이르라는 것이었다.

여기서 '그릇되게 말씀을 전했다' 함은 무엇일까?

왕이 절을 지으려 하자 일부러 늦추어 그 명령을 전했다는 것인데, 『삼국유사』의 기록이 이러하지만 『삼국사기』는 좀 다르게 적고 있다. 『삼국사기』에서는 불교를 받아들이자 주장하는 이차돈과 그에 반대하는 다른 신하들 사이에 언쟁이 벌어졌는데, 법흥왕이 할 수 없이 이차돈에게 형벌을 주는 쪽으로 결론 내린다고 적었다. 스물여섯 살의 젊은 관료가 대신들과 격론을 벌인다는 설정이 조금은 어색하다. 도리어 기왕 목숨을 던진다면 왕에게 힘을 한껏 실어 주는 쪽으로 가겠다 결심하는 『삼국유사』의 기록이 더 그럴듯하다.

어느 쪽의 기록이건 한 가지 공통점이 있다. 왕의 명령을 받고 형리가 이차돈의 머리를 베었더니 흰 젖이 솟아나 한 길이나 되었다는 것이다.

붉은 피가 아니라 흰 젖—.

부처님의 감응을 말하는 흰 젖은 이 이야기의 절정이다. 이차돈은 순교의 흰 꽃이었다.

신라 불교에 대한 일연의 태도

신라에 불교를 전하고 정착시킨 이들이 순교의 피를 뿌렸다는 데에서 일연의 필치는 더욱 극적으로 나갔다.

'아도기라(阿道基羅)' 조에 아도본비(我道本碑)를 인용하면서 일연은 "미추왕이 세상을 뜨자 나라 안의 사람들이 아도를 해치려고 하였다. (아도) 스님은 모록의 집으로 돌아와 손수 무덤을 만들고 문을 닫고 자결했다"는 대목을 고치지 않고 그대로 수록하였다. 『삼국사기』에서 "또 비처왕 때에 아도 화상도 곁에 세 사람을 데리고 모례의 집에 왔다. 겉모습이 묵호자와 비슷한데, 여러 해를 머물며 아프지도 않다가 죽었다"는 대목과는 미묘한 차이가 난다. 일연은 두 기록을 모두 인용하지만 조금씩 다른 부분을 뒷사람의 논의에 맡긴다 했는데, 다분히 '자결' 쪽에 무게 중심을 두는 듯하다.

순교의 피는 순결한 것이다. 이 전통은 아도에서 생겨 이차돈(염촉)으로 이어졌다. 신라의 불교가 운명적으로 뿌리 깊게 박히는 것은 무엇보다 이 순교에 힘입은 바 컸다. 그러기에 일연은 '원종흥법(原宗興法) 염촉멸신(厭髑滅身)' 조의 시에서 다음과 같이 노래한다.

> 의에 죽고 생을 버림도 놀라운 일이거니
> 하늘의 꽃 흰 젖 더욱 깊이 느껴지네
> 어느덧 한 칼에 몸은 사라진 뒤

절마다 쇠북소리는 서울을 흔든다

徇義輕生已足驚, 天花白乳更多情. 俄然一劒身亡後, 院院鍾聲動帝京.

이차돈의 목을 치자 붉은빛이 아닌 흰 젖 같은 피가 솟구쳤다는 이적을 시화한 것이 처음 두 줄이다. 그리고 세 번째 줄에서 '몸은 사라진 뒤'라고 하여, '신망후(身亡後)'라고 쓴 것은, 몸은 비록 사라졌지만 그의 정신은 오롯이 살아남아 후세에 전해졌다는 시적 함의이다. 그러기에 절마다 울리는 종소리가 온 나라를 흔드는 것이다.

이렇듯 일연이 바라 본 신라는 찬란한 불교의 나라이고, 불교이기에 찬란한 신라를 만들었다는 생각이 굳건하다. 다시 말하거니와 그것이 일연의 기반이다.

그러나 일연이 그렇게 생각했다고 해서 신라는 불교의 나라만 아니었다. 신라가 그렇다고 해서 일연 또한 신라의 불교만을 『삼국유사』에 담으려 하지 않았다. 종착은 불교에 두고자 했으나 신라가 가진 민속종교의 여러 면을 담아 두는 데 게으르지 않았고, 더러 그 둘 사이의 갈등과 다툼 속에서 신라만의 독특한 신앙양태가 절묘하게 살아 있었음을 보여 주고 있다. 이는 그의 균형 잡힌 글쓰기의 태도에서 나온 결과물이었다.

3
민간신앙을 보는 눈

연오랑 세오녀 이야기에서 보는 일연의 속내

신라의 무속신앙을 구체적으로 보여 주는 이야기는 『삼국유사』 「기이」편의 '연오랑 세오녀'조에 실려 있다.

한갓진 해변에 살던 평범한 부부가 어느 날 바위를 타고 바다를 건너가 일본의 왕과 왕비가 되었다. 나는 앞선 책에서 이 이야기의 의미를 자세히 설명한 바 있다. 연오랑 세오녀 이야기의 첫 대목에 나오는 서기 2세기 중반의 일본이니 왕이니 하는 용어에 대해서는 다른 설명이 필요하지만, 핵심은 동해 바닷가에 살던 한반도의 부부가 일본열도로 그 사는 곳을 옮겼다는 것이다.

그리고 그들은 가서 왕과 왕비라는 극상의 대우를 받았다.

바위를 타고 바다를 건넌다는 사실 자체가 그들을 신비스럽게 만들었지만, 외적의 침입에 대해 극도로 민감했던 때였으니만큼 도리어 귀신으로 몰려 죽음을 당할 수도 있었는데, 과연 일본열도의 사람들은 어떤 면을 보았기에 부부에게 고난 대신 영광을 주었다.

그러나 이 이야기는 처음부터 연오와 세오의 일본행을 쓰기 위해 나오지 않았다. 해와 달이 빛을 잃는 신라가 문제였다.

신라의 왕이나 신라 사람들은 당황했다. 고기잡이하며 사는 동해 바닷가의 평범한 부부가 바위를 타고 바다를 건너가는 일이 벌어질 줄이야 상상이나 했겠는가. 그런 그들이 해와 달을 움직이는 정령과도 같은 존재였음을 짐작이나 했겠는가. 쥐도 새도 모르게 출국한 연오와 세오 부부가 야속할 따름이다.

일이 벌어지고 나니 그 같이 엄청난 존재를 파악하지 못하고 있었다는 불찰로 그 책임을 돌릴 수밖에 없었다.

부랴부랴 부부를 찾아가 신라로 다시 돌아오기를 간청하는 것은 그 때문이었다. 문제는 연오와 세오의 출국이 그들 스스로의 결정에 따른 것이 아니라는 사실이었다. '하늘이 시켜서' 이런 일이 벌어졌음을 말하는 연오이지 않은가.

대안으로 왕비가 짠 비단을 가지고 돌아와 신라가 문제를 해결할 수 있었음은 그나마 천만다행이었다.

이런 연오랑 세오녀 이야기는 어떻게 해석될 수 있는가.

연오와 세오는 해와 달의 정령(精靈)을 의인화한 것은 월명사의 이야기에 가면 이는 더욱 극적으로 나타난다. 월명은 「도솔가」와 「제망매가」를 남긴 사람이다. 「도솔가」는 다름 아닌 해가 둘 나타난 변괴를 물리치기 위해 지은 노래이다. 월명은 해를 다스린 사람이었다. 그런가 하면 월명은 달도 다스린 사람이었다. 달 밝은 밤 피리를 불고 길을 가는데 달이 따라왔다는 것이다. 해와 달이 제 빛을 내는 것이야말로 세상이 바로 서 있는 증거나 다름없었다.

연오와 세오의 이야기는 해와 달을 매개로 월명의 시대까지 이어지는 것이다.

여기에 또 한 가지, 연오와 세오를 문면 그대로 받아들여 바닷가에 사는 어부의 어떤 비극적인 죽음과, 그 죽음을 애도하는 혼 굿의 전승으로 볼 수 있다. 지금도 동해안 일대에서는 바다에서 죽은 이의 넋을 달래는 수망굿이 장엄하게 펼쳐지곤 한다. 연오와 세오의 이야기는 수망굿의 원형적인 스토리로 볼 수 있다.

세오가 짠 가는 비단을 가지고 와 하늘에 제사지냈다는 대목으로부터도 여러 가지 해석이 나왔다. 제물로서 비단에 방점이 찍히는 것이다.

사실 여성 사제가 베를 짜서 이를 신의(神衣)로 삼아 하늘에 제사지내는 의식은 동서양을 막론하고 널리 퍼져 있는데, 보다 분명한 이야기의 형태를 가지고 남아 있는 연오와 세오의 경우는 무척 중요한 실례에 속한다. 이를 가지고, 영일 바닷가를 중심으로 하는 지역이 비단의 생산지였으며, 직물신(織物神)에게 드리는 감사의 제례에서 이 이야기가 나왔을 가능성이 크다.

어떤 해석이 되던, 연오와 세오는 신라의 민간신앙이 줄기를 이루는 이야기의 주인공이다. 일연은 이 이야기를 있는 그대로 『삼국유사』에 실었다. 비록 불승일지언정, 불교에 기울지 않는 태도가 이것을 가능하게 했다. 이를 일연의 균형 감각 가운데 하나라 해도 좋겠다.

혁거세왕의
고기잡이 어미

강조할 필요도 없이 신라는 불교를 모른 채 시작한 나라이다. 자생적이건 어디서 연원하여 들어왔건 민속종교라고 묶어서 말할 신라의 고유 신앙이 있었다.

「기이」편의 '제2대 남해왕'조에는 『삼국사기』「신라본기」의 초반부 곧 남해왕부터 지증왕까지 사이에 나온 왕의 칭호에 대한 이런저런 이야기를 간추려 적어 놓았다. 그 가운데, "신라에서 왕을 부를 때 거서간이라 하는데 그곳 말로 왕이다. 간혹 귀인을 부를 때 쓰는 칭호라 하고, 어떤 이는 차차웅을 자충(慈充)이라고도 한다. 김대문(金大問)은, '차차웅은 이 지방 말로 무당을 일컬으며, 세상 사람들이, 무당이 귀신을 섬기고 제사를 받들므로 이를 두려워 공경하다 보니, 높으신 분을 자충이라 하였다'라고 하였다"는 기록이 먼저 눈에 띈다.

무당은 원문에서 '무(巫)'라고만 표시하였다.

그러므로 무당이 남무(男巫)일지 무녀(巫女)일지 확실하지 않으나, 신라가 제정일치의 원시적인 국가공동체로 출발하였음을 보여 주는 기록이라 할 수 있다. 실로 시호가 확립되는 지증왕대 이전까지 신라에서는 왕이라는 말조차 쓰지 않았을 가능성이 높다.

제정일치의 원시적인 공동체를 보여 주는 또 다른 증거가 하나 있다.

제4대 탈해왕은 석(昔)씨 성의 처음 왕이다. 박혁거세로 시작하여 그의 손자까지 3대에 걸쳐 직계가 왕위를 잇는 사이, 돌연 석씨가 나타나 왕이 된 데는 주변의 호의만 끼어들어 있지 않다. 복잡한 정치적 소용돌이 속에 의연히 그 배후역할을 해내는 한 무녀가 있다.

"(탈해의 배가) 계림의 동쪽 하서지촌에 있는 아진포에 이르렀다. 마침 포구 가에 아진 의선(阿珍義先)이라는 노파가 살았는데, 혁거세왕의 고기잡이 어미였다"는 대목을 다시 보기로 하자. 「기이」편의 '제4대 탈해왕'조의 처음 부분이다. 여기서 논란이 되기는 '아진 의선'이라는 사람의 정체이다.

아진 의선은 '아진포에 사는 의선'이라고 풀 수 있겠다. 그런 의선의 신분을 '혁거세왕의 고기잡이 어미'라고 한 것이 논란의 핵심이다.

하서지촌 탈해의 배가 계림의 동쪽 하서지촌에 있는 아진포에 이르렀다. 마침 포구 가에 아진 의선이라는 노파가 살았는데, 혁거세왕의 고기잡이 어미였다. 의선은 탈해도 거둔다.

원문에는 '고기잡이 어미'를 해척지모(海尺之母)라 쓰고 있다.

해척은 고기잡이를 업으로 하는 사람을 뜻한다. 가척(歌尺)은 노래하는 사람, 무척(舞尺)은 춤추는 사람과 같은 용례가 보이기 때문이다. 한편 수척(水尺)은 무당을 뜻한다. 여기에다 신라 귀족의 제4등 파진찬(波珍湌)의 별명이 해간(海干)이었음을 가지고 수척과 해간을 묶어 보면 해척이라는 말이 나올 수 있다.

그렇다면 사제의 임무를 맡은 고위급의 여성을 해척이라 불렀음 직하다.

시대는 아직 제정일치사회였다. 거기서 나아가 사제는 그대로 두고, 남성이 왕의 권력을 떼어내 독립하는 일이 벌어지는 때를 우리는 고대왕권사회라 부른다. 신라에서 처음 그 일을 한 사람은 혁거세였는데, 그의 뒤에는 아진포의 의선이 사제로서 든든히 받쳐 주고 있었으리라. 이런 롤 모델을 따라 두 번째로 배출된 이가 탈해였다고 보인다.

노파는 배를 바라보면서, "이 바다에 바위가 없었거늘 웬 까닭으로 까치가 모여 우는가"라고 하며, 날랜 배를 보내 살펴보게 하였다. 까치는 한 배 위에 모여 있었다. 배 안에 궤짝 하나가 실렸는데, 길이가 20자요 너비가 13자였다. 그 배를 끌어다 수풀 한 귀퉁이에 두었지만,

그것이 좋은 징조인지 아닌지를 몰랐다. 하늘을 향해 맹서를 하자 곧 열렸다. 그 안에 단정하게 생긴 사내아이와 일곱 가지 보물 그리고 노비들이 가득 담겨 있었다. 7일 동안 먹여 주었더니 그제야 말을 하는 것이었다.

「기이」편, '제4대 탈해왕'조에서

박혁거세는 그가 어디 출신인지를 극도의 비밀에 부쳤다. 하늘에서 내려왔다든지, 중국 황실의 공주가 신라로 옮겨 와 선도산의 신모가 되어 거기서 태어났다든지, 신화로 도배된 기록이 전면에 나서 있다.

그런데 뜻밖에 탈해의 출신 배경담에 와서 비밀이 새는 느낌이다. 도배된 신화의 뒤편에, 정작 자신을 키운 이는 시골 바닷가의 무당이었음을 나타내는 '해척지모'라는 말이 '제4대 탈해왕'조에서 일연의 입을 통해 나왔을 때, 우리는 전후의 모순된 기록 속에서 사실에 근접한 어떤 힌트를 얻게 된다. 『삼국사기』만 해도 아진의 선을 '해변의 할머니(海邊老母)'라고 적었을 뿐, 혁거세와는 아무런 상관성도 말한 바 없다.

그에 비해 탈해는 그 출신이 명확하다. 신화적인 수사로 덧칠해진 껍데기를 벗기고 나면, 든든한 교사요 후원자인 의선을 찾아와

혁거세처럼 키워달라고 부탁하는 모양새가 드러난다.

의선은 감각적으로 탈해의 비범을 알아챘나 보다. 좋은 징조인지 아닌지 모를 배 한 척을 끌어다 놓고 의선은 하늘에 기도하고 있으며, 궤짝의 문이 열리자 하늘의 뜻으로 받아들이고 7일 동안 먹여준다. 7일은 단군신화의 곰이 동굴에서 보낸 3×7일을 연상하게 한다. 탈해가 나중에 돌무덤에 올라가 7일을 머문 것과 함께, 7일이나 세이레가 주는 민간신앙적인 습속이 거기에 포함되어 있다.

탈해는 토함산을 넘어 경주로 들어가, 호공의 집을 꾀를 써서 빼앗고, 지략을 인정받아 남해왕의 사위가 되었으며, 처남인 노례왕과 어처구니없는 내기로 왕위를 양보하다가, 끝내 제4대 신라의 왕에 올랐다.

일연은 이 모든 시간표의 작성자를 아진포 무녀 의선이라고 밖에 볼 수 없다고 생각한 것 같다. '혁거세의 고기잡이 어미'라는 한 구절을 집어넣어 이해의 힌트를 우리에게 주고 있는 것이다.

정사(情死)한 승려

비록 민간신앙이 불교와 일정 부분 대척점에 있다 해도, 불교가 이 땅에 뿌리를 내리기 이전의 일들이니 그것을 있는 대로 받아들여 기록한 점을 두고, 일연의 균형감의 소산이라 말하는 것은 지나치다는 느낌이 없지 않다. 그렇다면 보다 더 확실한 예를 하나 더 들어야겠다.

정사(情死)한 승려의 이야기 —.

그것도 왕의 후궁과 궁 안에서 은밀한 사랑을 나누다 살해된 이야기. 이런 정도면 승려의 붓끝으로 옮겨 적기 조금은 저어스러울 것이다. 그런데 적었다.

신라가 불교를 국가종교로 인정하는 법흥왕(514~539년)의 때가 다가오고 있었다. 이미 오래전부터 신라의 안팎에서는 불교가 알게 모르게 퍼졌음을 우리는 한 사건을 통해 짐작한다. 비처왕 10년 (488년)에 터진 사금갑(射琴匣) 사건이다.

법흥은 지증왕(500~513년)의 맏아들이고, 왕7년에 율령을 반포하여 고대왕권국가의 기반을 놓는다. 법흥왕의 '법'은 율령을 가리키는 것이자, 왕15년에 이차돈의 순교를 계기로 불교를 공인한 데서도 비롯한다. 지증(智證)이라는 시호 또한 지혜를 증득함, 곧 바른 지혜에 의해 열반을 증명한다는 불교식 이름으로도 볼 수 있다.

지증과 법흥이 완연한 불교 분위기에 기울었음에 비해 그 앞인 비처왕의 때는 민속종교와 신흥종교 간에 갈등하는 시기였다고 해야겠다. 예의 사금갑 사건을 일연은 다음과 같이 자세히 기록하였다.

왕이 천천정에 행차하였다. 때마침 까마귀가 쥐와 함께 와서 우는

데, 쥐가 사람의 말을 했다.

"이 새가 가는 곳을 찾으시오."

왕은 말 탄 병사를 시켜 쫓게 했다.

남쪽으로 피촌(避村)에 이르자 돼지 두 마리가 싸우고 있었다. 잠시 그것을 구경하다 문득 까마귀가 간 곳을 놓치고 말았다. 길가에서 헤매고 있을 때 마침 한 노인이 나타났다. 연못 가운데에서 나와 편지를 바치는데 겉면에, "뜯어서 보면 두 사람이 죽을 것이오, 뜯지 않으면 한 사람이 죽는다"라고 쓰여 있었다. 병사는 돌아와 그것을 왕에게 바쳤다.

"두 사람이 죽는 것보다야 뜯지 않아 한 사람이 죽는 게 낫겠지."

왕이 그렇게 말하자 일관(日官)이 아뢰었다.

"두 사람이란 일반 백성이요, 한 사람이란 왕입니다."

왕도 그럴 것 같아 뜯어 보게 하였다. 거기에는, "거문고의 갑을 쏘아라"라고 쓰여 있었다.

왕이 궁으로 돌아와 거문고의 갑을 쏘게 하였다. 그랬더니 내전의 분수승(焚修僧)과 궁주가 몰래 정을 통하고 있는 것이었다. 두 사람은 참형을 당하였다.

「기이」 편, '사금갑'조에서

이런 사건이 벌어진 배경과 그 결과에 대해 알고자 문면을 따라가자면, 본분을 망각한 패역한 승려의 비참한 말로를 그린 것처럼 보이고, 폐쇄된 왕실 안에서 문란한 성 풍속이 사회적 문제가 되었

서출지 한 노인이 연못 가운데에서 나와 편지를 바치는데 겉면에, "뜯어서 보면 두 사람이 죽을 것이요, 뜯지 않으면 한 사람이 죽는다"라고 쓰여 있었다. ⓒ양진

으며, 이를 해결해 내며 쌓아올리는 신라의 도덕적 무장이 완연 강인했음을 나타낸 것으로도 보인다.

특히 이 모든 과정에서 곳곳에 포진한 신라인의 협력이 왕실을 향한 충성심으로 가득하다는 점 또한 인상적이다.

연못 가운데서 걸어 나와 편지를 바치는 신이한 노인은 말할 것도 없고, 그것은 까마귀나 쥐 그리고 돼지 같은 동물에게까지 이어져 있다. 백성 둘의 희생보다 왕을 잃는 피해가 더 클 것이라는 일관의 조언은 충성심 그 자체요, 결과적으로 국가의 큰 이익에 공헌하는 현명한 판단이 되었다.

그런데 이 이야기를 어떤 무속의식의 시나리오로 보며 다시 읽어 볼 필요가 있다.

왕이 행차한 천천정은 의식의 장소이다. 사람의 말을 하는 쥐가 등장하는데, 이는 쥐로 분장한 소무(小巫)일 것이며, 날아가는 까마귀도 나는 흉내를 내는 무당의 일원으로 보인다. 까마귀를 따라가는 다음 의식은 돼지의 싸움이다. 이 판이야말로 굿의 중심이다. 사슬 위에 통돼지를 올려놓는 의식은 지금도 서울 부군당 굿에서 쉽게 볼 수 있다. 절정의 순간이다. 이런 절정의 순간에 신탁(神託)의 글을 받쳐 든 무당이 나타난다. 글을 해석하는 일관은 무당의 우두머리라 할 수 있는데, 그에 의해 활을 쏘는 행위가 마무리로 이어진다. 사방으로 활을 쏘며 귀신을 쫓아내는 의식은 지금도 굿판에서 벌어진다.

그렇다면 이 이야기는 왕까지 참여하는 무속행위의 전형적인 모습을 담았다 할 것이다. 그 목적은 한 해의 길흉화복을 점치고, 액운을 물리치기 위함이다.

사금갑 사건의 기록 끝에 일연은 새로 생긴 풍속 하나를 소개하였다.

이로부터 나라 안에 풍속이 생겨났다. 매년 정월 첫 해(亥)일, 자(子)일, 오(午)일에는 삼가 근신하며 어떤 일도 하지 않았다. 또 15일은 까마귀가 꺼린 날로 삼고, 찰밥을 지어 제사 지내는데, 지금까지 행해진다.

「기이」편, '사금갑'조에서

해는 돼지, 자는 쥐, 오는 까마귀를 가리킨다. 곧 이 이야기에 등장하는 동물들이다. 오(午)는 본디 말인데 이를 까마귀를 나타내는 동음이의어인 오(烏)를 대입시켜가면서까지 이야기를 만들어냈다.

굳이 정월의 첫 해(亥)일, 자(子)일, 오(午)일에 근신한다는 것으로 보아, 이는 새해맞이 행사임을 알 수 있다. 오늘날 전국적인 신년 마을 굿과 다름이 없다.

다만 이런 의식은 어떤 유래를 가지고 있게 마련인데, '몰래 정을 통하다 적발된' 궁주와 분수승은 실제 사건이었을지 모른다. 이 사건에서 유래하여 매년 같은 시나리오를 가지고 굿판이 열렸을 것이다.

문제는 왜 하필 분수승인가, 하는 점이다.

신라가 아직 불교를 공인하지 않은 시점이기에, 분수승의 존재와 그 정체에 대해서는 정설이 없다. 법당의 향불을 사르며 정해진 시간에 기도하는 역할이 주어진 승려라는 일반적인 설명밖에는 말이다.

그런데 비처왕의 시기에 오면 상당한 숫자의 불교 인구가 생겼으리라 보인다. 이 사건이 일어난 해가 법흥왕의 불교 공인으로부터 불과 30여 년 전이고, 아도가 와서 불교를 전파하던 때가 바로 이 왕 때였으며, 묵호자가 처음 신라로 온 것이 앞선 눌지왕 때였다. 특히 묵호자가 병든 눌지왕의 딸을 고쳐 준 일은 선교의 호기였다. 이를 계기로 신라인 사이에서 암암리에 불교가 퍼져 나갔으리라는 것이다.

일찍이 「흥법」편의 '아도기라(阿道基羅)' 조에는, "아도화상도 곁에 세 사람을 데리고 모례의 집에 왔다. (중략) 아도가 죽은 뒤에도 모시던 세 사람은 머물며 경률(經律)을 가르쳤는데, 더러 더러 믿는 사람이 생겨났다"라는 기록이 있었다. 벌써 신자는 생겼던 것이다.

그러나 신라 주류 세력의 불교에 대한 거부감은 완강했다. 후원을 해 주던 "왕이 세상을 뜨자 나라 안의 사람들이 아도를 해치려고 하였다"는 기록은 그 일부에 불과하다.

사금갑 사건의 본질은 불교에 대해 거부감을 지닌 기존 세력의 보다 큰 규모의 조직적인 불교 탄압이었다. 분수승의 사통(私通)은 그 자체로 문제 삼을 수 있으나, 이것을 해마다 환기시키며 승려의 이미지를 떨어뜨리는 연례적인 행사로까지 확대한 데서 저간의 사정을 짐작하게 된다.

신라의 민속 종교는 기존 세력의 이해득실과 맞아 떨어져 새로운 종교의 등장 앞에 그 위력을 잃지 않고 있었다. 사금갑 사건은 이를 웅변하는 상징적인 사건이었다. 그러나 그것은 또한 기존 세력이 지닌 힘의 절정이요, 이제 기우는 달과 같이 절대자의 자리에서 내려와야 하는 출발점이기도 하였다.

일연은 기존의 민간신앙에 대해 쓰는 것을 소홀하지 않았다. 자신이 승려의 신분이지만, 분수승의 해괴한 사건을 써두는 것도 꽤 넘치 않았다. 이것을 일단 일연의 글쓰기에서 균형 감각의 요체라 해 두자.

그런데 그것으로 끝이 아니다. 그런 태도의 글쓰기였기에 우리에게 전모를 보여 주는 미덕이 드러나지만, 결국은 중흥하는 불교의 건실한 내막을 보여 주었다.

일연의 균형 잡힌 기술은 여기서 빛을 발하였다.

4
균형의 글쓰기

절묘한 동거로 이룬 균형

민속 종교의 위력이 강한만큼 새로운 외래 종교가 발을 붙이기 쉽지 않았지만, 그런 시련을 겪어 냈기에 불교는 신라에서 튼튼히 뿌리 내릴 수 있었다. 그러나 불교가 기존의 민속 종교를 몰아내고 대체세력으로 그 자리를 차지하고자 했다면 이 또한 불가능했을 것이다. 민속 종교와 불교 사이에는 매우 절묘한 동거가 이루어졌다.

화랑에게 붙여진 세속오계는 하나의 예에 불과하다. 보다 큰 구조적인 유합(類合)의 예가 '제석(帝釋)'이라는 말에서 찾아진다.

예컨대 단군신화에서 일연은 '환인' 아래에 '제석'이라는 주석을 붙이고 있다.

환인의 어원을 찾자면 『리그베다』의 주인공 인드라로 거슬러 올라간다. 인드라는 뇌정신(雷霆神)이라고도 불리는데, 산스크리트어 정식 명칭은 사크라드바남인드라, 한자어로 번역하여 석가제환인다라(釋迦提桓因陀羅)이다. 이를 줄여 석제환인(釋帝桓因)이라 하고 의역한 이름이 제석천(帝釋天)이다.

여기서 제석은 무엇인가? 단군신화에 나오는 환인이나, 일연이 주석을 붙인 제석은 모두 불교의 이름이지만, 제석은 단순히 불교에만 의지한 이름이 아니었다. 고대적인 천신(天神)의 개념과도 통하는 것이다.

그런데 불교와 아무 상관없는 단군신화에 불교의 이름인 환인이 본문에 쓰이고, 이를 일연이 굳이 천신에 가까운 개념의 '제석'으로 주석을 달아 놓았다는 것이 이채롭다. 한마디로 단군신화는 불교적 용어에 용해되어 들어갔다. 불교가 들어오고, 신라에서 시작하여 고려 전반기를 지나 일연이 사는 13세기에 오면 더욱 그렇다.

이런 현상을 설명한 연구자가 있다.

본래 하늘님, 즉 천신을 뜻하는 우리 고유어가 있었을 것이나 문자로 정착되는 과정에서 천(天)·천제(天帝)·황천상제(皇天上帝)·상제(上帝)라는 한자 용어로 표현되는 한편, 당시 유행되던 환인 또는 제석이란 불교관념의 용어로도 쓰인 것으로 생각된다.

안지원, 『고려의 국가불교의례와 문화』에서

불행히도 우리 고유어로는 하늘님을 뜻하는 말이 남아 있지 않다. 한자를 받아들이자 한자로 표기됐고, 불교가 들어오자 불교 용어로 대체되었다. 문명의 발달 과정에 언어란 이렇게 중요한 역할을 한다.

이는 단순히 용어의 문제에만 그치는 것이 아니다.

―우리 고유의 하늘 관념에 입각해 불교의 도리천(忉利天)을 수용함으로써 고대적 천신과 제석이 동일시되어 제왕이 천손이라는 고대 지배이데올로기가 자연스럽게 불교의 제석신앙과 결합될 수 있게 하여 제석신앙이 지배이데올로기로 기능하는 것을 가능케 하였다는 것이다.

앞선 인용의 다음에 나오는 구절이다.
고유의 하늘 관념은 불교의 도리천과 내용상 다르지 않다. 그러므로 하늘 관념에서 제왕은 불교의 제석으로 연결된다. 그래서 어느덧 제석신앙이 이데올로기가 되고, 모든 표현은 불교적으로 바뀐다.
형식은 내용을 지배한다. 마르크스가 한 이 말은 우리 고대사회의 지배 이데올로기의 변화에서도 그대로 적용된다.

신라 사회에서 대표적인 예가 진평왕이 설치한 내제석궁(內帝釋宮)이요, 그의 딸 선덕여왕이 유언한 도리천이다.

여기서 선덕의 도리천은 앞서 설명하였었다. 도리천에 묻어 달라는 유언에 신하들은 그곳이 어딘지 몰라 묻는데, 선덕은 낭산(狼山) 남쪽이라 찍어 준다. 한참 뒤, 문무왕이 선덕의 무덤 아래에 사천왕사(四天王寺)를 짓게 되자, 사천왕 하늘의 위에 도리천이 있다는 불교적 공간이 완성된다. 처음엔 그냥 낭산 아래 무덤이었으나, 이제 사천왕천 위가 되니, 이곳이 도리천이다.

눈 감지 않은
자기 기반의 저편

불교와 민속 종교의 넘나듦은 계속되었다. 그러나 신라 사회에는 전통의 이름으로 이해할 수밖에 없는 사건이 계속 일어났다. 「기이」편에서 가장 매력적인 인물 가운데 하나인 비형랑이 그런 경우의 하나이다.

비형은 죽은 진지왕의 혼령이 찾아와 과부로 사는 도화녀를 만난 다음 거기서 태어난 아들이다.

반인반귀(半人半鬼)라고나 할까.

그래서 그는 낮에는 사람으로 밤에는 귀신으로, 하루를 24시간 내내 살았다. 참으로 특이한 캐릭터이다.

비형이 왕의 부탁으로 고용한 귀신이 길달이다. 그런데 귀신일 뿐인 길달은 인간 세계에 잘 적응하지 못하고 결국 여우로 변해 숨어 달아나 버리고 말았다. 그랬더니 비형이 귀신을 시켜 잡아와 죽였는데, 죽은 귀신을 또 죽인다는 게 해괴하게 보이지만, 이 일로 다른 귀신의 무리들이 비형의 이름을 듣고 두려워하였다.

귀신을 쫓아내는 효과—, 사람들이 이를 놓칠 리 없다. 그래서 지어서 부른 노래가 다음과 같다.

> 귀하신 왕의 혼으로 아들을 낳으니
> 비형랑 그 사람의 방이 여기네
> 날고뛰는 가지가지 귀신들아
> 이곳에 머물지는 말아라
> 聖帝魂生子, 鼻荊郎室亭. 飛馳諸鬼衆, 此處莫留停.

「기이」편, '도화녀 비형랑'조에서

일연은 이 노래 끝에, "사람들 사이에서 이 노래를 붙여 귀신을 쫓는 습속이 생겼다"는 설명을 붙였다. 마치 처용의 얼굴을 그려 귀신을 쫓는 풍속과 흡사하다.

민간에서 유행한 이러한 풍속은 당연히 민속 종교가 그 바탕에 깔려 있다.

사실 『삼국유사』「기이」편의 '처용랑 망해사'조에서 처용의 이야기는 가장 중심에 서는 화소이지만, 이 조를 전체적으로 보면 왕이 사방의 신들을 만나는 '신 찾아 삼만 리'이다. 처용은 왕이 동으

포석정 또 왕이 포석정에 갔을 때이다. 남산의 신이 왕 앞에 나타나 춤을 추는데, 곁의 신하들은 보지 못하고 오직 왕만이 보았다. ⓒ양진

로 갔을 때 만난 용왕신의 아들이었다. 뒤를 이어 남쪽과 북쪽 그리고 서쪽으로 가서 왕이 만난 신들은 다음과 같이 묘사된다.

또 왕이 포석정에 갔을 때이다. 남산의 신이 왕 앞에 나타나 춤을 추는데, 곁의 신하들은 보지 못하고 오직 왕만이 보았다. 어떤 사람이 앞에 나서서 춤추니, 왕이 손수 따라 춤을 추며 형상으로 보여 주었다. (중략)

또 왕이 금강령에 갔을 때이다. 북악의 신이 나타나 춤을 추는데, 옥도검(玉刀鈐)이라 불렀다. 또 동례전에서 연회를 할 때에는 지신이

나와 춤을 추는데, 지백급간(地伯級干)이라 불렀다.

「기이」편, '처용랑 망해사'조에서

남쪽의 남산 신, 북쪽의 북악 신, 서쪽의 지신이 차례로 나온다.

이 이야기의 주인공 헌강왕은 신라 하대인 875년부터 10년간 재위하였다. 이때라면 신라 불교는 난숙한 경지에 이르러 있었다. 그럼에도 불구하고 신라를 지키는 토속적인 신들이 여전히 활동하고 있다. 그런 나라가 신라였다.

일연은 그런 신라를 잘 알고 있었고, 어떻게 그려야 그것을 온전히 보여 줄 수 있는지 또한 알고 있었다. 바로 균형 잡힌 인식, 균형 잡힌 기술(記述)밖에 없었다.

균형 감각이 말하는 것

균형은 사상에서 갖추어지고 표현으로 이룩되어야 의미가 있다. 앞선 시대의 『삼국사기』가 심각한 불균형의 상태에서 삼국 시기 역사를 불충분하게 만들어 버린 결과를 일연은 누구보다 잘 알고 있었다. 김부식은 혁신적인 시대의 유자(儒者)였는데도 그랬다.

전철을 밟지 않으려는 일연의 생각은 자신이 불자(佛者)이면서도 불교와 불교 아닌 것의 구분 없는 기술에 가장 유의했다.

진정 일연이 '인간이 겪은 시간 전체를 살아가는 생활인'이었다면 그의 성품 속에 자리 잡은 가장 귀한 가치는 균형이었다. 우리는 앞서 그 같은 균형 감각이 빚어낸 글쓰기를 둘러보았다.

불교 역사주의의 관점에서 역사의 발전이 불교의 그것과 궤를 같이 한다 하였지만, 이와 더불어 엄연히 살아 있는 민간신앙의 현장을 일연은 외면하지 않았다.

혁거세와 탈해의 출자(出自)가 민간신앙에 뿌리를 두고 있음을 은연중에 밝혔으며, 연오랑과 세오녀의 전승은 민간의 비극적인 사건이 전설로 강화되어 간 것임을 놓치지 않았다. 드디어 불교와 민간신앙이 대립하는 현장에 서서, 그들이 맞닥뜨린 운명적 대결의 구도는 실로 신라가 거치지 않으면 안 될 통과의례임을 알았다. 이미 불교가 자리 잡은 신라 하대에 이르러서조차 왕이 찾아 나선 동서남북의 호국신을 불순한 것으로 보지 않았다. 그것이 결코 불교적이 아님에도 불구하고 말이다.

그렇다면 우리는 앞서 제시한 김훈의 소설 한 구절로 다시 눈길을 돌리게 된다.

…… 증명할 수 없는 것을 증명하려 떼쓰지 않고, 논리와 사실이 부딪힐 때 논리보다 사실을 중시했으며, 불교의 틀로 모든 것을 재단하려 하지 않고, 그 틀에 들지 않는다고 일견 무질서해 보이는 사건을 잘라 내버리지 않았다…….

이것을 자유자재의 혁신적인 글쓰기라 말해도 좋다. 그래서 일연은 가깝고 작은 것들 속에서 멀고 큰 것을 써 낸 사람이었다.

향가의 신이한 힘을 평가한 그의 다음과 같은 말이 일연이 지닌 균형 감각의 단적인 측면을 웅변한다.

　　신라사람 가운데 향가를 높이는 이가 많았다. 이는 대개 시(詩)와 송(頌) 같은 것이다. 그리하여 왕왕 천지와 귀신을 감동시키는 일이 한두 번이 아니었다.
「감통」편, '월명사 도솔가'조에서

감동의 요체가 되는 것에 그가 내리는 평가는 자신의 위치나 신분이 고려되지 않았다. 기준은 오로지 '천지와 귀신을 감동시키는 일'이었다.
앞서 한 말을 한 번만 반복하자.
그의 균형 감각은 사상에서 갖추어지고 표현으로 이룩되었다.
처음에 했던 말을 한 번만 반복하자.
너그러움과 투시력으로서의 글쓰기는 평온하다. 이 평온한 마음의 상태를 나는 균형 감각이라 말하고 싶다.

에필로그

시작의 끝, 끝의 시작

김수환 추기경 생가에 걸린 사진

이 고장에서 한 사람은 태어났고 한 사람은 생애를 마감하였다. 한 사람은 이 땅의 가톨릭이 세계와 통하는 계기를 만들었고, 한 사람은 이 땅의 불교가 역사와 민족 속에 어떻게 스며들었는지 밝혔다.

앞사람은 김수환 추기경이고, 뒷사람은 일연 국사이다.

그들이 태어났거나 숨진 이 고장은 경상북도 군위(軍威)이다. 지난 여름의 복더위 속에 추기경의 생가를 찾았다. 언덕 위의 초가집이었다. 물론 이 집은 옛 모습을 재현해 놓은 데 지나지 않는다. 마루의 한쪽 벽에는 1993년, 아직 건장한(?) 모습의 추기경이 이 집

김수환 생가와 김수환 추기경 고 김수환 추기경의 생가(왼쪽)는 언덕 위의 초가집이었다. 마루의 한쪽 벽에는 이 집을 찾아와 회상에 잠긴 추기경의 모습(오른쪽)이 찍혀 사진으로 걸려 있었다.

을 찾아와 회상에 잠긴 모습이 찍혀 사진으로 걸려 있었다.

사진 속의 생가는 슬레이트 지붕의 다 허물어져 가는 시골 농가였다.

"태어나기는 외가였고요……. 여기는 본가인데, 다섯 살부터 초등학교 5학년까지 사시다 대구로 이사했답니다."

생가로 가는 길을 가르쳐 준 군청 직원의 말이다. 사실 군위군은 『삼국유사』에 운명을 걸고 있다. 문화회관의 이름도 '삼국유사문화회관'이고, 새로 만든 도서관도 '삼국유사군위도서관'이다. 도서관 안에는 '삼국유사자료실'을 따로 두었다. 아직은 조성 중이라 규모는 초라하지만.

물론 이런 '삼국유사 열풍'은 이 책의 지은이인 일연 국사가 여기서 세상을 마쳤기 때문이다. 나는 자꾸 추기경과 국사가 오버랩 되었다.

군청에서 생가까지는 3킬로미터 남짓한데, 나중 추기경이 된 소년은 이 길을 걸어 학교에 다녔고, 장날이면 물건을 파는 장사꾼 앞에 한없이 서 있곤 했다. 소년은 그가 부러웠다. 호주머니 속으로 들어가는 돈 때문이었다. 그러나 군위 사람들이 몽마르트 언덕이라 부르는, 군청 맞은 편 야트막한 언덕 위의 성당에서 어느 날 벌어진 사제서품식이 소년의 생애를 결정했다면 결정했다.

"독실한 신자였던 어머니가 이 광경을 보며, 아들들을 반드시 신부로 키우겠다고 결심했다 안 합니까."

군청 직원의 말이다. 추기경의 형이 먼저 신부가 되었다.

그대 가슴에 얼굴을 묻고

복원한 생가에 걸린 사진을 찍던 때라면 생각나는 일이 있다. KBS 열린음악회의 청중석에 앉아 있던 추기경이 사회자의 권유에 못 이긴 척하고 불렀던 노래이다. 김수희의 '애모'였다. 순간 청중석의 곳곳에서 터져 나오던 놀라움의 탄성. 아마도 이 무렵이었을 것이다.

나는 추기경의 종교적인 깊이나 사상을 잘 모른다. 1968년에 대주교가 되었고 이듬해 추기경이 되었는데, 그것이 마흔일곱 살의 최연소, 아시아에서 세 번째라는 세속적인 기록에만 관심이 더 갈

뿐이다. 그러나 추기경은 내가 살아온 지난날의 의식 속에 고스란히 잡혀 있다. 추기경이 대주교가 되던 해 초등학교에 들어간 나는 7~80년대 학생 시절, 힘들고 혼란스러울 때마다 추기경의 말 한마디 행동 하나가 내 의식 속에 들어와 지남(指南)이 되었다. 비록 가톨릭 신자가 아니라도 말이다.

얼마나 더운지 사진 한 장 찍기조차 버거웠다. 그저 빨리 에어컨 나오는 실내로 들어가고 싶은 마음뿐.

추기경이 살던 언덕 위의 작은 집을 내려오는데 노래가 다시 생각나 흥얼거려 보았다.

"그대 가슴에 얼굴을 묻고 오늘은 울고 싶어라……"

김수희의 '애모' 첫 소절. 추기경에게 '그대'는 누구였을까? 물론 하느님이겠지. 하느님처럼 섬기는 교회와 신자일 수도 있고. 그런데 마침 그 무렵 이 생가를 다녀간 다음이었다면, 일찍 남편을 잃고 여덟 남매를 홀로 키운 당신의 어머니가 그대 아니었을까 싶었다. 추기경은 5남 3녀 가운데 막내였고, 초등학교 1학년 때 아버지를 여의었다. 누군들 그렇지 않겠냐만, 추기경에게 어머니는 특별했다.

얼마 만인지 모르게, 쓰러져 가는 생가에 다시 들른 추기경은 한없이 깊은 생각에 빠져 있다. 적어도 사진 속의 모습은 거짓 없이 그렇게 다가온다. 마당에 찍힌 어머니의 발자국이라도 떠올리는 것일까.

한참 복더위 속에 가신 스님

음력 7월 7일, 그러니까 칠석을 보낸 다음 날 아침 일연 국사는 열반에 들었다. 만 83세, 군위군 고로면의 인각사에서였다.

2010년의 추모제는 8월 17일에 열렸다. 말복을 지나고도 열흘쯤 뒤여서 그나마 다행이었다. 흔히 삼복 한가운데 들어간 적이 많았다. 국사가 열반에 들던 해의 음력 7월 8일도 양력으로 8월 2일이었다. 중복에서 말복 사이이다.

더위는 타고난 모양이었다. 국사의 생일이 음력 6월 11일인데, 그해는 양력으로 7월 25일이었다. 초복에서 중복 사이이다. 삼복더위 속에 태어나 삼복더위 속에 돌아갔다.

인각사가 소중한 것은 『삼국유사』의 완성과 관련되기 때문이다. 78세 때 인각사에 와서 83세까지 5년간, 우리는 이 사이 언제쯤 일연이 『삼국유사』를 탈고했으리라 보고 있다. 더러는 점잖은 국사의 신분에 어울리지 않는, 국사로 친다면 무협지를 썼다고 해야 한다는 말이 나올 만큼, 국사의 '『삼국유사』 저술'은 입방아에서 자유롭지 못했지만, 이제 『삼국유사』는 이 모든 논의의 저 위에서 의연히 자기 자리를 잡고 말았다. 『삼국유사』는 모든 책 위의 책이다.

나는 국사의 '『삼국유사』 저술'이 당신 평생에 걸쳐 닦은 감각의 소산이라 보고, 앞서 세 가지로 그것을 설명했다.

감각이라면 타고 나기도 하지만 살아가면서 닦아지기도 한다.

일연 다례재와 인각사 인각사(오른쪽)에서 매년 열리는 일연의 다례재 날짜는 흔히 삼복 한가운데 들어간다. 그가 열반한 해의 음력 7월 8일도 양력으로 8월 2일이었다. 중복에서 말복 사이이다. 더위는 타고난 모양이었다.

현장 감각만 해도 그렇다. 『삼국유사』는 국사의 현장 감각에 크게 의지하고 있다. 자기의 발로 걸어가 듣고 보고 느낀 것이 고스란히 적혀, 비록 다른 이의 기록이 있어 비교해 본다 한들, 현장감에서 결코 따라가지 못할 우뚝한 경지에 서 있다.

오늘날의 책으로 현장 감각을 비견한다면 유홍준의 『나의 문화유산 답사기』 정도가 있을까. 88고속도로 한 휴게소의 무감각한 건축미, 비문(非文)에 무정한 문장의 문화재 설명 표지판……, 이런 것들에 대한 유홍준의 작지만 날카로운 발견과 코멘트는 현장에 가 보았더라도 누구나 쓸 수 없으려니와, 감은사 탑 앞에서는 그저 '아, 감은사'만 연발하고 싶다는 넉넉함까지 갖추었다. 그래서 『삼국유사』이후 이만큼 현장감 넘치는 책도 없어 보인다는 것이다.

엄마를
부탁해

이성과 기지의 필치로 빛나는 유홍준의 답사기가 빠트린 한 부분이라면 눈물이다. 그의 답사기에는 눈물이 없다.

눈물이라면 신경숙의 『엄마를 부탁해』 같은 것이다.

이 소설이 연재될 때, '너는……'이라 시작하는 문장 앞에 당혹했던 기억이 있다. 혹 '나'의 오자(誤字) 아닌가? 그런데 이것은 사상 초유의 2인칭 화자 주인공의 소설 기법을 개발해 낸 신경숙의 감각이었다. 이 하나로도 주목할 만했지만, 한국 소설의 전통 속에 면면한 눈물의 서사는 이 소설에 와서 어떤 완성을 본 느낌이다. 팔린 책을 쌓아놓은 높이만큼 사람들의 눈물도 큰 강처럼 흘렀으리라.

눈물은 값진 것이다. 사람을 사람답게 하는 저 깊은 속에는 눈물이 자리한다.

첫 페이지의 단군신화에 너무 깊숙이 매료되어, 세상에서는 『삼국유사』를 민족 신화와 역사의 현장이라 서둘러 단정하는데, 사실 더 많기로는 이 땅에서 살아온 유명 무명의 사람들이 남긴 눈물 같은 이야기들이다. 『삼국유사』에는 눈물이 있다.

그래서 『삼국유사』는 일정 부분 유홍준의 『나의 문화유산 답사

화북댐 인각사 바로 위에 댐이 만들어져 물이 차기 시작했다. 20여 년 전, 처음으로 이곳을 찾았을 때 점심을 사먹던 면사무소 앞 식육식당도 물에 잠겼다.

기』와 신경숙의 『엄마를 부탁해』가 합해진 책이라 한다면 어떨까.

 인각사가 있는 고로면은 군청에서 남쪽으로 30킬로미터쯤 내려간다. 해발 800미터의 화산이 길게 늘어서 영천시와 경계를 이룬다. 절은 이 산 아래 있어 화산 인각사라 부른다. 맞은 편 야트막한 산 중턱에는 주인이 일연의 어머니라 알려진 묘도 있다. 절 앞으로 흐르는 물줄기를 따라 난 지방도로의 끝에 면사무소와 초등학교가 있었다. 이제 거기에는 댐이 만들어져 2010년 봄부터 물이 차기 시작했다. 면사무소 일대가 가장 먼저 물에 잠기고 보이지 않았다.
 20여 년 전, 처음으로 이곳을 찾았을 때 점심을 사먹던 식육식당도 물에 잠겼다. 이 고장에서 한 사람은 태어났고 한 사람은 생애를 마감하였다. 시작인 곳이 끝이고, 끝인 곳이 시작이다.

| 참고문헌 |

전체
『삼국유사』
『삼국사기』
『화랑세기』
『고려사』
『고려사절요』
「보각국존 일연 비문」

프롤로그
김훈, 『공무도하』, 문학동네, 2009.
고운기, 『일연과 삼국유사의 시대』, 월인, 2001.
쓰보이 구메조(坪井九馬三), 「삼국유사」, 『사학잡지』 11편 9호, 일본사학회, 1900.
구사카 히로시(日下寬), 「교정(校訂) 삼국유사 서(序)」, 『녹우장(鹿友莊)문집』, 1923.
양주동, 『증정 고가연구(古歌硏究)』, 일조각, 1956.

제1장 김부식과 일연
고운기, 『일연을 묻는다』, 현암사, 2006.
고운기, 『삼국사기 열전』, 현암사, 2004.
「홍유후실기목록(弘儒侯實紀目錄)」

서긍(徐兢), 『고려도경(高麗圖經)』
노태돈, 『고구려사 연구』, 사계절, 1999.

제2장 현장 감각
다쓰노 가즈오(辰濃和男), 『문장 닦는 법』, 이와나미문고(岩波文庫), 2007.
정지아, 『봄빛』, 창비, 2008.
홍승기 편, 『고려무인정권연구』, 서강대출판부, 1998.
허흥식, 『고려의 문화전통과 사회사상』, 집문당, 2004.
윤이흠 외, 『고려 시대의 종교문화』, 서울대출판부, 2002.
이병욱, 『고려 시대의 불교사상』, 혜안, 2002.
심재룡, 『지눌연구』, 서울대출판부, 2004.
「영정사 고적(靈井寺古蹟)」

제3장 정치적 감각
허흥식, 『고려불교사 연구』, 일조각, 1986.
채상식, 『고려후기불교사연구』, 일조각, 1991.
고운기, 『일연과 삼국유사의 시대』, 월인, 2001.
고운기, 「일연의 글쓰기에서 정치적 감각」, 한국언어문화학 42, 한국언어문화학회, 2010.
이종욱, 『신라의 역사』 1, 김영사, 2002.
박윤진, 『고려 시대 왕사·국사 연구』, 경인문화사, 2006.
김태식, 『또 하나의 신라, 화랑세기』, 김영사, 2002.
민영규, 「一然重編曹洞五位重印序」, 『학림』 6, 연세대사학회, 1984.
조범환, 「필사본 화랑세기를 통하여 본 진평왕의 왕위계승」, 이종학 외, 『화랑세기를 다시 본다』, 주류성, 2003.
이종학, 「필사본 화랑세기의 사료적 평가」, 이종학 외, 『화랑세기를 다시 본다』, 주류성, 2003.

정남영, 「이시영의 시와 활력의 정치학」, 『창작과 비평』 146, 창비, 2009.

제4장 균형 감각

민영규, 「一然重編曹洞五位重印序」, 『학림』 6, 연세대사학회, 1984.
정천구, 「중편조동오위와 삼국유사」, 『한국어문학연구』 45, 한국어문학연구학회, 2005.
김훈, 『공무도하(公無渡河)』, 문학동네, 2009.
정수일, 『고대문명교류사』, 사계절, 2001.
고운기, 『일연과 삼국유사의 시대』, 월인, 2001.
고운기, 『우리가 정말 알아야 할 삼국유사』, 현암사, 2002.
고운기, 『길 위의 삼국유사』, 미래M&B, 2006.
고운기, 『일연을 묻는다』, 현암사, 2006.
고운기, 「일연의 균형으로서 글쓰기」, 『열상고전연구』 26, 열상고전문학회, 2009.
김수남, 『한국의 굿―수용포 수망굿』, 열화당, 1985.
김수남, 『한국의 굿―서울당굿』, 열화당, 1989.
김태곤, 『한국무속연구』, 집문당, 1981.
안지원, 『고려의 국가불교의례와 문화』, 서울대출판부, 2005.
미시나 아키히데(三品彰英), 『삼국유사고증(三國遺事考證)』, 하나와서방(塙書房), 1976.

에필로그

유홍준, 『나의 문화유산 답사기』, 창비, 1993.
신경숙, 『엄마를 부탁해』, 창비, 2009.

| 찾아보기 |

ㄱ

'가섭불연좌석'조 028
가이코 다케시(開高健) 099
가지산문(迦智山門) 111
각관(覺觀) 190
각유(覺猷) 140
감각 037
감각의 해방 097, 098
강원도 112
강종 110
개로왕 068, 074
걸승(乞升) 139
견명(見明) 115, 179, 180
결기궁(結綺宮) 064
경문왕 272
경산 050
경산현 050
『계림잡전』 079
계백(階伯) 226

고구려 071~074
고구려 부흥 운동 250
고구려 정벌 250
고구려의 불교 전래 296
『고기(古記)』 147, 231
고도녕(高道寧) 302
『고려도경(高麗圖經)』 065
『고구려사 연구』 070
『고려사』 179, 180
『고려사절요』 106, 178, 179
고려판 계백 134
『고가연구(古歌研究)』 035
고선산(古仙山) 145
골품제 205
『공무도하』 025
공포 172
공포의 시대 022
과거제도의 실시 194
관기 131
『관불삼매경(觀佛三昧經)』 145
관찬사서(官撰史書) 066
광개토대왕비 068
광명사(廣明寺) 179
광종(光宗) 194
구사카 히로시(日下寬) 034
국사(國師) 029, 039, 044, 171, 197, 268
국사제도 195

군사정권 022

귀법사 108

귀산(貴山) 184

균여 030

균형 감각 021, 039, 282, 334

글쓰기 노트 026, 027

글쓰기의 감각 021

금강령 331

금륜 242

기독교 공인 295

기벌포(伎伐浦) 222

기우제 197~199

길 위의 책 037, 103

길달 329

김대문(金大問) 076~084, 087, 088, 187

'김부대왕'조 290

김부식 061~067, 214, 260

김부철(金富轍) 062

김수환 335

김유신 218, 224, 231, 233

김윤후(金允侯) 137

김제상 257

김춘추 216, 218, 248, 269

김훈 024~026, 101, 102, 281

김희제 127

꿈에 나타난 징조 219

ㄴ

나가이 가후(永井荷風) 161

낙산사 115, 139, 141, 142

낙산사 창건 연기설화 139

'낙산의 두 성인 관음과 정취'조 140

난원(爛圓) 199

남진정책 075

내물왕 258

'내물왕 김제상'조 264

내전의 분수승(焚修僧) 320

노인우 119

노태돈 070

노트의 흔적 028

ㄷ

다쓰노 가즈오(辰濃和男) 092, 093, 101, 144, 159, 163, 164

당 태종 208

당교(唐橋) 233

대안(對案)의 서사 241

대야성 244

대야성(大耶城) 싸움 208

대청봉 116

덕만공주 203

도독부 228

도동서원(道東書院) 052

도동재(道東齋) 052, 053

도리천(忉利天) 212, 328
도성 131
「도솔가」 031, 312
도의(道義) 110
도화녀(桃花女) 056, 057
'도화녀 비형랑'조 057, 330
돌석(埃石) 275
동륜 242
동리산문(銅裏山門) 111
땀 흘리는 비석 153

ㅁ

마립간 079
마산 177
만어산(萬魚山) 147, 161
'만어산의 부처 그림자'조 151
명랑 254
명종 106
모란 이야기 209
모랑(毛郎) 083
목우화상(牧牛和尙) → 지눌
몽골과의 전쟁 133
몽골에 보낸 표문(表文) 239
묘청(妙淸)의 난 063
무당 313
무신의 난 105, 106
무왕 166

무의자(無衣子) → 혜심
묵호자(墨胡子) 302
문두루(文豆婁)의 비법 254
문무왕 212, 229, 248, 270, 272
『문장 닦는 법』 092, 101, 163, 164
문희 217, 219
미륵사 166
미사흔 259
미실 083
미진부공(未珍夫公) 083
미해 262
민족주의 067
민지(閔漬) 282
민지(閔漬) 찬 173
밀라노 칙령 295
밀양 152

ㅂ

박제상 257
박지윤 198
박창화 082
박혁거세 274, 317
반사(襻師) 028, 143
백강(白江) 226
백정 242
백제 074, 228, 274
백제 부흥군 250

『백제고기(百濟古記)』 232
백제는 둥근 달이요 신라는 새로 돋는 달 224
백척간두(百尺竿頭) 058
범일 115
법민(法敏) 249
법흥왕 048, 083
베트남 099
베트남에 파병 022
「보각국존 일연 비문」 173, 282
보리(菩利) 083, 084
보명궁주 242
보우(普愚) 199, 200
보희 217
복사꽃 052, 056~059
복호 259, 260
『봄빛』 097
부여융(扶餘隆) 230
부처의 그림자 147
북연(北燕) 071~073
북위(北魏) 071~074
불교역사주의 292
비담(毗曇) 208
비류수(沸流水) 271
비슬산 027, 028, 122~124, 131, 144, 160
비형랑 056, 329
『빛나는 어둠』 099

ㅅ

사(師) 183
사금갑(射琴匣) 319
'사금갑(射琴匣)'조 306, 320
『사기(史記)』 066
사뇌(詞腦) 031
사다함(斯多含) 083
사대주의 067
사명대사 153
사비강 223
사천왕사(四天王寺) 212253
살례탑(撒禮塔) 133
『삼국사기』 024, 031, 044, 060, 063
『삼국유사』의 완성 029
삼보감통록(三寶感通錄)』 298
삼성산 051, 052, 055
삼중대사(三重大師) 240
상영(常永) 225
서당 지장(西堂地藏) 111, 112
서산의 큰 전쟁 139
석제환인(釋帝桓因) 327
선덕여왕(善德女王) 202, 243, 269
'선덕왕지기삼사(善德王知幾三事)'조 209
선원사 176
선월사 175
선현(禪顯) 200
설악산 160

설총 051, 052, 057, 058
성골과 진골을 나누는 기준 205
성부산(星浮山) 233
성왕(聖王) 298
성조황고(聖祖皇姑) 208
성충(成忠) 222
세속오계(世俗五戒) 184
소경(小京) 251
소수림왕(小獸林王) 293
소정방(蘇定方) 224, 227, 228, 233
『속고승전(續高僧傳)』 185
송(宋) 071, 073
송골 206
수로왕 148
수망굿 312
『수이전』 186
숙명공주 083, 187
스토리텔링 삼국유사 021
스피노자 253
승과(僧科) 290
「시계」 098
시뇌(詩惱) 031
신경숙 341
신국(神國) 304
신궁(神宮) 085, 087
신돈(辛旽) 200
신라 문학사의 골자 034

『신라고전(新羅古傳)』 233
『신라별기(新羅別記)』 229
신라의 백제 정벌 221
신림사 054
신시 271
신유림 254
신종 106
실상산문(實相山門) 110
실성왕 258
13세기 022
쓰보이 구메조(坪井九馬三) 032, 033

ㅇ

아도(阿道) 302
아두(阿頭) 303
아소카왕 299
아야사산(阿耶斯山) 147
아진 의선(阿珍義先) 314
아진포 313
아행(阿行) 139
악붕귀 255
안동도호부 251
「안민가」 031
안중근 101, 102
안지원 327
알천(閼川) 210
압량(押梁) 050

야건하라국(耶乾訶羅國) 145
양동책(兩動策) 073
양장용졸(良將勇卒) 080
양주동(梁柱東) 035
어머니 050
에쿠니 가오리(江國香織) 094, 095
여근곡(女根谷) 210
여몽연합군(麗蒙聯合軍) 029, 176
연오랑 세오녀 310
염정(念定) 190
염촉(厭觸) 304
영정사 고적(靈井寺古蹟) 156, 157
예원(禮元) 084
오감(五感) 037
오색 동자 사건 119
오회사(烏會寺) 223
옥문지(玉門池) 사건 209
와카(和歌) 033
왕사 197
왕사 국사제도 193
왕의 칭호 078, 313
왕흥사 167, 223, 275
『왜나막신』 161
'요동성 육왕탑'조 299
요석공주 052, 057
용성국 274
용수(龍樹) 203

용춘(龍春) 203, 244
운문사 029
운문화상(雲門和尙) 172
원광(圓光) 084, 184, 188
'원광서학'조 190
원광의 중국 유학 192
원광이 공부한 차례 190
원종 174, 179
'원종흥법 염촉멸신'조 306
원화(源花) 086, 087
원효 051, 052, 057, 058, 232
'원효불기'조 059
월명사 031, 311
'월명사 도솔가'조 334
위례성 068, 074
위안의 읽을거리 022
위진남북조 시대 071
위화랑(魏花郞) 083, 187
유가사 122
유곡(油谷) 052
유교적 이데올로기의 전범 260
유자량 124
유천(柳川) 052
유홍준 340
은거 028
은문상국(恩門相國) 106
의상 115, 139, 272, 274

의자왕 208, 232
의직(義直) 225
20세기의 선험의 시대 022
이규보(李奎報) 193, 197
이사금 079
이야기꾼 027, 046, 104
이장용(李藏用) 178
이종욱 207
이차돈 048, 304
이화랑(二花郎) 083, 187
익양공 105
인각사 128
인드라 327
일본원정 029, 265
일연 025, 026, 030
일연 비문 045
일연 시비 130
일연의 기반 309
일연의 노트 030
일연의 생애 049

ㅈ

자루 없는 도끼 057
『자치통감(資治通鑑)』 062
잡지(雜志) 031
장 가방 162
장산군 050

'장수왕'조 069
장수왕 067~074
장수왕의 남진정책 068
장엄사(莊嚴寺) 189
적개심(敵愾心) 266
절구통 수좌(首座) 154
정남영 182, 253
정림사(定林祠) 141, 173
정명(政明) 249
정사(情死)한 승려 319
정사암(政事巖) 275
정수일 297
정안(鄭晏) 173, 174
정지상(鄭知常) 063
정지아 097
정천구 288
정취보살 115
정치적 감각 021, 039, 172
'제2대 남해왕'조 079
「제망매가」 031, 312
제석(帝釋) 326
제석천(帝釋天) 327
조공 069
조신의 꿈 115
족강(族降) 206, 242
주몽 271
주연지 125

주인공이 아닌 주인공 216, 235, 246, 269
죽림사(竹林寺) 155
준실 083, 187
중시(中侍) 084
『중편조동오위』 287
지겸(志謙) 197
지눌(知訥) 176
지소태후 086
직물신(織物神) 312
진공(眞空) 113
진전사(陳田寺) 113, 114
진전사 터 116
진지왕 203, 242
진평왕 047, 206, 242

청도 029
초개사(初開寺) 053
최의(崔竩) 140
최이 126, 134
최충헌 106~108, 110, 118, 119
최항(崔沆) 140, 174
추항(箒項) 184
충담사 031
충렬왕 029, 172, 265
충렬왕 6년 178
충렬왕 8년 10월 179
충렬왕 8년 12월 180
충주의 관노(官奴) 난 135
친당정책 245

ㅊ

차차웅 079
「찬기파랑가」 031
창해유주(滄海遺珠) 034~036
'처용랑 망해사'조 331
처인성 136
천명공주 203
천사옥대(天賜玉帶) 048
천천정 319
천희(天熙) 158
천희(千熙) 200
첩사(䪙師) 028, 143

ㅋ

콘스탄티누스 295

ㅌ

타사암(墮死岩) 232
탄현(炭峴) 222
탈해왕 274, 313
'태종'이라는 시호 234
태종 219
태학 300

ㅍ

포도왕(蒲圖王) 299
포산(包山) 028, 029, 144
'포산이성'조 028, 142
포석정 331
표충사(表忠寺) 152
풍월주 082
필탄(弼呑) 210

ㅎ

하서지촌 313
하얼빈 101, 102
한국전쟁 022
한반도의 허파 112
한산주 077
한성백제시대 275
한유한 106
합포 177
해동의 증자(曾子) 222
해린(海獜) 157
해와 달의 정령(精靈) 311
해척지모(海尺之母) 316
향가 030~032, 036
향찰 030
헌강왕 332
헌안왕 273
현장 감각 021, 037

현좌충신(賢佐忠臣) 080
현찬 화상(玄彰和尙) 303
혜심(慧諶) 137, 138
혜철(惠徹) 111
호련(瑚璉) 068
『홍유후실기목록(弘儒侯實紀目錄)』 052
홍익인간 271
홍척(弘陟) 110
화랑 085, 087
『화랑세기』 079~084, 086, 088, 187, 202
화상우(和尙雨) 198
환웅(桓雄) 271
환인 326
황룡사 137
회연(晦然) 115
효봉(曉峰) 153
흥수(興首) 225
희종 106, 110